中小企業と
マイナンバー

これだけは知っておきたい
実務対応

特定個人情報保護委員会事務局
　総務課上席政策調査員
税理士

鈴木　涼介

清文社

はしがき

　マイナンバー制度（社会保障・税番号制度）の根拠法である、「行政手続における特定の個人を識別するための番号の利用等に関する法律」（平成25年法律27号。以下「番号法」といいます）は、平成25年5月24日に成立し、同月31日に公布されました。これにより、平成27年10月には、国民全員に個人番号（マイナンバー）が通知され、平成28年1月から社会保障、税及び災害対策に関する事務で個人番号の利用が開始されます。事業者は、従業員や顧問税理士等の個人番号を社会保障や税の行政手続書類に記載して、行政機関等に提出することとなります。

　平成26年12月には、特定個人情報保護委員会が、事業者や行政機関等が個人番号や特定個人情報（個人番号をその内容に含む個人情報）の適正な取扱いを確保するための具体的な指針として「ガイドライン」を策定・公表しました。これにより、事業者や行政機関等は、ガイドラインを実務指針として個人番号や特定個人情報を取り扱っていくこととなります。

　一方で、マイナンバー制度を理解するのは容易ではありません。その理由は2つ考えられます。

　1つ目は、番号法が非常にわかりづらい法律であるということです。条文の内容や構成がわかりづらく、理解するのが容易ではありません。また、番号法はいわゆる個人情報保護法の特別法であることから、同法との関係も理解する必要があります。

　2つ目は、個人番号や特定個人情報の「決まりごと」（やって良いこと、悪いこと等）は番号法に規定されていますが、「実務における取扱い」（何の書類に記載するのか等）は所得税法や健康保険法などの各行政手続を定めている法令に規定されているということです。したがって、番号法だけを理解しても「実務ができない」ということになります。

　そこで本書では、第Ⅰ章から第Ⅴ章でマイナンバー制度の解説を行ったうえで、第Ⅵ章で中小企業の税・社会保険実務における個人

番号や特定個人情報の取扱いを解説しています。そして、最後に第Ⅶ章では、マイナンバー制度の今後の展開について、現在議論されている事柄を紹介しています。

　なお、本書のうち意見にわたる部分は筆者の個人的見解にすぎず、特定個人情報保護委員会などの公的見解を示すものではない点にご留意ください。また、税・社会保険実務については、本書執筆時点において内閣官房、財務省、国税庁、厚生労働省等から公表されている改正法令（未施行）や情報を基に解説しており、実際の運用開始までに取扱いが変わりうる点にご留意ください。

　本書の執筆に際しては、数多くの方のお力をお借りしました。其田真理特定個人情報保護委員会事務局長には、文章表現について女性らしい細やかなご指導をいただきました。磯村建特定個人情報保護委員会事務局総務課課長補佐・検事には、法曹の視点から大変有益なご示唆をいただきました。江口直樹特定個人情報保護委員会事務局総務課課長補佐、天野好宣同課監視・監督係長及び桐井啓成同課政策調査員には、税・社会保険実務について的確なアドバイスをいただきました。武本敏特定個人情報保護委員会事務局総務課上席政策調査員には、情報管理の考え方について丁寧なご指導をいただきました。株式会社清文社の方々には、刊行全般について大変お世話になりました。これらの方々に、心から感謝を申し上げます。

　なお、本書は実務解説書として、とりわけ税実務について税理士としての知識と経験を数多く盛り込んでいますが、その基礎となるものをご指導くださったのは、税理士・法学博士の右山昌一郎先生です。税理士としてのあるべき姿をご指導くださった右山先生に心から感謝を申し上げます。

　最後に、常日頃から私のことを支えてくれている妻に感謝したい。

平成27年2月

鈴木　涼介

目次

第Ⅰ章 マイナンバー制度の導入

- Q1 マイナンバー制度の導入の趣旨 …………………… 2
- Q2 マイナンバー制度の仕組み ………………………… 8
- Q3 マイナンバー制度に関する国民の懸念 …………… 11
- Q4 番号法の成立までの経緯 …………………………… 14
- Q5 マイナンバーの付番 ………………………………… 17
- Q6 通知カード、個人番号カード ……………………… 22
- Q7 個人番号の利用 ……………………………………… 27
- Q8 事業者とマイナンバー ……………………………… 32
- Q9 情報提供ネットワークシステムによる情報連携 … 38
- Q10 マイナポータル ……………………………………… 41
- Q11 特定個人情報保護委員会の概要 …………………… 44
- Q12 特定個人情報保護評価 ……………………………… 48

第Ⅱ章 マイナンバー制度の概要

- Q1 個人情報保護法と番号法の関係 …………………… 52
- Q2 個人情報保護法及び番号法と中小企業 …………… 57
- Q3 番号法の構成 ………………………………………… 61
- Q4 マイナンバーガイドラインとは …………………… 67

第Ⅲ章 マイナンバー制度のポイント

- Q1 個人番号、特定個人情報の定義 …………………… 78
- Q2 特定個人情報ファイルの定義 ……………………… 82
- Q3 個人番号等の流れと番号法の各種保護措置 ……… 86
- Q4 個人番号の利用範囲①（個人番号利用事務）…… 90
- Q5 個人番号の利用範囲②（個人番号関係事務）…… 94
- Q6 個人番号の利用範囲③（その他）………………… 103
- Q7 特定個人情報ファイルの作成制限 ………………… 108
- Q8 再委託と委託先の監督 ……………………………… 111

Q9 安全管理措置 …………………………………………… 117
Q10 個人番号の提供の要求 ………………………………… 121
Q11 個人番号の提供の求めの制限、特定個人情報の提供の制限… 124
Q12 収集・保管の制限 ……………………………………… 132
Q13 本人確認 ………………………………………………… 136
Q14 個人番号取扱事業者が保有する特定個人情報の保護 154
Q15 罰則 ……………………………………………………… 158

第Ⅳ章 法人番号のポイント

Q1 法人番号の指定 ………………………………………… 166
Q2 法人番号の通知・公表 ………………………………… 170

第Ⅴ章 特定個人情報等に関する安全管理措置

Q1 マイナンバーガイドラインと安全管理措置 ………… 174
Q2 安全管理措置の考え方と検討手順 …………………… 180
Q3 基本方針の策定 ………………………………………… 184
Q4 取扱規程等の策定 ……………………………………… 186
Q5 組織的安全管理措置 …………………………………… 189
Q6 人的安全管理措置 ……………………………………… 194
Q7 物理的安全管理措置 …………………………………… 196
Q8 技術的安全管理措置 …………………………………… 201

第Ⅵ章 マイナンバーと中小企業の実務

1 税務とマイナンバー
　Q1 個人番号又は法人番号の記載書類等 ………………… 206
(1) 従業員等とマイナンバー
　Q2 個人番号の記載書類（源泉徴収票等）………………… 210
　Q3 従業員等の採用 ………………………………………… 212

Q 4　従業員等の扶養親族の異動 …………………… 222
　　　Q 5　年末調整 ………………………………………… 227
　　　Q 6　給与所得の源泉徴収票及び給与支払報告書の提出 … 236
　　　Q 7　従業員等の退職 ………………………………… 240
　　　Q 8　従業員等の休職、再雇用 ……………………… 248
　　　Q 9　従業員等の出向、転籍 ………………………… 251
　　　Q 10　従業員等の特定個人情報と事業の承継 ……… 254
　(2)　支払先とマイナンバー
　　　Q 11　支払先の個人番号と税務関係書類（支払調書）…… 256
　　　Q 12　報酬等の支払調書 …………………………… 260
　　　Q 13　不動産所得等の支払調書 …………………… 264
　　　Q 14　配当等の支払調書 …………………………… 268
　(3)　個人事業者とマイナンバー
　　　Q 15　個人事業者の個人番号と税務関係書類 ……… 273
　2　社会保険とマイナンバー
　　　Q 16　個人番号又は法人番号の記載書類等 ………… 275
　　　Q 17　従業員等の採用 ……………………………… 278
　　　Q 18　従業員等の被扶養者の異動 ………………… 281
　　　Q 19　従業員等の退職 ……………………………… 285

第Ⅶ章　マイナンバー制度の今後の展開

　　　Q　　マイナンバー制度の今後の利活用 …………… 288

＜参考資料＞

特定個人情報の適正な取扱いに関するガイドライン
　（事業者編）………………………………………… 293
「特定個人情報の適正な取扱いに関するガイドライン
　（事業者編）」及び「（別冊）金融業務における特定
　個人情報の適正な取扱いに関するガイドライン」に
　関するＱ＆Ａ（抄）………………………………… 345

本書のご利用にあたって

　本書は、中小企業の経営者や実務担当者、中小企業と密接に関係する税理士を読者の対象としていますが、マイナンバー制度の理解を深めるために、「すべての事業者に関係する事項」や「事業者には直接的に関係のない事項」も含んでいます。そのため、本書のご利用にあたっては、皆様の知りたい内容に応じてお読みください。

●マイナンバー制度の理解のために　⇒　第Ⅰ・Ⅱ章

　第Ⅰ章は、マイナンバー制度導入の趣旨や仕組みなどの制度の導入を記述しています。「マイナンバー制度の全体像が知りたい」という方は、本章をお読みください。

　また、第Ⅱ章は、番号法と個人情報保護法との関係などの法令の適用関係を記述しています。「マイナンバー制度を法律の視点で知りたい」という方は、本章をお読みください。

●すべての事業者の皆様に理解していただきたい　⇒　第Ⅲ章

　第Ⅲ章は、番号法の各種保護措置の内容を記述しています。各種保護措置は、事業者の規模に関係なく適用があるため、事業者の皆様は、本章を必ずお読みください。

●個人番号等を安全に管理するために　⇒　第Ⅴ章

　第Ⅴ章は、個人番号や特定個人情報の安全管理措置の内容を記述しています。「個人番号などの管理の仕方を知りたい」という方は、本章をお読みください。

●具体的な会社実務の原則を中小企業の視点から理解　⇒　第Ⅵ章

　第Ⅵ章は、税・社会保険実務における個人番号や特定個人情報の原則的な取扱いについて、中小企業でよく出てくる一般的な手続を従業員の入社から退職までの流れに沿って記述しています。「税・社会保険実務とマイナンバー制度のつながりを知りたい」という人は、本章をお読みください。

　なお、第Ⅳ章は法人番号の取扱い、第Ⅶ章はマイナンバー制度の今後の展開を解説しています。興味をお持ちの方はご確認ください。

凡　例

　本書において、カッコ内における法令等については、次の略称を使用しています。

【法令名略称】

番号法……行政手続における特定の個人を識別するための番号の利用等に関する法律

番号令……行政手続における特定の個人を識別するための番号の利用等に関する法律施行令

番号規……行政手続における特定の個人を識別するための番号の利用等に関する法律施行規則

整備法……行政手続における特定の個人を識別するための番号の利用等に関する法律の施行に伴う関係法律の整備等に関する法律

財整令……行政手続における特定の個人を識別するための番号の利用等に関する法律及び行政手続における特定の個人を識別するための番号の利用等に関する法律の施行に伴う関係法律の整備等に関する法律の施行に伴う財務省関係政令の整備に関する政令

カード規…行政手続における特定の個人を識別するための番号の利用等に関する法律の規定による通知カード及び個人番号カード並びに情報提供ネットワークシステムによる特定個人情報の提供等に関する省令

法番規……法人番号の指定等に関する省令
個情法……個人情報の保護に関する法律
個情令……個人情報の保護に関する法律施行令
行個法……行政機関の保有する個人情報の保護に関する法律
独個法……独立行政法人等の保有する個人情報の保護に関する法律

住基法……住民基本台帳法	中基法……中小企業基本法
通則法……国税通則法	所法………所得税法
所令………所得税法施行令	所規………所得税法施行規則
法法………法人税法	消法………消費税法
相法………相続税法	相規………相続税法施行規則
措法………租税特別措置法	措規………租税特別措置法施行規則
地法………地方税法	地規………地方税法施行規則

健法………健康保険法		健規………健康保険法施行規則	
厚法………厚生年金保険法		厚規………厚生年金保険法施行規則	
雇法………雇用保険法		雇規………雇用保険法施行規則	
国法………国民年金		国規………国民年金法施行規則	

マイナンバーガイドライン…特定個人情報の適正な取扱いに関するガイドライン

マイナンバーガイドラインQ&A…「特定個人情報の適正な取扱いに関するガイドライン（事業者編）」及び「（別冊）金融業務における特定個人情報の適正な取扱いに関するガイドライン」に関するQ&A

国税庁告示2…国税庁告示第2号　行政手続における特定の個人を識別するための番号の利用等に関する法律施行規則に基づく国税関係手続に係る個人番号利用事務実施者が適当と認める書類等を定める件

＜記載例＞

番号法17①：行政手続における特定の個人を識別するための番号の利用等に関する法律第17条第1項

番号規12①一：行政手続における特定の個人を識別するための番号の利用等に関する法律施行規則第12条第1項第1号

＊上記法令には、平成25年5月31日に公布された「行政手続における特定の個人を識別するための番号の利用等に関する法律の施行に伴う関係法律の整備等に関する法律」、平成26年5月24日に公布された「行政手続における特定の個人を識別するための番号の利用等に関する法律及び行政手続における特定の個人を識別するための番号の利用等に関する法律の施行に伴う関係法律の整備等に関する法律の施行に伴う財務省関係政令の整備に関する政令」、平成26年7月9日に公布された「国税通則法施行規則の一部を改正する省令」、「所得税法施行規則の一部を改正する省令」、「相続税法施行規則の一部を改正する省令」等、平成26年12月22日に公布された「地方税法施行規則の一部を改正する省令」について、本書執筆時点で未施行である規定も含めています。

＊本書の内容は、平成27年2月10日現在の法令等によっています。

本書で迷いやすい用語一覧

　本書では、「個人情報」、「個人番号」、「特定個人情報」…など、一般的に馴染みがなく似通った用語が多く出てきます。そのため、下記の表において、それらの用語の意味を分かりやすく簡素に記述しています。本書を読み進めていくうちに、混乱したり「？？（疑問）」と感じたら、この表に戻って用語を確認してください。なお、それぞれの正確な定義については、本書の各項目をご確認ください。

個人情報 （第Ⅱ章1参照）	個人情報は、生存している個人に関する情報で、氏名、生年月日などにより特定の個人を識別することができるものをいいます。また、他の情報と容易に照合することができ、それにより特定の個人を識別することができるものも含まれます。 　個人情報には、亡くなった人に関する情報は原則として含まれません。
個人番号 （第Ⅰ章5、第Ⅱ章1、第Ⅲ章1参照）	個人番号は、住民票を有するすべての人に付番され、一人一番号で、他人と重複しない番号です（12桁、狭義の個人番号）。社会保障、税及び災害対策の分野でのみ利用できます。 　番号法では、狭義の個人番号のほか、その個人番号に対応し、代わって用いられる符号も含めて「個人番号」として、さまざまな保護措置の対象としています。 　個人番号には、亡くなった人の番号も含まれます。ただし、亡くなった人の個人番号は、原則として、個人情報には該当しません。
法人番号 （第Ⅰ章5、第Ⅳ章参照）	法人番号は、国の機関、地方公共団体、株式会社等の団体に指定され、通知される番号（13桁）です。法人番号は、個人番号とは異なり、自由に利活用できるものです。

特定個人情報 (第Ⅲ章1参照)	特定個人情報は、個人番号をその内容に含む個人情報をいいます。ここでいう「個人番号」には、狭義の個人番号のほか、その個人番号に対応し、代わって用いられる符号も含まれます。 　生存する個人の個人番号単体も、特定個人情報に該当します。 　特定個人情報は個人情報の一部なので、亡くなった人の個人番号は、原則として、特定個人情報には該当しません。
特定個人情報等 (第Ⅴ章1参照)	特定個人情報等とは、個人番号及び特定個人情報の2つをまとめた用語です。番号法などの法律用語ではありませんが、マイナンバーガイドライン（第Ⅱ章4参照）で用いられている用語です。
通知カード (第Ⅰ章6参照)	通知カードは、市町村長が個人番号を本人に通知する際に送付するものです。 　通知カードの券面には、本人の個人番号及び基本4情報（住所、氏名、生年月日及び性別）が記載されます。
個人番号カード (第Ⅰ章6参照)	個人番号カードは、通知カードの交付を受けた人に対し、その人の申請により、交付されるものです。 　個人番号カードの券面には、個人番号、基本4情報、本人の顔写真等（カード記録事項）が記載され、また、カード記録事項が記録されたICチップが付いています。

第 I 章
マイナンバー制度の導入

1 マイナンバー制度の導入の趣旨

Q マイナンバー制度が導入された趣旨を教えてください。

A マイナンバー制度は、行政を効率化して、国民の利便性を高め、公平・公正な社会を実現するための社会基盤であり、マイナンバーの導入により行政事務の効率化、社会保障や税の給付と負担の公平化等を図ることが可能となります。

　マイナンバー制度は、具体的には、番号法に基づく制度[*1]で、社会保障、税及び災害対策の分野における行政を効率化して、国民の利便性を高め、公平・公正な社会を実現するための社会基盤となるものです。

公平・公正な社会の実現
所得や他の行政サービスの受給状況を把握しやすくなるため、負担を不当に免れることや給付を不正に受けることを防止するとともに、本当に困っている方にきめ細かな支援を行うことができます。

行政の効率化
行政機関や地方公共団体などで、様々な情報の照合、転記、入力などに要している時間や労力が大幅に削減されます。
複数の業務の間での連携が進み、作業の重複などの無駄が削減されます。

国民の利便性の向上
添付書類の削減など、行政手続が簡素化され、国民の負担が軽減されます。
行政機関が持っている自分の情報を確認したり、行政機関から様々なサービスのお知らせを受け取ったりできます。

（出典）内閣官房社会保障改革担当室資料を基に作成

国民の一人一人に個人番号を、また、法人等には法人番号を付すことにより、国の行政機関や地方公共団体等の複数の機関に存在する個人・法人の情報を同一人の情報であるということの確認を行うことができるようになります。その結果、次のような効果が期待されます。

＊1　本書では、「行政手続における特定の個人を識別するための番号の利用等に関する法律」を「番号法」といい、制度としては「マイナンバー制度」といいます。

1 行政事務の効率化

　ある人を特定しようとする場合、従来は、住所、氏名、生年月日及び性別という「基本4情報」を用いて特定する場合が通常でした。しかしながら、この基本4情報だけでは、必ずしも正確に人を特定することはできず、同一人であるのに別の人として認識する等の問題がありました。例えば、氏名一つをとってみても、「サイトウさん」には「齊藤さん」もいれば「斎藤さん」もいます。

　これに対して、番号が個人や法人等に付されることにより、その番号をキーとして、ある者を特定することが容易になります。その結果、ある一つの情報が、誰の情報であるかを特定することが容易となり、行政事務の効率化が図られることになります。

2 給付と負担の公平

　さまざまな書類に散らばっている情報について、個人番号や法人番号を利用して情報と情報をヒモづけることにより、従来よりも正確な所得把握が可能となります。

　具体的には、納税者が提出する所得税の確定申告書や事業者が提出する給与所得の源泉徴収票、配当金や不動産使用料等に関する各種支払調書に個人番号や法人番号を記載して税務署長等に提出する

ことにより、それらの番号をキーとして所得情報等を効率的に突合できるようになり、正確な所得把握に繋がります。

　正確な所得把握が行われることにより、社会保障や税における給付や負担について、適正に行われているかを確認することが容易となります。その結果、社会保障における不正な給付金の受給や税における不正な負担の軽減を防止することができます。また、真に手を差し伸べるべき人を見つけることも可能となります。

3 ITの活用による国民の利便性の向上

　現在、社会保障における給付金の申請や税の特例制度の適用を受けようとする場合、その申請書や申告書に所得証明書や住民票の写し等の添付書類を求められることが一般的です。

　しかし、マイナンバー制度により、国の行政機関や地方公共団体をつなぐ「情報提供ネットワークシステム」が整備され、従来求められていた添付書類が省略できるようになります。そのため、一つの申請や申告をするために、複数の機関に出向いて住民票の写し等の書類を取得する必要がなくなります。

4 積極的な情報提供による行政サービス

　行政においては、情報提供ネットワークシステム（本章「9　情報提供ネットワークシステムによる情報連携」参照）を利用することにより、国民ひとり一人の状況を把握しやすくなることから、行政から国民に向けて積極的な情報提供を行うことが可能となります。従来は、ある一つの給付金の申請について、その存在を知らないことにより、本来受給できるはずの給付金を受給していないといったことがありました。

　しかし、行政から積極的な情報提供があることにより、その給付金の存在を知ることができるようになり、受給の機会を逃すことが

なくなります。

5 大規模災害時における被災者支援

　大規模な災害時には、被災者の情報を管理することが難しくなります。このような場合に、個人番号を利用することにより、どの被災者がどこの場所に避難しているかが把握しやすくなり、必要な支援を行うことが可能となります。

番号制度導入によるメリット〜導入前〜

住　民

各種手当の申請時、関係各機関を回って、添付書類を揃える。

- 医療保険者
- 年金支給者
- 県庁
- 市役所

各種手当の申請時に必要となる情報（例）
- 住民票関係情報（市町村長）
- 地方税関係情報（市町村長）
- 障害者関係情報（都道府県知事）
- 医療保険給付関係情報（医療保険者）
- 年金給付関係情報（公的年金給付の支給者）

各種添付書類等

行政機関・地方公共団体等の間や、各団体内部の業務間における情報の連携が不足していること等から、本来給付を受けることができるが未受給となっている者がいる一方で、本来給付を受けることができないにもかかわらず不正に給付を受けている者がいる状況が発生。

「住民」と「行政」の両者にとって過重な負担

行　政

① 確認作業等に係る業務に多大のコスト
- 住民に提供されるサービスの受給判定のために、他自治体、関係機関から収受した情報を確認する手間・作業の負担が大きい。
- 外部から提供されたデータと自治体内で保管するデータとを結びつける作業時に、転記・照合・電算入力ミスが発生する可能性。
- 手作業による事務、書類審査が多く、手間と時間、費用がかかる。

② 業務間の連携が希薄で、重複して作業を行うなど、無駄な経費が多い。

（出典）内閣官房社会保障改革担当室資料を基に作成

番号制度導入によるメリット〜導入後〜

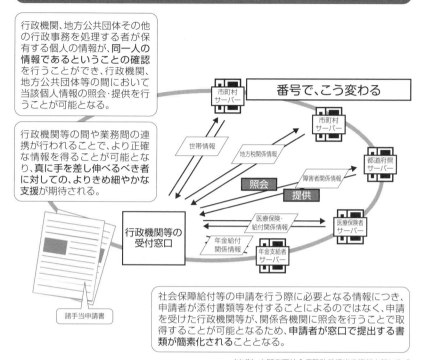

行政機関、地方公共団体その他の行政事務を処理する者が保有する個人の情報が、**同一人の情報であるということの確認**を行うことができ、行政機関、地方公共団体等の間において当該個人情報の照会・提供を行うことが可能となる。

行政機関等の間や業務間の連携が行われることで、より正確な情報を得ることが可能となり、**真に手を差し伸べるべき者に対しての、よりきめ細やかな支援**が期待される。

社会保障給付等の申請を行う際に必要となる情報につき、申請者が添付書類等を付することによるのではなく、申請を受けた行政機関等が、関係各機関に照会を行うことで取得することが可能となるため、**申請者が窓口で提出する書類が簡素化される**こととなる。

（出典）内閣官房社会保障改革担当室資料を基に作成

2 マイナンバー制度の仕組み

Q マイナンバー制度の仕組みは、どのようなものですか。

A マイナンバー制度は、①付番、②情報連携、③本人確認の3つの仕組みで構成されています。

1 付番

個人には、次に掲げる4つの特徴を有する「個人番号」が付番されることとなります。

1 悉皆性(しっかい)

住民票を有するすべての人に付番されます（本章「5　マイナンバーの付番」参照）。

2 唯一無二性

一人一番号で、他人と重複しない個人番号が付番されます。
したがって、付番された本人が死亡しても、その本人に付番されていた個人番号が新たに出生した人に付番されることはありません。

3 視認性

個人番号は、「民-民-官」の関係で流通させて利用可能な視認性のある番号（見える番号）となります。

ここでいう「民-民-官」とは、例えば、給与所得者であれば、本人から会社へ個人番号を通知（民から民）し、会社はその本人の源泉徴収票にその本人の個人番号を記載して税務署長に提出（民から官）する流れを示しています（本章「8　事業者とマイナンバー」参照）。

4　基本4情報との関連づけ

　個人番号は、最新の基本4情報と関連づけられることとなります。

5　法人番号

　法人等には、上記1から3までの特徴を有する「法人番号」が付番されることとなります。

2　情報連携

　国の行政機関や地方公共団体等の複数の機関間において、それぞれが管理（分散管理）している同一人の情報をヒモづけし、相互に活用（情報連携）することとなります。この情報連携を行うことができる情報は、番号法別表二で定められている情報に限られており、「情報提供ネットワークシステム」を利用して行うこととなります。

情報提供ネットワークシステムを利用することができる者は、番号法において定められた国の行政機関や地方公共団体等に限られています（番号法別表二）。したがって、一般的な事業者は利用することはできません。事業者で利用することができるのは、健康保険組合や全国健康保険協会等の一部の事業者に限られています。

3 本人確認

　個人が、その番号の持ち主本人であることを証明するための本人確認の仕組みとして、個人番号カードが発行されます。
　個人番号を提示した際に、それがその人の個人番号であることの真正性を証明するために個人番号カードが利用されることとなります（本章「6　通知カード、個人番号カード」参照）。
　また、国の行政機関や地方公共団体等の窓口で何らかの申請等をする際に、本人確認が行われる場合があります。このような本人確認では、従来、運転免許証や健康保険証等で行われていましたが、今後は、個人番号カードで行うことができます。

番号制度の仕組み

◎個人に
　①悉皆性（住民票を有する全員に付番）
　②唯一無二性（1人1番号で重複の無いように付番）
　③「民-民-官」の関係で流通させて利用可能な視認性（見える番号）
　④最新の基本4情報（氏名、住所、性別、生年月日）と関連付けられている新たな「個人番号」を付番する仕組み。
◎法人等に上記①～③の特徴を有する「法人番号」を付番する仕組み。

①付番

②情報連携
◎複数の機関間において、それぞれの機関ごとに個人番号やそれ以外の番号を付して管理している同一人の情報を紐付けし、相互に活用する仕組み
➤連携される個人情報の種別やその利用事務を番号法で明確化
➤情報連携に当たっては、情報提供ネットワークシステムを利用することを義務付け
　（※ただし、官公庁が源泉徴収義務者として所轄の税務署へ源泉徴収票を提出する場合などは除く）

③本人確認
◎個人が自分が自分であることを証明するための仕組み
◎個人が自分の個人番号の真正性を証明するための仕組み。
➤ICカードの券面とICチップに個人番号と基本4情報及び顔写真を記載した個人番号カードを交付
➤正確な付番や情報連携、また、成りすまし犯罪等を防止する観点から不可欠な仕組み

（出典）内閣官房社会保障改革担当室資料を基に作成

3 マイナンバー制度に関する国民の懸念

Q マイナンバー制度の導入により、国家による情報の一元管理が可能となるのではないですか。また、その管理された情報が漏えいして、損害を受けることはありませんか。

A マイナンバー制度は、国の行政機関や地方公共団体等がそれぞれ所有している情報を連携(照会・提供)できるものであり、一つの共通データベースによる情報管理(一元管理)をするものではありません。
　また、情報の漏えい等が起こらないようにするための措置が講じられています。

　マイナンバー制度の最も多い誤解は、〝個人番号や法人番号を利用して「国家による情報の一元管理」を行おうとしているのではないか〟という点です。マイナンバー制度においては、所得情報等の個人情報は、従来と変わらず、国の行政機関や地方公共団体などがそれぞれ保有することとなります(分散管理)。そして、その情報について、情報提供ネットワークシステム(本章「9　情報提供ネットワークシステムによる情報連携」参照)を使用して、各機関が情報連携(照会・提供)するものであり、各機関共通のデータベースにより情報管理(一元管理)するものではありません。
　また、情報の漏えい、なりすまし等による他人の個人番号の不正利用等が起こらないようにするための保護措置が講じられています。
　具体的には、制度面における保護措置として、番号法では、個人

番号の利用制限、個人番号をその内容に含む個人情報（以下「特定個人情報」といいます）の提供制限、収集・保管制限、個人番号のみによる本人確認の禁止、特定個人情報保護委員会による監視・監督、国の行政機関や地方公共団体等における特定個人情報保護評価の実施、罰則の強化、マイナポータルによる情報提供等記録の確認等の措置が講じられています（制度面における保護措置の詳細は、「第Ⅲ章　マイナンバー制度のポイント」を参照してください）。

　また、システム面における保護措置として、上記のような情報の分散管理、個人番号を直接利用しない符号による情報連携、アクセス制限、通信の暗号化等の措置が講じられています。

個人情報の管理の方法について

✕ 番号制度が導入されることで、各行政機関等が保有している個人情報を**特定の機関に集約**し、その集約した個人情報を各行政機関が閲覧することができる『**一元管理**』の方法をとるものではない。

〇 番号制度が導入されても、従来どおり個人情報は**各行政機関等**が保有し、他の機関の個人情報が必要となった場合には、番号法別表第二で定められるものに限り、情報提供ネットワークシステムを使用して、情報の照会・提供を行うことができる『**分散管理**』の方法をとるものである。

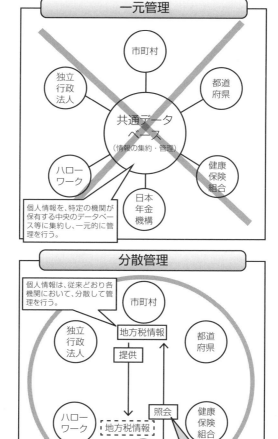

(出典) 内閣官房社会保障改革担当室資料を基に作成

4 番号法の成立までの経緯

Q 番号法の成立までに、どのような経緯があったのですか。

A 民主党政権下であった平成24年に番号関連3法案が国会に提出されましたが、衆議院の解散により廃案となり、その後、平成25年に自民党政権下において番号関連4法案として審議され、成立しました。

　国民に番号をつけるという議論は、古くから存在していました。昭和55年には、「所得税法の一部を改正する法律」（昭和55年法律8号）が成立し、いわゆる「グリーン・カード制度」が導入されましたが、少額貯蓄非課税制度を不正利用した資金が海外の債券等に流出したため、昭和58年に同制度の実施が延期され、昭和60年に廃止とされました。

　その後も、番号の議論は、納税者番号制度や社会保障番号制度など、さまざまな議論がされてきましたが、具体的な制度として成立することはありませんでした。

　しかし、平成19年頃のいわゆる「消えた年金記録問題」により、番号制度の導入に向けた議論が活発化し、民主党政権下であった平成24年の第180回通常国会において、番号関連3法案[*2]が提出されました。この法案は、衆議院の解散により廃案となりましたが、自民党、公明党及び民主党による三党協議による修正を踏まえた番号関連4法案[*3]が、第183回通常国会に再提出され、平成25年5月24日に可決・成立し、同月31日に公布されました。

＊2 ①行政手続における特定の個人を識別するための番号の利用等に関する法律案、②行政手続における特定の個人を識別するための番号の利用等に関する法律の施行に伴う関係法律の整備等に関する法律案、③地方公共団体情報システム機構法案

＊3 ①行政手続における特定の個人を識別するための番号の利用等に関する法律案、②行政手続における特定の個人を識別するための番号の利用等に関する法律の施行に伴う関係法律の整備等に関する法律案、③地方公共団体情報システム機構法案、④内閣法等の一部を改正する法律案

参考　番号関連法案についての国会審議経過

2012年2月14日	番号関連3法案を閣議決定、第180回通常国会に提出。 ・行政手続における特定の個人を識別するための番号の利用等に関する法律案 ・行政手続における特定の個人を識別するための番号の利用等に関する法律の施行に伴う関係法律の整備等に関する法律案 ・地方公共団体情報システム機構法案
2012年11月16日	衆議院が解散し、番号関連3法案が廃案。
	自民・公明・民主の3党による修正協議。
2013年3月1日	修正協議を踏まえ、番号関連4法案を閣議決定、第183回通常国会に再提出。 ・行政手続における特定の個人を識別するための番号の利用等に関する法律案（番号法案） ・行政手続における特定の個人を識別するための番号の利用等に関する法律の施行に伴う関係法律の整備等に関する法律案（番号整備法案） ・地方公共団体情報システム機構法案 ・内閣法等の一部を改正する法律案（政府ＣＩＯ法案）
2013年3月22日	衆議院本会議において番号関連4法案につき趣旨説明・質疑（総理入り）。 衆議院内閣委員会に番号関連4法案が付託。
2013年4月26日	衆議院内閣委員会において質疑（総理入り）、修正のうえ可決。
2013年5月9日	衆議院本会議において番号関連4法案につき一部修正のうえ可決。
2013年5月10日	参議院本会議において番号法案及び番号整備法案につき趣旨説明・質疑（総理入り）。 参議院内閣委員会に番号法案、番号整備法案が付託。 ※参議院内閣委員会に政府ＣＩＯ法案が、参議院総務委員会に地方公共団体情報システム機構法案が付託。
2013年5月23日	参議院内閣委員会において質疑（総理入り）、可決。
2013年5月24日	参議院本会議において番号関連4法案が可決、成立。
2013年5月31日	番号関連4法が公布。 ・行政手続における特定の個人を識別するための番号の利用等に関する法律（平成25年法律第27号） ・行政手続における特定の個人を識別するための番号の利用等に関する法律の施行に伴う関係法律の整備等に関する法律（平成25年法律第28号） ・地方公共団体情報システム機構法（平成25年法律第29号） ・内閣法等の一部を改正する法律（平成25年法律第22号）

（出典）内閣官房社会保障改革担当室資料を基に作成

> **参考** マイナンバー制度関連四法の成立・公布

【平成25年5月24日成立・31日公布】

- 行政手続における特定の個人を識別するための番号の利用等に関する法律（平成25年法律第27号）（マイナンバー法）
  → 行政機関等の行政事務を処理する者が、個人番号及び法人番号の有する特定の個人及び法人等を識別する機能を活用し、並びに当該機能によって異なる分野の情報を照合し、これらが同一の者に関するものであるかどうかを確認することができる情報システムを運用して、効率的な情報の管理及び利用並びに他の行政事務を処理する者との間における迅速な情報の授受を行うことができるようにするとともに、これにより、これらの者に対し申請等の手続を行い、又はこれらの者から便益の提供を受ける国民が、手続の簡素化による負担の軽減、本人確認の簡易な手続その他の利便性の向上を得られるようにするために必要な事項を定めるもの。

- 行政手続における特定の個人を識別するための番号の利用等に関する法律の施行に伴う関係法律の整備等に関する法律（平成25年法律第28号）
  → 行政手続における特定の個人を識別するための番号の利用等に関する法律の施行に伴い、三十六の関係法律の規定の整備等を行うため、所要の措置を定めるもの。

- 地方公共団体情報システム機構法（平成25年法律第29号）
  → 地方公共団体が共同して運営する組織として、住民基本台帳法、電子署名に係る地方公共団体の認証業務に関する法律及び行政手続における特定の個人を識別するための番号の利用等に関する法律の規定による事務並びにその他の地方公共団体の情報システムに関する事務を地方公共団体に代わって行うこと等を目的とする地方公共団体情報システム機構を設立することとし、その組織、業務の範囲等に関する事項を定めるもの。

- 内閣法等の一部を改正する法律（平成25年法律第22号）（政府CIO法）
  → 内閣官房における情報通信技術の活用に関する総合調整機能を強化するため内閣官房に特別職の国家公務員として内閣情報通信政策監を置くとともに、内閣情報通信政策監を高度情報通信ネットワーク社会推進戦略本部の本部員に加える等の措置を講ずるもの。

（出典）内閣官房社会保障改革担当室資を基に作成

5 マイナンバーの付番

Q 番号は、いつ、どのように付番されるのですか。

A 平成27年10月頃に個人、法人等にそれぞれ通知されます。個人番号は市町村長が指定して通知し、法人番号は国税庁長官が指定して通知します。

　個人番号及び法人番号は、平成27年10月頃にそれぞれ通知されます（番号法附則１本文）。

1 個人番号

1　付番対象者

　付番対象者は、市町村（特別区を含みます。以下「市町村」といいます）の住民票に記載されている人になります。したがって、日本国籍を有していて、日本に在住している人は、全員、個人番号が付番されます。海外赴任等により番号法の施行時点で海外に居住している人は、その時点では付番されず、日本に帰国して住民登録した時点で付番されることとなります。なお、個人番号を付番された人が国外へ転出した後、日本に再入国した場合には、転出前と同じ個人番号を利用することとなります。

　また、平成21年７月15日公布、平成24年７月９日施行の「住民基本台帳法の一部を改正する法律」（平成21年法律77号）により、外国人で日本に居住している人のうち、次に掲げる人に対しても住民票が作成される（住基法30の45）ようになったことから、これ

らの人についても個人番号が付番されることとなります。

① 中長期在留者
② 特別永住者
③ 一時庇護許可者又は仮滞在許可者
④ 出生による経過滞在者又は国籍喪失による経過滞在者

2　個人番号の生成

　個人番号は、市町村長が指定して通知することとなりますが、その個人番号の基となる番号は「地方公共団体情報システム機構」(地方公共団体情報システム機構法《平成25年法律29号》2①。以下「機構」といいます*4)が生成することとなります。

*4　機構は、地方公共団体情報システム機構法に基づき設立された法人で、地方公共団体が共同して運営する組織として、住民基本台帳法(昭和42年法律81号)、電子署名に係る地方公共団体の認証業務に関する法律(平成14年法律153号)及び番号法の規定による事務並びにその他の地方公共団体の情報システムに関する事務を地方公共団体に代わって行うとともに、地方公共団体に対してその情報システムに関する支援を行い、もって地方公共団体の行政事務の合理化及び住民の福祉の増進に寄与することを目的としています。通称、「J-LIS」(「Japan Agency for Local Authority Information Systems」の略。ジェイリス)と呼ばれています。

　具体的には、市町村長は、個人番号を指定するときは、あらかじめ機構に対し、その個人番号を指定しようとする人に係る住民票コードを通知して、個人番号とすべき番号の生成を求めます(番号法8①)。そして、機構は、市町村長から個人番号とすべき番号の生成を求められたときは、次に掲げる要件に該当する番号を生成して、速やかに、市町村長に対して、通知します(番号法8②)。

① 他のいずれの個人番号とも異なること。
② 住民票コードを変換して得られるものであること。
③ 住民票コードを復元することのできる規則性を備えるものでないこと。

①住民票コード通知、番号の生成の求め

②個人番号とすべき番号を生成、通知

3　指定・通知

　市町村長は、住民票に住民票コードを記載したときは、速やかに、上記2で機構から通知された番号をその人の個人番号として指定し、その人に対して、「通知カード」により通知しなければなりません（番号法7①一）（本章「6　通知カード、個人番号カード」参照）。通知カードは、住民票の住所に送られてきます。

　番号法の施行日前に出生しており、すでに住民票に住民票コードが記載されている人には、その施行日時点における住民票コードを基にして機構が個人番号とすべき番号を生成し、市町村長によって個人番号の指定、通知が行われます（番号法附則3①、④）。

　個人番号は、12桁の数字ですが、その構成としては、上記2の要件に該当する11桁の番号及び1桁の検査用数字（チェックデジット）＊5となります。

＊5　個人番号を電子計算機に入力するときに誤りのないことを確認することを目的として、その11桁の番号を基礎として総務省令で定める算式により算出される0から9までの整数をいいます（番号令8、カード規5）。

4　変更

　市町村長は、個人番号が漏えいして不正に用いられるおそれがあると認められるときは、漏えいが認められた人の請求又は職権により、従前の個人番号に代えて、機構から通知された新たな番号をその人の個人番号として指定し、速やかに、その人に対して、その個人番号を通知カードにより通知しなければなりません（番号法7②、番号令3）。

こうしたことから、「個人番号が漏えいして不正に用いられるおそれがあると認められるとき」以外は、一度指定された個人番号は変更することができません。

2 法人番号

法人番号については、「第Ⅳ章　法人番号制度のポイント」で詳細を説明することとし、ここでは概要を説明します。

1　付番対象者

付番の対象となるのは、国の機関、地方公共団体、株式会社等の設立登記をした法人その他一定の団体となります（番号法58①②）。

2　指定・通知

国税庁長官は、上記1の法人等に対して、法人番号を指定して、その法人番号を通知するものとされています（番号法58①、番号令36～39）。法人番号は、登記上の所在地に書面で送られてきます。

法人番号は、13桁の数字ですが、その構成としては、12桁の基礎番号（商業登記法《昭和38年法律125号》7条に規定する会社法人等番号又は国税庁長官が定める番号）及び1桁の検査用数字（チェックデジット）[*6]となります（番号令35、法番規2）。

[*6]　法人番号を電子計算機に入力するときに誤りのないことを確認することを目的として、基礎番号を基礎として財務省令で定める算式により算出される1から9までの整数をいいます（番号令35①、法番規2）。

3　変更

法人番号は、個人番号と異なり、変更されることはなく、また、自ら変更することもできません。

3 個人番号と法人番号の違い

　個人番号は、本人の基本4情報とヒモ付いている住民票コードを変換したものであり、その本人を「正確」に特定することができるものです。

　そのため、個人番号が不正に流出した場合、なりすまし等により個人番号が不正に利用され、本人の財産等の侵害を受ける危険性があります。したがって、番号法では、個人番号の利用範囲を「社会保障、税及び災害対策に関する事務並びにこれらに類する条例で定める事務」に限定しており、また、各種の厳格な保護措置を設けています（「第Ⅲ章　マイナンバー制度のポイント」参照）。

　これに対し、法人番号は、外部に公表することとされているため、さまざまな場面で利活用されることが想定されています。

　したがって、「社会保障、税及び災害対策に関する事務並びにこれらに類する条例で定める事務」以外の場面でも利活用することができ、個人番号のような厳格な保護措置は設けられていません。

6 通知カード、個人番号カード

Q 通知カードや個人番号カードとは、どのようなものですか。

A 通知カードには、本人の個人番号及び基本4情報が記載されます。個人番号カードには、カードの表面に本人の基本4情報及び顔写真が記載され、裏面に個人番号が記載されます。

1 通知カード

　通知カードは、本章の「5　マイナンバーの付番」①３のとおり、市町村長が個人番号を本人に通知する際に送付するものです。したがって、個人番号が付番されたすべての人が通知カードを所有することになります。

　通知カードの様式は、紙製のカード（予定）であり、本人の個人番号及び基本4情報が券面に記載されます。その通知カードのみでは、身分証明書としての利用はできず、番号法が求める本人確認（第Ⅲ章「13　本人確認」参照）においても他の書類と併せて利用することになります。

2 個人番号カード

1 交付

　個人番号カードは、通知カードの交付を受けた人（市町村が備える住民基本台帳に記録されている人）に対し、その人の申請により、交付されるものです（番号法17①）。

　個人番号カードの交付申請をする際には、通知カードは返納することとなります。個人番号カードは、通知カードとともに送られてくる「交付申請書」により申請し、平成28年1月以降に交付されます。

　個人番号カードの交付を申請する人は、交付申請書にその交付を受けようとする旨などの一定の事項を記載し、かつ、交付申請者の写真を添付して住所地の市町村長（その者が記録されている住民基本台帳を備える市町村長。以下「住所地市町村長」といいます）に提出しなければなりません（番号令13①、カード規20～22）。

　個人番号カードは、市町村の窓口で交付を受けることとなりますが、身体の不自由な人など、やむを得ない理由により市町村の窓口に出向くことができない人は、その人が指定した人が窓口に出向き個人番号カードの交付を受けることができます（番号令13③、番号規13～16）。

2 記載事項と様式

　個人番号カードは、個人番号、基本4情報、本人の顔写真等（以下「カード記録事項」といいます）が記載され、また、カード記録事項が記録されたICチップが付いています（番号法2⑦）。

　ICチップには、カード記録事項のほか、公的個人認証に係る電子証明書、市町村が条例で定めた事項等の限られた情報のみが記録されることとなり、地方税関係情報、年金給付関係情報等のような機密性の高い情報は記録されないこととなっています。

個人番号カードの様式は、カードの表面に本人の基本４情報及び顔写真が記載され、裏面に個人番号が記載されます。

3　届出

　カード記録事項に変更があったときは、その変更があった日から14日以内に、その旨を住所地市町村長に届け出るとともに、その個人番号カードを提出しなければなりません（番号法17④）。

　また、個人番号カードを紛失したときは、ただちに、その旨を住所地市町村長に届け出なければなりません（番号法17⑤）。

4　効力と返納

　個人番号カードは、有効期間が満了した場合等は、使用することができません（番号法17⑥、番号令14）。

　有効期限は、20歳以上の人は10年、20歳未満の人は容姿の変化を考慮して５年とされています（カード規26）[7]。

　個人番号カードの有効期限が満了した場合等は、そのカードを住所地市町村長に返納することとなります（番号法17⑦、番号令15）。

[7]　個人番号カードの発行の日において、20歳以上の人は「その発行の日からその発行の日後のその人の10回目の誕生日まで」、20歳未満の人は「その発行の日からその発行の日後その人の５回目の誕生日まで」が有効期限となります。

5　本人確認

　個人番号カードは、顔写真等の情報が記載されていることから、個人番号カードのみで身分証明書としての利用ができます。

　また、番号法が求める本人確認（第Ⅲ章「13　本人確認」参照）においても、それのみで行うことができます。

6　マイナポータルへのログイン

　マイナポータルとは、国の行政機関や地方公共団体等が、自分の情報をいつ、誰が、何のために提供したのかを確認するシステム（情

報提供等記録開示システム）をいいます（本章「10　マイナポータル」参照）。

　このマイナポータルにログインする際に、個人番号カードを利用することが予定されています。

7　住民基本台帳カードとの関係

　平成28年１月以降は、個人番号カードのみが発行され、住民基本台帳カード*8（住基法30の44）は発行されないこととなっています（整備法19）。

　また、住民基本台帳カードを所有している人が、個人番号カードを取得した場合は、住民基本台帳カードは使用できなくなりますが、個人番号カードを取得しなかった場合には、その有効期限までは使用することができます。

*8　住民基本台帳カードは、住所地市町村長に申請すれば交付を受けられるカードで、全国のどこの市町村でも住民票の写しの交付を受けられるなど、さまざまなサービスに利用できるカードです。

3　カードの保管

　通知カードや個人番号カードは、その人の個人番号が券面に記載されることとなります。個人番号が漏えいすると、不正利用による財産等の侵害を受ける可能性があります。したがって、必要な場合以外は、通知カードや個人番号カードを他人の目に付くところに放置しないようにしましょう。

　番号法では、他人に対して個人番号をむやみに提供することは想定しておらず、提供することができる場合は限定されています。

　したがって、本人が「自分の個人番号を他人に教えたい」と思っても、番号法で認められた場合以外は、個人番号を提供することはできません（第Ⅲ章「11　個人番号の提供の求めの制限、特定個人情報の提供の制限」参照）。

また、他人の個人番号カードの裏面（個人番号が記載されている面）は、番号法で認められた場合以外ではコピーをとることもできません。

個人番号カード、通知カードについて

	個人番号カード	通知カード
1 様式	表面（案）　裏面（案） ○個人番号を券面に記載（裏面に記載する方向で検討） ○顔写真を券面に記載	○個人番号を券面に記載 ○顔写真なし
2 作成・交付	○通知カードとあわせて個人番号カードの交付申請書を送付し、申請は郵送で受け付けるため、市町村窓口へは1回来庁のみ（顔写真確認等）を想定 ○全市町村が共同で委任することを想定。民間事業者の活用も視野 ○手数料：今後検討 ○交付事務は法定受託事務	○全国民に郵送で送付するため、来庁の必要なし。 ○全市町村が共同で委任することを想定。民間事業者の活用も視野 ○手数料：なし ○交付事務は法定受託事務
3 利便性	○身分証明書としての利用 ○個人番号を確認する場面での利用（就職、転職、出産育児、病気、年金受給、災害等） ○市町村、都道府県、行政機関等による付加サービスの利用 ○電子証明書による民間部門を含めた電子申請・取引等における利用	○個人番号カードの交付を受けるまでの間、行政機関の窓口等で個人番号の提供を求められた際に利用可能 （番号法に基づく本人確認のためには、通知カードのほか主務省令で定める書類の提示が必要。）

（出典）内閣官房社会保障改革担当室資料を基に作成

個人番号カードと住基カードとの関係

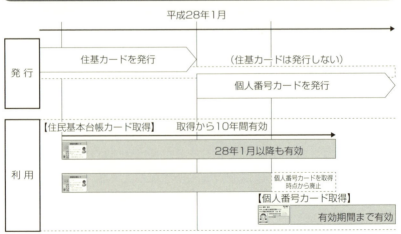

（出典）内閣官房社会保障改革担当室資料を基に作成

7 個人番号の利用

Q 個人番号は、どのように利用されるのですか。

A 個人番号は、社会保障、税及び災害対策に関する事務並びにこれらに類する条例で定める事務だけに限って利用されます。

　個人番号は、その利用範囲が番号法において限定的に定められており、「社会保障、税及び災害対策に関する事務並びにこれらに類する条例で定める事務」（以下「社会保障、税及び災害対策等事務」といいます）でのみ利用できることとなっています。

　個人番号の利用は、個人を特定することやさまざまな情報をヒモづけることが容易になる反面、その利用範囲を広範なものとすると不正利用等によるプライバシー侵害の危険性が高まることとなります。

　したがって、番号法においては、プライバシー保護の観点から、個人番号の利用範囲を限定しています。

　個人情報を効率的に検索及び管理するために個人番号を利用することができるのは、国の行政機関、地方公共団体等の行政事務を処理する者（番号法別表一）に限られています。これら行政事務を処理する者が、番号法で定められた社会保障、税及び災害対策等事務を処理するために個人番号を利用することとなります（番号法９①）。

　また、健康保険組合や全国健康保険協会等の一部の事業者は、国の行政機関や地方公共団体等と同様に、行政事務を行う者として、番号法で定められた社会保障、税及び災害対策等事務を処理するた

めに、個人情報を検索及び管理するための個人番号の利用が認められています（番号法9①、番号法別表一）。

さらに、地方公共団体は、社会保障、税及び災害対策に関する事務に類する事務について条例で定めることにより、個人番号を利用することができます（番号法9②）。

国の行政機関、地方公共団体、健康保険組合等の行政事務を処理する者における個人番号の利用範囲は、次のとおりです。

個人番号の利用範囲を番号法に規定

別表第一（第9条関係）

社会保障分野	年金分野	⇒年金の資格取得・確認、給付を受ける際に利用。 ○国民年金法、厚生年金保険法による年金である給付の支給に関する事務 ○国家公務員共済組合法、地方公務員等共済組合法、私立学校教職員共済法による年金である給付の支給に関する事務 ○確定給付企業年金法、確定拠出年金法による給付の支給に関する事務 ○独立行政法人農業者年金基金法による農業者年金事業の給付の支給に関する事務　　等
	労働分野	⇒雇用保険等の資格取得・確認、給付を受ける際に利用。ハローワーク等の事務等に利用。 ○雇用保険法による失業等給付の支給、雇用安定事業、能力開発事業の実施に関する事務 ○労働者災害補償保険法による保険給付の支給、社会復帰促進等事業の実施に関する事務　　等
	福祉・医療・その他分野	⇒医療保険等の保険料徴収等の医療保険者における手続、福祉分野の給付、生活保護の実施や 低所得者対策の事務等に利用。 ○児童扶養手当法による児童扶養手当の支給に関する事務 ○母子及び寡婦福祉法による資金の貸付け、母子家庭自立支援給付金の支給に関する事務 ○障害者総合支援法による自立支援給付の支給に関する事務 ○特別児童扶養手当法による特別児童扶養手当等の支給に関する事務 ○生活保護法による保護の決定、実施に関する事務 ○介護保険法による保険給付の支給、保険料の徴収に関する事務 ○健康保険法、船員保険法、国民健康保険法、高齢者の医療の確保に関する法律による 　保険給付の支給、保険料の徴収に関する事務 ○独立行政法人日本学生支援機構法による学資の貸与に関する事務 ○公営住宅法による公営住宅、改良住宅の管理に関する事務　　等
税分野		⇒国民が税務当局に提出する確定申告書、届出書、調書等に記載。当局の内部事務等に利用。
災害対策分野		⇒被災者生活再建支援金の支給に関する事務等に利用。 ⇒被災者台帳の作成に関する事務に利用。
⇒上記の他、社会保障、地方税、防災に関する事務その他これらに類する事務であって地方公共団体が条例で定める事務に利用。		

（出典）内閣官房社会保障改革担当室資料を基に作成

なお、これらの者が上記の事務で個人番号を利用することを「個人番号利用事務」といいます（第Ⅲ章「4　個人番号の利用範囲①（個人番号利用事務）」参照）。

　一方、本人や事業者は、国の行政機関、地方公共団体、健康保険組合等の行政事務を処理する者に対して、個人番号を提供する役割を担うこととなり、社会保障、税及び災害対策等事務で、それらの者に提出する申請書、申告書等の書類に個人番号を記載して提出することとなります。

　例えば、本人が、児童扶養手当の支給を受けるための申請書や所得税の確定申告書等を提出する際に、それらの書類に個人番号を記載して市町村長や税務署長に提出することとなります。また、会社等に勤めている人は、扶養控除等申告書その他の書類に自分や扶養親族の個人番号を記載して会社に提出することとなります。事業者は、その従業員の源泉徴収票等にその従業員や扶養親族の個人番号を記載して税務署長等に提出することとなります（番号法9③。本章「8　事業者とマイナンバー」参照）。

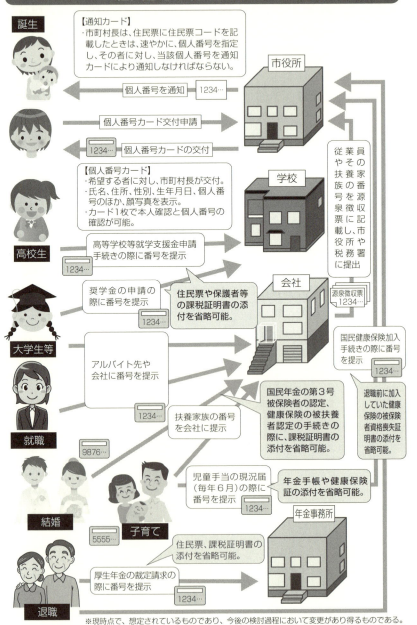

以上のように、本人や事業者にとってみれば、現行のマイナンバー制度では、個人番号の利用価値を見出すことはできません。
　しかしながら、本人や事業者が果たすべき役割を全うすることにより、行政事務を処理する者に適正に個人番号が行き渡り、行政の効率化及び国民の利便性向上に繋がっていくこととなります。
　すなわち、マイナンバー制度は、国民一人一人によって支えられている制度であり、それをなくして成立するものではないと考えられます。
　なお、番号法の施行後1年を目途として、「マイナポータル」（本章「10　マイナポータル」参照）の運用が予定されており、また、政府は、番号法の施行後3年を目途として、個人番号の利用範囲の拡大等を検討する（番号法附則6①）こととなっているため、将来的には、本人や事業者にとっても利用価値のある番号制度に発展することが期待されます。

8 事業者とマイナンバー

Q 事業者は、個人番号をどのように利用するのでしょうか。

A 事業者は、従業員や役員等から個人番号の提供を受け、給与所得の源泉徴収票、給与支払報告書、健康保険・厚生年金保険被保険者資格取得届等の法定の書類にその個人番号を記載して、税務署長、市町村長、日本年金機構等に提出することとなります。
　また、税理士や地主等から個人番号又は法人番号の提供を受け、支払調書にその番号を記載して、税務署長に提出することとなります。

　個人番号は、国の行政機関、地方公共団体等の行政事務を処理する者が、個人情報を効率的に検索及び管理するために必要な限度で利用します（本章「7　個人番号の利用」参照）。
　これら行政事務を処理する者が個人番号を利用するために、事業者は、主に社会保障及び税に関する各種書類に個人番号又は法人番号を記載して行政事務を処理する者に提出するという役割を担うこととなります（番号法9③）。
　具体的には、従業員、役員、パート、アルバイト等（以下「従業員等」といいます）の個人番号を給与所得の源泉徴収票、給与支払報告書、健康保険・厚生年金保険被保険者資格取得届等に記載して、税務署長、市町村長、日本年金機構等に提出することとなります。
　また、事業者は、税理士に対する顧問料や地主に対する地代等を支払った場合は、その税理士や地主から個人番号又は法人番号の提

供を受けて、それを支払調書に記載して税務署長に提出することとなります。

したがって、従業員等の個人番号に限らず、外部の者の個人番号や法人番号についても取り扱うこととなります。

このように、上記の事務で個人番号を利用することを「個人番号関係事務」といいます（第Ⅲ章「7　個人番号の利用範囲②（個人番号関係事務）」参照）。

財務省ホームページに掲載されている資料[9]によれば、次のとおり、源泉徴収票や支払調書等の法定調書[10]は59種類あり、これらの法定調書の多くに、個人番号や法人番号を記載することとなっています[11]。

*9　財務省ホームページ（http://www.mof.go.jp/tax_policy/summary/tins/n08.htm）
*10　法定調書とは、「所得税法」、「相続税法」、「租税特別措置法」及び「内国税の適正な課税の確保を図るための国外送金等に係る調書の提出等に関する法律」等の規定により税務署長等に提出が義務づけられている資料をいいます。
*11　どの法定調書に個人番号又は法人番号を記載するかは、所得税法、相続税法等の各法定調書の根拠法令によることとなります。

所得課税に関するもの	
Ⅰ　利子等、配当、収益の分配等に関するもの（注1）	
1	利子等の支払調書
2	国外公社債等の利子等の支払調書
3	配当、剰余金の分配及び基金利息の支払調書
4	国外投資信託等又は国外株式の配当等の支払調書
5	投資信託又は特定受益証券発行信託収益の分配の支払調書
6	オープン型証券投資信託収益の分配の支払調書
7	配当等とみなす金額に関する支払調書
8	名義人受領の利子所得の調書
9	名義人受領の配当所得の調書
10	上場証券投資信託等の償還金等の支払調書
11	非課税口座年間取引報告書

Ⅱ	不動産、株式等の譲渡の対価等に関するもの
12	不動産等の譲受けの対価の支払調書
13	株式等の譲渡の対価等の支払調書
14	交付金銭等の支払調書
15	信託受益権の譲渡の対価の支払調書
16	先物取引に関する支払調書
17	金地金等の譲渡の対価の支払調書
18	名義人受領の株式等の譲渡の対価の調書
19	譲渡性預金の譲渡等に関する調書
20	特定新株予約権等・特定外国新株予約権の付与に関する調書
21	特定株式等・特定外国株式の異動状況に関する調書
22	新株予約権の行使に関する調書
23	株式無償割当てに関する調書
24	外国親会社等が国内の役員等に供与等をした経済的利益に関する調書
25	特定振替国債等の譲渡対価の支払調書
26	特定口座年間取引報告書
Ⅲ	給付補てん金、利益の分配、償還金、生命・損害保険契約等に関するもの
27	定期積金の給付補てん金等の支払調書（注1）
28	匿名組合契約等の利益の分配の支払調書
29	生命保険契約等の一時金の支払調書
30	生命保険契約等の年金の支払調書
31	損害保険契約等の満期返戻金等の支払調書
32	損害保険契約等の年金の支払調書
33	無記名割引債の償還金の支払調書
34	特定振替国債等の償還金等の支払調書
Ⅳ	報酬等、使用料等、給与、退職金、公的年金等に関するもの
35	報酬、料金、契約金及び賞金の支払調書
36	保険代理報酬の支払調書
37	不動産の使用料等の支払調書
38	不動産等の売買又は貸付けのあっせん手数料の支払調書
39	給与所得の源泉徴収票（住民税：給与支払報告書）
40	退職所得の源泉徴収票（住民税：退職所得の特別徴収票）
41	公的年金等の源泉徴収票（住民税：公的年金等支払報告書）

V	非居住者等に関するもの
42	非居住者等に支払われる組合契約に基づく利益の支払調書
43	非居住者等に支払われる人的役務提供事業の対価の支払調書
44	非居住者等に支払われる不動産の使用料等の支払調書
45	非居住者等に支払われる借入金の利子の支払調書
46	非居住者等に支払われる工業所有権の使用料等の支払調書
47	非居住者等に支払われる機械等の使用料の支払調書
48	非居住者等に支払われる給与、報酬、年金及び賞金の支払調書
49	非居住者等に支払われる不動産の譲受けの対価の支払調書
VI	その他
50	信託の計算書
51	有限責任事業組合等に係る組合員所得に関する計算書
資産課税に関するもの	
52	生命保険金・共済金受取人別支払調書
53	損害(死亡)保険金・共済金受取人別支払調書
54	退職手当金等受給者別支払調書
55	信託に関する受益者別(委託者別)調書
56	教育資金管理契約の終了に関する調書
その他	
57	国外送金等調書
58	国外証券移管等調書(注3)
59	国外財産調書

(注1)個人が支払を受ける利子等・配当等で源泉分離課税の対象となるものは、支払調書の提出は不要。
(注2)上記25、33、34の支払調書は、平成28年1月1日以降、上記13の支払調書に統合。【平成25年度改正】
(注3)平成27年1月1日以後に行われる有価証券の移管について適用。【平成26年度改正】

　また、事業者自身の個人番号又は法人番号についても、支払調書等に記載して提出することとなります。
　なお、事業者は、従業員等や税理士等から個人番号の提供を受けたときは、番号法に定められた方法で、「本人確認」(番号確認及び身元確認)を行う必要があります(第Ⅲ章「13　本人確認」参照)。

事業者における個人番号との関わり（個人番号関係事務）

有識者等
・原稿依頼
・講演依頼 等

個人番号 1234…

原稿料等の支払い

従業員等
・入社
・結婚
・出産 等

個人番号 5678…

給与の支払い
社会保険料等の徴収

○本人や扶養親族の個人番号を会社に提示。

↓ 個人番号の提示

会社

支払調書（イメージ）
支払いを受ける者　個人番号 1234　氏名 番号太郎

源泉徴収票（イメージ）
支払いを受ける者　個人番号 5678　氏名 難波一郎

被保険者資格取得届（イメージ）
個人番号	被保険者氏名	資格取得年月日
5678…	難波一郎	28.4.1
9876…	難波花子	28.4.1

○従業員等、有識者等の個人番号を法定調書（源泉徴収票、支払調書等）、健康保険・厚生年金保険被保険者資格取得届などに記載して、行政機関等に提出。

個人番号関係事務 個人番号関係事務実施者
※委託を受けた者を含む。

↓ 法定調書等の提出

税務署、市区町村、年金事務所
健康保険組合、ハローワーク等

○行政機関等が、社会保障、税及び災害対策に関する特定の事務において、保有している個人情報の検索、管理のために個人番号を利用。

個人番号利用事務 ⇒ 個人番号利用事務実施者
※委託を受けた者を含む。

（出典）特定個人情報保護委員会事務局資料を基に作成

民間企業における個人番号の利用場面

社会保障分野

○ 個人番号利用事務実施者としてのもの
(1) 健康保険組合の実施する事務

二 全国健康保険協会又は健康保険組合	健康保険法による保険給付の支給又は保険料等の徴収に関する事務であって主務省令で定めるもの

(2) 企業年金の実施主体が実施する事務

七十一 確定給付企業年金法(平成十三年法律第五十号)第二十九条第一項に規定する事業主等又は企業年金連合会	確定給付企業年金法による年金である給付又は一時金の支給に関する事務であって主務省令で定めるもの
七十二 確定拠出年金法(平成十三年法律第八十八号)第三条第三項第一号に規定する事業主	確定拠出年金法による企業型記録関連運営管理機関への通知、企業型 年金加入者等に関する原簿の記録及び保存又は企業型年金の給付若しくは脱退一時金の支給に関する事務であって主務省令で定めるもの

○ 個人番号関係事務実施者としてのもの
　→健康保険、雇用保険、年金などの場面で提出を要する書面に、従業員等の個人番号を記載。

税分野

○ 個人番号関係事務実施者としてのもの
　→税務署に提出する法定調書等に、従業員や株主等の個人番号を記載。
　　　　　　　　　　　　　　　　　　　　※一般の民間企業(非金融機関)の場合

法定調書	提出者	根拠条文(所得税法)
給与所得の源泉徴収票	給与等の支払をする者	第226条第1項
退職所得の源泉徴収票	退職手当等の支払をする者	第226条第2項
報酬、料金、契約金及び賞金の支払調書	報酬、料金、契約金又は賞金の支払をする者	第225条第1項第3号
配当、剰余金の分配及び基金利息の支払調書	利益の配当、剰余金の分配又は基金利息の支払をする法人	第225条第1項第2号
不動産の使用料等の支払調書	不動産の使用料等の支払をする法人及び不動産業者である個人	第225条第1項第9号
不動産等の譲受けの対価の支払調書	居住者又は内国法人に対し譲渡対価の支払をする法人及び不動産業者である個人	第225条第1項第9号

(出典) 内閣官房社会保障改革担当室資料を基に作成

9 情報提供ネットワークシステムによる情報連携

Q 情報提供ネットワークシステムによる情報連携の概要を教えてください。

A 情報提供ネットワークシステムとは、総務大臣が特定個人情報保護委員会と協議して、設置及び管理する情報システムであり、国の行政機関や地方公共団体等は、その情報システムを利用して、それぞれが管理している同一人の情報をヒモづけし、情報連携します。

1 情報提供ネットワークシステムによる情報連携

　情報連携は、マイナンバー制度を構成する重要な仕組みの一つです（本章「2　マイナンバー制度の仕組み」参照）。行政の効率化や国民の利便性向上のためには、正確かつ迅速な情報連携が行われ、また、不正な情報連携が行われないようにしなければなりません。

　マイナンバー制度における情報連携は、正確かつ迅速な情報連携を実現するために、「情報提供ネットワークシステム」という情報システム（ＩＴシステム）を利用することとされています[*12]。この情報提供ネットワークシステムは、総務大臣が特定個人情報保護委員会と協議して、設置及び管理することとなります（番号法21①）。

[*12] 情報提供ネットワークシステムを利用した情報連携は、政府共通ネットワーク等の専用回線を使用することとなっています。

　また、情報提供ネットワークシステムを利用した情報連携につい

ては、不正な情報連携が行われないようにするための措置が講じられています。具体的には、情報連携を行うことができる者（情報照会者・情報提供者）、利用される事務及び提供される情報が番号法に規定されています（番号法19七、21②、番号法別表二）。情報照会者又は情報提供者は、国の行政機関や地方公共団体等の限られた者となっており、一般的な事業者は情報提供ネットワークシステムを利用することはできません。事業者で利用することができるのは、健康保険組合や全国健康保険協会等の一部の事業者に限られています。

　さらに、情報提供ネットワークシステムを利用した情報連携を行った場合には、その情報照会者及び情報提供者並びに総務大臣は、各自の電子計算機（総務大臣は情報提供ネットワークシステム）に、情報照会者及び情報提供者の名称、情報連携を行った日時、特定個人情報の項目等を記録し（情報提供等の記録）、保存することとされており、不正行為等を抑止し、問題が発生した場合の検証等が行えるようになっています（番号法23）。

　この情報提供等の記録は、マイナポータルによって確認することができ、自分の情報について、いつ、誰が、何のために情報連携したのかがわかる仕組みとなる予定です。

　情報照会者及び情報提供者並びに総務大臣は、この情報連携（番号法19⑦）に関する事務（以下「情報提供等事務」といいます）に関する秘密について、その漏えいの防止その他の適切な管理のために、情報提供ネットワークシステム、ならびに情報照会者及び情報提供者が情報提供等事務に使用する電子計算機の安全性及び信頼性を確保することその他の必要な安全管理措置を講じなければなりません（番号法24）。

　また、情報提供等事務又は情報提供ネットワークシステムの運営に関する事務に従事する者又は従事していた者は、その業務に関して知り得たその事務に関する秘密を漏らし、又は盗用してはなりません（番号法25）。これに違反して秘密を漏らし、又は盗用した者は、

3年以下の懲役又は150万円以下の罰金に処されます（併科あり。番号法69）。

なお、情報提供ネットワークシステムを利用した情報連携については、平成29年1月から国の機関間で開始し、同年7月をめどに地方公共団体等との間でも開始する予定となっています。

2 今後の検討事項

政府は、番号法の施行後3年を目途として、番号法の施行状況等を勘案し、個人番号の利用及び情報提供ネットワークシステムを使用した特定個人情報の提供の範囲を拡大すること、並びに特定個人情報以外の情報の提供に情報提供ネットワークシステムを活用することができるようにすること等について検討を加え、必要があると認めるときは、その結果に基づいて、国民の理解を得つつ、所要の措置を講ずるものとされています（番号法附則6①）。

10 マイナポータル

Q マイナポータルとは、どのようなものですか。

A マイナポータルとは、自分の情報をいつ、誰が、何のために提供したのかをパソコンなどで確認できるシステム（情報提供等記録開示システム）をいいます。
　また、自己情報表示、プッシュ型サービス、ワンストップサービスという機能が備わっています。

　マイナポータルとは、自分の情報をいつ、誰が、何のために提供したのかを確認するシステム（情報提供等記録開示システム）をいい、番号法の施行後1年を目途として運用が予定されています。自宅のパソコンなどで利用することができ、パソコンをお持ちでない人も利用できるように公的機関への端末の設置も予定されています[13]。

　このマイナポータルにログインする際に、個人番号カードを利用することが予定されています。

[13] 内閣官房ホームページＦＡＱ参照（http://www.cas.go.jp/jp/seisaku/bangoseido/faq/faq4.html）

1 情報提供等記録表示

　マイナポータルの最も重要な機能が、情報提供等記録表示です。国の行政機関や地方公共団体等は、情報提供ネットワークシステムを利用して情報連携を行いますが、この情報連携が行われた場合には、個人番号により識別される本人の情報をいつ、誰が、何のため

に提供したのかを記録（情報提供等の記録）し、保存することとなっています（本章「9　情報提供ネットワークシステムによる情報連携」参照）。

そして、本人が、その情報提供等の記録を確認することができる機能が情報提供等記録表示です（番号法附則6⑤）。これにより、国の行政機関や地方公共団体等が、不正な情報連携を行っていないかを本人自らが確認することができます。

2 自己情報表示

国の行政機関、地方公共団体等が保有している自分の個人情報について、マイナポータルを通じて、開示請求を行える機能が自己情報表示です（番号法附則6⑥一）。

例えば、自分が納付した社会保険料の金額が簡単に確認できるようになり、所得税の確定申告における社会保険料控除の適用を受けるための手間が省けるなどといったことが検討されています。

3 プッシュ型サービス

国の行政機関、地方公共団体等は、情報提供ネットワークシステムを利用することにより、国民一人一人の状況を把握しやすくなることから、行政から国民に向けて積極的な情報提供を行うことが可能となります。これが、プッシュ型サービス機能です（番号法附則6⑥二）。

従来は、給付金等の行政サービスを受ける場合には、国民自らがその情報を調べる必要がありましたが、プッシュ型サービス機能によって、国民一人一人に合ったサービスが行政から提供できるようになり、一から自分で調べるといった負担が減ることになります。

4 ワンストップサービス

　マイナポータルを窓口として、行政に関するさまざまな手続を行えるようにするのが、ワンストップサービス機能です（番号法附則６⑥三）。従来は、それぞれの手続に対応する行政の窓口で申請等の手続を行わなければなりませんでしたが、マイナポータルによりワンストップで手続を行えるようになるため、国民の負担軽減に繋がることとなります。

11 特定個人情報保護委員会の概要

Q 特定個人情報保護委員会とは、どのような組織ですか。

A 特定個人情報保護委員会は、番号法に基づいて、個人番号その他の特定個人情報の有用性に配慮しつつ、その適正な取扱いを確保するために必要な措置を講ずることを任務としている組織です。

1 組織

　特定個人情報保護委員会（以下、この項において「委員会」といいます）は、内閣府設置法（平成11年法律89号）49条3項及び番号法36条に基づいて、平成26年1月1日に内閣府の外局として設置されました。
　第三者機関という位置づけであり、公正取引委員会、国家公安委員会等のように独立性が高く、いわゆる「三条委員会」と呼ばれる組織です。
　人員は、委員長1名及び委員6名の合計7名で組織されます（番号法40①）が、平成26年は委員長1名及び委員2名の合計3名で組織され、順次、平成27年に2名、平成28年に2名が追加されることとなります（番号法附則4）。

2 任務

　委員会の任務は、個人番号その他の特定個人情報の有用性に配慮しつつ、その適正な取扱いを確保するために、国の行政機関、地方公共団体、事業者等の個人番号を取り扱う者に対して、指導及び助言等の必要な措置を講ずることを任務としています（番号法37）。

　つまり、国の行政機関、地方公共団体、事業者等が、個人番号や特定個人情報を適正に取り扱っているかを監視・監督等することにより、それらの不正利用やなりすまし等を防止し、国民の権利利益を保護することが任務となります。

3 業務

1　指導及び助言

　委員会は、国の行政機関、地方公共団体、事業者等に対して、特定個人情報の取扱いについて必要な指導及び助言をすることができます（番号法50）。

　また、この場合において、特定個人情報の適正な取扱いを確保するために必要があると認めるときは、その特定個人情報と共に管理されている特定個人情報以外の個人情報の取扱いに関し、併せて指導及び助言をすることができます。

2　勧告及び命令

　委員会は、特定個人情報の取扱いに関して法令に違反する行為が行われた場合において、特定個人情報の適正な取扱いの確保のために必要があると認めるときは、その違反行為をした者に対して期限を定めて、その違反行為の中止その他違反を是正するために必要な措置をとるように勧告することができます（番号法51①）。

そして、その勧告を受けた者が、正当な理由がなく、その勧告に係る措置をとらなかったときは、その者に対し、期限を定めて、その勧告に係る措置をとるように命令することができます（番号法51②）。

また、上記の勧告及び命令にかかわらず、特定個人情報の取扱いに関して法令に違反する行為が行われた場合において、個人の重大な権利利益を害する事実があるため緊急に措置をとる必要があると認めるときは、その違反行為をした者に対し、期限を定めて、その違反行為の中止その他違反を是正するために必要な措置をとるように命令することができます（番号法51③）。

3　報告及び立入検査

委員会は、番号法の施行に必要な限度において、国の行政機関、地方公共団体、事業者等の特定個人情報を取り扱う者その他の関係者に対して、特定個人情報の取扱いに関し、必要な報告や資料の提出を求めること、委員会の職員にその特定個人情報を取り扱う者等の事務所その他必要な場所に立ち入らせ、特定個人情報の取扱いに関し質問させ、帳簿書類その他の物件を検査させることができます（番号法52①）。

特定個人情報保護委員会

※番号法及び関係政令に基づき2014(平成26)年1月1日設置

任務
行政手続における特定の個人を識別するための番号の利用等に関する法律(平成25年法律第27号)に基づき、個人番号その他の特定個人情報の有用性に配慮しつつ、その適正な取扱いを確保するために必要な措置を講ずること

組織
○委員長1名・委員6名(合計7名)の合議制(平成27年中は5名、平成28年1月から7名)
　(個人情報保護の有識者・情報処理技術の有識者・社会保障又は税制の有識者・民間企業の実務に関する経験者・地方六団体の推薦者を含む)
・委員長(常勤)　堀部政男(元一橋大学法学部教授)
・委　員(常勤)　阿部孝夫(元川崎市長)
　　　　　　　　嶋田実名子(元(公財)花王芸術・科学財団常務理事)
・委　員(非常勤)手塚　悟(東京工科大学コンピュータサイエンス学部教授)
　　　　　　　　加藤久和(明治大学政治経済学部教授)
○委員長・委員は独立して職権を行使　(独立性の高い、いわゆる3条委員会)
○任期5年・国会同意人事

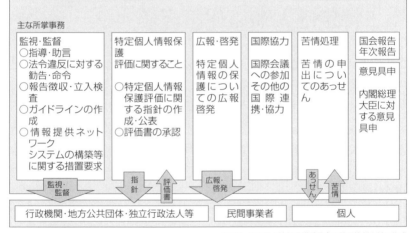

(出典)特定個人情報保護委員会事務局資料を基に作成

12 特定個人情報保護評価

Q 特定個人情報保護評価とは、どのようなものですか。

A 特定個人情報保護評価は、番号法に基づく制度面における保護措置の一つです。

1 特定個人情報保護評価

　特定個人情報保護評価とは、特定個人情報ファイル(第Ⅲ章「2 特定個人情報ファイルの定義」参照)を保有しようとする者が、特定個人情報の漏えいその他の事態の発生の危険性及び影響に関する評価を自ら実施し、これらの事態の発生を抑止するための措置を講ずることを宣言するものです(番号法26、27)。すなわち、特定個人情報が漏えい等しないようにするための事前予防という位置づけです。

　この特定個人情報保護評価は、諸外国で行われている「プライバシー影響評価」(Privacy Impact Assessment)に相当するものであり、頭文字をとって「PIA」(ピー・アイ・エー)と呼ばれています。

2 評価の実施主体

　特定個人情報保護評価が義務づけられるのは、次に掲げる者です。

① 国の行政機関の長
② 地方公共団体の長その他の機関
③ 独立行政法人等
④ 地方独立行政法人
⑤ 地方公共団体情報システム機構
⑥ 情報提供ネットワークシステムを使用した情報連携を行う事業者

　このように、国の行政機関や地方公共団体等は、公的な存在として、個人の権利利益の保護に関する取組みについて宣言し、国民の信頼を得ることが求められることから、特定個人情報保護評価が義務づけられています。

　一方で、事業者については、情報提供ネットワークシステムを使用した情報連携を行う事業者のみ義務付けられています。すなわち、健康保険組合等の一部の事業者です。情報提供ネットワークシステムを利用する事業者は、マイナンバー制度の仕組みの重要な部分に関与していることになり、その特定個人情報ファイルの保有が本人に対して与える影響も大きいことを理由としています。

　したがって、情報提供ネットワークシステムを利用することができない一般的な事業者については、特定個人情報保護評価は義務づけられていません。

特定個人情報保護評価の概要

特定個人情報保護評価とは
特定個人情報ファイルを保有しようとする又は保有する国の行政機関や地方公共団体等が、個人のプライバシー等の権利利益に与える影響を予測した上で特定個人情報の漏えいその他の事態を発生させるリスクを分析し、そのようなリスクを軽減するための適切な措置を講ずることを宣言するもの。

根拠法令等
番号法第26条・第27条
特定個人情報保護評価に関する規則（平成26年4月18日公布、4月20日施行）
特定個人情報保護評価指針（平成26年4月18日公表、4月20日適用）

評価の目的
○番号制度に対する懸念（国家による個人情報の一元管理、特定個人情報の不正追跡・突合、財産その他の被害等）を踏まえた制度上の保護措置の一つ
○事前対応による個人のプライバシー等の権利利益の侵害の未然防止及び国民・住民の信頼の確保を目的とする。

評価の実施主体
①国の行政機関の長
②地方公共団体の長その他の機関
③独立行政法人等
④地方独立行政法人
⑤地方公共団体情報システム機構（平成26年4月1日設置）
⑥情報提供ネットワークを使用した情報連携を行う事業者（健康保険組合等）上記のうち、特定個人情報ファイルを保有しようとする者又は保有する者は、特定個人情報保護評価を実施することが原則義務付けられる。

評価の対象
○特定個人情報保護評価の対象は、特定個人情報ファイルを取り扱う事務。
○ただし、職員の人事、給与等に関する事項又はこれらに準ずる事項を記録した特定個人情報ファイルのみを取り扱う事務、手作業処理用ファイル（紙ファイルなど）のみを取り扱う事務、対象人数の総数が1,000人未満の事務については特定個人情報保護評価の実施が義務付けられない。

特定個人情報保護評価の流れ

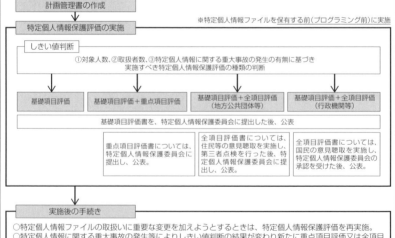

実施後の手続き
○特定個人情報ファイルの取扱いに重要な変更を加えようとするときは、特定個人情報保護評価を再実施。
○特定個人情報に関する重大事故の発生等によりしきい値判断の結果が変わり新たに重点項目評価又は全項目評価を実施するものと判断されたときは、特定個人情報保護評価を再実施。
○その他の変更が生じたときは、評価書を修正。
○少なくとも1年に1回は評価書の見直しを行うよう努める。
○一定期間（5年）経過前に特定個人情報保護評価を再実施するよう努める。

（出典）内閣官房社会保障改革担当室資料を基に作成

第Ⅱ章
マイナンバー制度の
概 要

1 個人情報保護法と番号法の関係

Q 自分の個人番号は個人情報であると考えますが、個人情報保護法と番号法との関係は、どのように整理されるのですか。

A 個人番号は、原則として、個人情報保護法における個人情報に該当します。したがって、個人番号の取扱いについて、個人情報保護法の適用を受けます。番号法は、個人情報保護法の特別法に該当します。

1 個人情報と個人番号

個人情報保護法という法律は、次のとおり、3つ存在します。

① 個人情報の保護に関する法律(平成15年法律57号。以下「個人情報保護法」といいます)
② 行政機関の保有する個人情報の保護に関する法律(平成15年法律58号。以下「行政機関個人情報保護法」といいます)
③ 独立行政法人等の保有する個人情報の保護に関する法律(平成15年法律59号。以下「独立行政法人等個人情報保護法」といいます)

中小企業など民間の事業者に適用されるのは、①の個人情報保護法です。②の行政機関個人情報保護法は、その名のとおり、行政機関に適用される個人情報保護法です。ここでいう行政機関とは、内

閣以外のすべての行政機関をいいます（行個法２①。以下「行政機関」といいます）。

　③の独立行政法人等個人情報保護法は、独立行政法人の他、国立大学法人や特殊法人等の一定の法人（以下「独立行政法人等」といいます）に適用されます（独個法２①）。

　上記３つの法律のほか、「東京都個人情報の保護に関する条例」（平成２年条例113号）などのように、各地方公共団体において個人情報の保護に関する条例等が定められており、各地方公共団体が保有する個人情報については、それらの適用を受けることとなります。

　本書を読んでいただいている皆さんは、中小企業など民間の事業者の方ですので、以後は①の個人情報保護法を前提に解説します。

　個人情報保護法において、個人情報とは、以下のとおりとされています（個情法２①）。

> 生存する個人に関する情報であって、当該情報に含まれる氏名、生年月日その他の記述等により特定の個人を識別することができるもの（他の情報と容易に照合することができ、それにより特定の個人を識別することができることとなるものを含む。）をいう。

　個人番号は、特定の個人を識別できる機能を有するものであり、それをキーとして様々な情報をヒモづけることができるものです。したがって、個人番号は、個人情報に該当することとなります。

　なお、個人番号には、亡くなった人の個人番号も含まれることとなります。しかし、個人情報保護法の個人情報は「生存する個人に関する情報」であることから、亡くなった人の個人番号は原則として個人情報には該当しないこととなります。

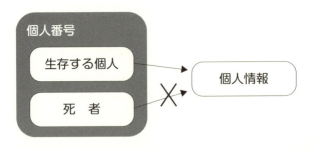

2 個人情報保護法と番号法の関係

　個人情報保護法は、個人情報の有用性に配慮しつつ、個人の権利利益を保護することを目的とした法律です。個人情報を取り扱う事業者は、一定の者を除き、個人情報保護法に従うこととなります（本章「2　個人情報保護法及び番号法と中小企業」参照）。

　行政機関、独立行政法人等又は地方公共団体は、上記1でみたとおり、行政機関個人情報保護法、独立行政法人等個人情報保護法又は条例等が適用されることとなりますが、個人情報保護法の第1章（総則）、第2章（国及び地方公共団体の責務等）及び第3章（個人情報の保護に関する施策等）までの規定については、事業者とともに適用されることとなります。

　個人番号は、個人情報に該当することから、個人番号の取扱いについても個人情報保護法の適用を受けることとなります。

　しかし、個人番号は、それをキーとして、特定の個人を識別することが容易になるものであることから、氏名、住所等の個人情報と同等に取り扱うことは必ずしも適当ではありません。そのため、番号法は、個人情報保護法の「特別法」として、個人番号や特定個人情報について、個人情報保護法に比べて厳格な保護措置を講ずることとしています。このように、個人番号及び特定個人情報の取扱いについては、個人情報保護法が一般法、番号法が特別法として適用されることとなります。

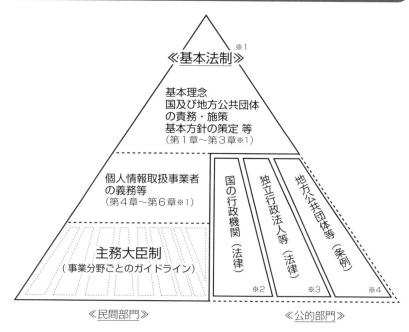

※1 個人情報の保護に関する法律
※2 行政機関の保有する個人情報の保護に関する法律
※3 独立行政法人等の保有する個人情報の保護に関する法律
※4 各地方公共団体において制定される個人情報保護条例

(出典)消費者庁「個人情報保護に関する法体系イメージ」を基に作成

　一般法と特別法の適用関係については、一般法よりも特別法が優先して適用されることとなります。したがって、個人番号及び特定個人情報の取扱いについては、次の順序で適用関係を考えることとなります。

① 個人情報保護法の規定の特則として、新たに番号法に規定が創設されている場合
　→ 番号法の規定が適用されます。
② 番号法の規定により個人情報保護法の規定の読み替え又は適用除外がされている場合

> → 読み替え後の個人情報保護法の規定が適用され又は適用除外とされます。
> ③ 番号法に一切規定がない場合
> → 個人情報保護法の規定がそのまま適用されます。

　なお、一般法と特別法の関係については、法律同士の関係によって相対的に決まります。例えば、「○○分野においては、別に法律を定めて、個人番号をより使いやすいものにすべきだ」として「○○分野番号法」なるものが制定された場合には、現在の番号法が一般法、「○○分野番号法」が特別法という位置づけになります[14]。

*14 「○○分野番号法」は、筆者が個人的に考えた例え話であり、内閣官房等が実際に検討している事項と何ら関係はありません。

2 個人情報保護法及び番号法と中小企業

Q 個人情報保護法は、中小企業にも適用されますか。また、個人情報保護法の適用がない場合は、番号法の適用もありませんか。

A 個人情報保護法の適用は、会社の規模に関係なく、その取り扱う個人情報の量により決まります。したがって、中小企業であっても取り扱う個人情報の量が多い場合は適用を受けることとなります。
　一方、個人情報保護法の適用がなかったとしても、番号法はすべての事業者に適用されます。

1 個人情報保護法と中小企業

　個人情報保護法は、同法の適用対象となる事業者を「個人情報取扱事業者」と定義づけています（個情法2③）。その個人情報取扱事業者は、個人情報データベース等を事業の用に供している者をいい、会社の規模は問題としていません。ただし、個人情報データベース等を事業の用に供している者で、個人情報データベース等を構成する個人情報によって識別される特定の個人の数（個人情報保護法施行令で定めるものを除きます）の合計が過去6か月以内のいずれの日においても5,000を超えない者については、個人情報取扱事業者から除外されています（個情法2③五、個情令2）。
　個人情報取扱事業者に該当するか否かは、第三者が表面的に判断

することは困難であり、また、個人情報取扱事業者に該当する場合の届出制度等も存在しないことから、現在、どの程度の事業者が対象となっているのかは明らかではありません。

　従業員数や取引先数がある程度限られている中小企業では、日々、個人情報を5,000近くも保有しているのは稀であると考えられることから、一般的には、個人情報保護法の適用を受けることはないと考えられます。

　個人情報取扱事業者に該当するか否かの判断要素の一つとして、個人情報を個人情報データベース等にして利用しているかどうかという点があります。ここでいう「個人情報データベース等」とは、個人情報を含む情報の集合物であって、次に掲げるものをいいます（個情法2②、個情令1）。

---

① 特定の個人情報について電子計算機を用いて検索することができるように体系的に構成したもの

② 個人情報を一定の規則に従って整理することにより特定の個人情報を容易に検索することができるように体系的に構成した情報の集合物であって、目次、索引その他検索を容易にするためのものを有するもの

---

　①は、パソコン等の電子計算機に保存されているデータベースで個人情報を容易に検索できるものを意味しています。

　②は、紙の書類等をファイルで保管している場合で、目次やインデックス等で個人情報を容易に検索できるものを意味しています。

　つまり、個人情報データベース等とは、個人情報が容易に検索できるものということになります。したがって、仮に、中小企業である事業者が、個人情報を5,000超も保有していたとしても、個人情報データベース等に該当しなければ、個人情報取扱事業者には該当しないこととなります。

個人データ………個人情報データベース等を構成する個人情報（個情法2④）。

保有個人データ…個人情報取扱事業者が、開示・訂正・利用停止等の権限を有する個人データで一定のもの（個情法2⑤）。

　なお、平成25年6月14日付けで、内閣に設置されている「高度情報通信ネットワーク社会推進戦略本部」（詳細は、「第Ⅶ章　マイナンバー制度の今後の展開」を参照）の下に、「パーソナルデータに関する検討会」が設置されました。この検討会は、パーソナルデータ[*15]に関する利活用ルールの明確化等に関する調査及び検討を行うこととされています。

　そして、この検討会の検討を下に、平成26年6月24日において、高度情報通信ネットワーク社会推進戦略本部から「パーソナルデータの利活用に関する制度改正大綱」が公表されました。その中で、上記の「5,000を超えない者については、個人情報取扱事業者から除外」するという規定を削除する方向であることが明らかにされました。すなわち、すべての事業者が、個人情報保護法の適用を受けるということです[*16]。

　また、平成26年12月19日において、この検討会から「個人情報の保護に関する法律の一部を改正する法律案（仮称）の骨子（案）」が公表され、その中でも同様の方向が示されています。

したがって、今後、この法律案が国会で審議され成立した場合には、従来、個人情報保護法が適用されていなかった事業者においても適用されることとなるため、この法律案の動向にも注意が必要です。

＊15　パーソナルデータとは、個人情報保護法における個人情報に限らず、個人の行動・状態等に関する情報をいいます（パーソナルデータの利活用に関する制度改正大綱、同大綱のパブリックコメント結果「制度改正大綱についての補足」№4）。

＊16　ただし、個人の権利利益を侵害するおそれが少ないと認められる一定の要件を満たす者については、義務違反行為が故意又は重過失によるものであるなどの事由がない場合には、勧告及び命令の対象としないこととできるよう、必要な措置を講ずることとなっています（パーソナルデータの利活用に関する制度改正大綱）。

2 番号法と中小企業

　番号法は、その規定によっては、「何人」も適用対象とする規定が存在しており、事業者に限らず、大人から子供まですべての人に適用されることとなります。すなわち、個人情報保護法の適用がない事業者であっても、番号法の適用を受けることになります。

　したがって、中小企業の多くは、個人情報保護法の適用対象とはなっていないと考えられますが、番号法については一律に適用対象となります。

　個人情報保護法の適用対象となっていない事業者は、法律の適用関係だけを考えれば、番号法のみを遵守することで足りますが、個人番号の有用性やそれに伴う不正利用等の危険性を考えると、個人情報保護法の規定についてもできるだけ遵守するように努力すべきであると考えます。

3 番号法の構成

Q 番号法は、どのような構成となっていますか。

A 番号法は、全9章から構成されており、番号法の目的、基本理念をはじめ個人番号及び特定個人情報に関する各種保護措置、個人番号カードの交付等、特定個人情報保護委員会の組織等、法人番号の通知等、罰則等が規定されています。

　番号法は、第1章総則から始まり、第9章罰則まで規定されています。また、附則として、施行期日、経過措置、今後の検討等が規定されています。

```
第1章　総則（第1条－第6条）
第2章　個人番号（第7条－第16条）
第3章　個人番号カード（第17条・第18条）
第4章　特定個人情報の提供（第19条－第25条）
第5章　特定個人情報の保護（第26条－第35条）
第6章　特定個人情報保護委員会（第36条－第57条）
第7章　法人番号（第58条－第61条）
第8章　雑則（第62条－第66条）
第9章　罰則（第67条－第77条）
附則
別表第1（第9条関係）
別表第2（第19条、第21条関係）
```

ここでは、番号法の目的、個人番号及び特定個人情報に関する各種保護措置の概要について確認します（各制度の詳細は「第Ⅲ章　マイナンバー制度のポイント」、「第Ⅳ章　法人番号制度のポイント」を参照）。

1 目的

　番号法の目的としては、第1条に4つの内容が規定されています。
　その内容は、第Ⅰ章「1　マイナンバー制度の導入の趣旨」で確認した内容が書き込まれています。
　非常に長い条文となりますが、番号法を理解するうえで重要であるため記載します。

---

① 　行政機関、地方公共団体等その他の行政事務を処理する者が、個人番号及び法人番号の有する特定の個人及び法人その他の団体を識別する機能を活用し、並びに当該機能によって異なる分野に属する情報を照合してこれらが同一の者に係るものであるかどうかを確認することができるものとして整備された情報システムを運用して、効率的な情報の管理及び利用並びに他の行政事務を処理する者との間における迅速な情報の授受を行うことができるようにすること。
② 　①により行政運営の効率化及び行政分野におけるより公正な給付と負担の確保を図ること。
③ 　①の者に対し申請、届出その他の手続を行い、又は①の者から便益の提供を受ける国民が、手続の簡素化による負担の軽減及び本人確認の簡易な手段その他の利便性の向上が得られるようにすること。
④ 　①から③について必要な事項を定めるほか、個人番号その他の特定個人情報の取扱いが安全かつ適正に行われるよう行政機関個人情報保護法、独立行政法人等個人情報保護法及び個人情報保護法の特例を定めること。

　番号法の目的は、まず、個人番号又は法人番号が有する特定の個

人又は法人等を識別する機能の活用や情報提供ネットワークシステムの運用による効率的な情報管理、利用、情報連携を行えるようにすることです（第Ⅰ章「1　マイナンバー制度の導入の趣旨」①、③参照）。すなわち、番号が持つ識別機能を活用して、社会保障、税及び災害対策等事務での情報の照合や連携等を行うことを意味しています。

　2点目は、そのような情報管理、利用、情報連携が行われることによる行政の効率化及び公正な給付と負担の確保を図ることです。すなわち、個人情報の名寄せや突合が迅速に行えるようになり行政コストが削減されます。また、二重給付や過少負担の抑止と是正を実現することに加え、正確な所得把握等を意味しています（第Ⅰ章「1　マイナンバー制度の導入の趣旨」②参照）。

　そして、3点目は、国民が、行政手続を行う際の手続負担の軽減等による利便性の向上が得られるようにすることです（第Ⅰ章「1　マイナンバー制度の導入の趣旨」③、④参照）。すなわち、各種申請や申告の際に添付する住民票の写し等を省略できるようにすること等を意味しています。

　4点目は、各個人情報保護法の特例を定めることです（本章「1　個人情報保護法と番号法の関係」参照）。番号法は、この点について非常に多くの重要な規定を設けています。

2　各種保護措置

　番号法においては、個人番号及び特定個人情報に関する各種保護措置の規定が最も重要度が高い規定であるといえます。上記①でみたとおり、番号法は、個人番号が持つ識別機能を存分に活用して、個人情報の照合や情報連携を迅速に行い、行政の効率化及び国民の利便性の向上を図ることを目的としています。しかし、それは反面、個人番号の不正利用等による個人の権利利益の侵害に関する危険性が高まることを意味します。したがって、そのようなリスクを最小

限にするために、番号法においては、個人情報保護法で規定されている個人情報の保護措置に比べて、厳格な保護措置を設けています。

厳格な保護措置について、事業者にとっては、番号法第2章（個人番号）、第4章（特定個人情報の提供）及び第5章（特定個人情報の保護）が重要な規定となっています。

これらの規定を整理して区分すると、大きく分けて次の3つの区分に分かれます。

① 特定個人情報の利用制限
② 特定個人情報の安全管理措置等
③ 特定個人情報の提供制限等

1　特定個人情報の利用制限

個人番号の有用性については、ここまで述べてきたとおりですが、それゆえに、その利用範囲を広範なものとすると不正利用等による個人の権利利益の侵害に関する危険性が高まることとなります。

したがって、番号法では、個人番号の利用範囲を社会保障、税及び災害対策等事務に限定しており、それ以外の事務において個人番号を利用することはできないことになっています（番号法9）。

また、特定個人情報を検索できるように体系的に構成したファイルが作成できる範囲についても制限しています（番号法28）。

【個人情報の利用範囲】
⇒利用目的の範囲に制限はなく、特定した利用目的の範囲内で利用できる。

【個人番号の利用範囲】
⇒社会保障、税及び災害対策等事務でのみ利用できる。

2　特定個人情報の安全管理措置等

　近年、個人情報の漏えい事件が増加しています。特定個人情報は紙の書類に記載して保存したり、パソコンに記録して保存したりすることになるため、情報漏えいを起こさないための措置が必要となります。したがって、番号法では、個人番号及び特定個人情報について漏えい等しないように安全管理措置を講ずることとしています（番号法12、33、34）。

　また、個人番号及び特定個人情報の取扱事務について、委託や再委託を行う場合があると考えられますが、再委託を行う場合には、委託者の許諾が必要となっています（番号法10）。そして、委託や再委託をした場合には、委託先を必要かつ適切に監督しなければなりません（番号法11）。

　中小企業の多くは、源泉徴収票や支払調書などの作成事務を税理士に委託している場合が多いと考えられます。そのため、番号法における委託に関する取扱いは注意が必要です。

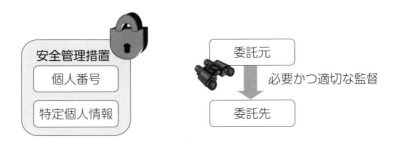

3　特定個人情報の提供制限等

　番号法は、特定個人情報の利用制限と同様に、特定個人情報を提供できる場合を限定的に定めており、その限定的に定められている場合以外の場合は、他人に個人番号の提供を求めたり、逆に特定個人情報を提供したりすることはできません（番号法14、15、19）。また、収集及び保管することもできません（番号法20）。

さらに、本人又は代理人から個人番号の提供を受けた場合には、本人確認を行わなければなりません（番号法16）。

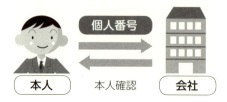

4 マイナンバーガイドラインとは

Q 個人番号や特定個人情報に関するガイドラインがあると聞きましたが、それはどのようなものでしょうか。

A 「特定個人情報の適正な取扱いに関するガイドライン」は、行政機関、地方公共団体又は事業者等が特定個人情報の適正な取扱いを確保するための具体的な指針を定めるものです。

1 ガイドラインの法的根拠及び目的

　番号法は、その基本理念として4つ規定しており、そのうちの一つに次の規定があります（番号法3①四）。

> 　個人番号を用いて収集され、又は整理された個人情報が法令に定められた範囲を超えて利用され、又は漏えいすることがないよう、その管理の適正を確保すること。

　この基本理念は、番号法の目的の一つである「個人番号その他の特定個人情報の取扱いが安全かつ適正に行われるよう行政機関個人情報保護法、独立行政法人等個人情報保護法及び個人情報保護法の特例を定めること。」（本章「3　番号法の構成」1④参照）を受けて掲げられているものと考えられます。

　そして、上記を含めた基本理念を受けて、番号法4条1項においては、国に対し、次の責務を負わせています。

> 基本理念にのっとり、<u>個人番号その他の特定個人情報の取扱いの適正を確保するために必要な措置を講ずる</u>とともに、個人番号及び法人番号の利用を促進するための施策を実施するものとする。

（下線筆者挿入）

　また、特定個人情報保護委員会の任務として、個人番号その他の特定個人情報の有用性に配慮しつつ、その適正な取扱いを確保するために、行政機関、地方公共団体又は事業者等の個人番号を取り扱う者に対して、指導及び助言等の必要な措置を講ずるものとされています（番号法37）。

　したがって、特定個人情報保護委員会では、上記の国の責務（番号法4①）及び特定個人情報保護委員会の任務（番号法37）に基づき、行政機関、地方公共団体又は事業者等が特定個人情報の適正な取扱いを確保するための具体的な指針を定めるものとして、「特定個人情報の適正な取扱いに関するガイドライン」（以下「マイナンバーガイドライン」といいます）を策定しています。

　なお、マイナンバーガイドラインは、特定個人情報保護委員会における「告示」（特定個人情報保護委員会告示第5号）として公表されています。

2 ガイドラインの種別

　マイナンバーガイドラインは、行政部門と民間部門に分かれており、「行政機関等・地方公共団体等編」と「事業者編」があります。また、銀行、証券会社、生損保会社等のいわゆる金融機関については、それらの従業員等に関する個人番号の他、顧客に関する個人番号も取り扱うこととなることから、「事業者編」の別冊として「（別冊）金融業務における特定個人情報の適正な取扱いに関するガイドライン」が策定されています。

　したがって、中小企業などの事業者については、「事業者編」が

適用されることとなります(行政機関や地方公共団体から行政事務の一部の委託を受けた事業者については、委託契約の内容に応じて、「行政機関等・地方公共団体等編」が適用されることとなります)。

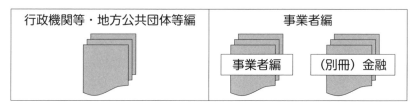

3 ガイドラインの構成

マイナンバーガイドライン(事業者編)の構成の概要は、次のとおりです。

```
第1　はじめに
第2　用語の定義等
第3　総論
第4　各論
　第4-1　特定個人情報の利用制限
　第4-2　特定個人情報の安全管理措置等
　第4-3　特定個人情報の提供制限等
　第4-4　第三者提供の停止に関する取扱い
　第4-5　特定個人情報保護評価
　第4-6　個人情報保護法の主な規定
　第4-7　個人番号利用事務実施者である健康保険組合等における
　　　　措置
(別添)特定個人情報に関する安全管理措置(事業者編)
(巻末資料)個人番号の取得から廃棄までのプロセスにおける本ガイ
　　　　ドラインの適用(大要)
```

(注)行政機関等・地方公共団体等編においても、構成の大枠は同じであり、第4各論において、行政機関個人情報保護法等の適用される法律に応じた記載

となっています。

「第1　はじめに」は、番号法の位置づけ等がコンパクトに記載されています。事業者の中でも代表取締役等の責任ある人は、この項目について一読しておくことが望まれます。

「第2　用語の定義等」は、マイナンバーガイドラインで使用する用語の定義等が記載されています。

「第3　総論」は、マイナンバーガイドラインの位置づけ、特定個人情報に関する番号法上の保護措置の概略等について解説しています。個人番号を取り扱う事務の責任者は、この項目について一読しておくことが望まれます。

「第4　各論」は、各項目の要点を枠囲みにして示すとともに、番号法上の保護措置及び安全管理措置について解説しています。また、実務上の指針及び具体例を記述しているほか、留意すべきルールとなる部分については、アンダーラインが付されています。さらに、理解を助けることを目的とした典型例が示されています。個人番号を取り扱う事務の担当者は、この項目について一読しておくことが望まれます。

マイナンバーガイドラインの中で、「しなければならない」及び「してはならない」と記述している事項については、これらに従わなかった場合、法令違反と判断される可能性があります。一方、「望ましい」と記述している事項については、これに従わなかったことをもって直ちに法令違反と判断されることはありませんが、番号法の趣旨を踏まえ、事業者の規模や事務の特性に応じて可能な限り対応することが望まれます。

「(別添)特定個人情報に関する安全管理措置（事業者編）」は、事業者が講ずべき安全管理措置について記述するとともに、「手法の例示」として具体的な例示を示しています。この「手法の例示」は、あくまでも「例示」であり、記載されている例示を「必ず」行わなければならないというものではありません。個人番号及び特定

個人情報が漏えい等しないような措置を講ずることが重要であり、その目的が達成されるように事業者の規模や事務の特性に応じて、措置を講ずることとなります。また、個人番号及び特定個人情報を取り扱う量が少ない事業者（中小規模事業者）においては、一定の配慮がされており、身の丈に合った安全管理措置を講ずることとなります。

　本書においては、マイナンバーガイドラインに記載してある内容について、「第Ⅲ章　マイナンバー制度のポイント」で適宜紹介するとともに、巻末資料として添付しているのでご参照ください。

【マイナンバーガイドライン抜粋】

第4　各論
第4－1　特定個人情報の利用制限
第4－1－(1)　個人番号の利用制限

> ○各項目のエッセンスとなる部分が「要点」に記載されています。
> ○最初に、要点を読み、概略を掴んでから、枠外の本文を読むと理解が深まります。

要点
○　個人番号を利用できる事務については、番号法によって限定的に定められており、事業者が個人番号を利用するのは、主として、源泉徴収票及び社会保障の手続書類に従業員等の個人番号を記載して行政機関等及び健康保険組合等に提出する場合である。→ 1
○　また、例外的な利用について、番号法は個人情報保護法に比べ、より限定的に定めている。事業者の場合、利用目的を超えて個人番号を利用することができるのは、①激甚災害が発生したときその他これに準ずる場合に金銭の支払をするために個人番号を利用するとき、②人の生命、身体又は財産の保護のために個人番号を利用する必要があり、かつ、本人の同

> ○「要点」と枠外の本文との繋がりを示しています。

（関係条文）
・番号法　　第9条、第29条第3項、第32条
・個人情報保護法　　第16条

> ○各項目における番号法や個人情報保護法等の条文番号が記載されています。

1　個人番号の原則的な取扱い

　個人番号（注）は、番号法があらかじめ限定的に定めた事務の範囲の中から、具体的な利用目的を特定した上で、利用するのが原則である。
　事業者が個人番号を利用するのは、個人番号利用事務及び個人番号関係事務の二つの事務である。このうち、健康保険組合等以外の事業者が個人番号を利用するのは、個人番号関係事務として個人番号を利用する場合である。なお、行政機関等又は健康保険組合等から個人番号利用事務の委託を受けた場合には、個人番号利用事務として個人番号を利用することとなる。
　事業者は、個人情報保護法とは異なり、<u>本人の同意があったとしても、例外として認められる場合を除き（ 2 参照）、これらの事務以外で個人番号を利用してはならない。</u>

＊　事業者は、社員の管理のため

> ○留意すべきルールとなる部分については、アンダーラインが付されています。

> ○「＊」は、各項目の典型的な例を示しています。

番号に代わって用いられる数字をアルファベットに読みに置き換えた場合であっても、当該アルファベットは「個人番号」に該当することとなる。一方、事業者が、社員を管理するために付している社員番号等（当該社員の個人番号を一定の法則に従って変換したものではないもの）は、「個人番号」には該当しない。

4 個人情報保護法に関するガイドライン

　番号法の一般法である個人情報保護法でも、個人情報の適正な取扱いのためのガイドラインや指針等が存在します。これらは、個人情報保護法8条に基づき、及び同法7条1項に基づき定められた「個人情報の保護に関する基本方針」（平成16年4月閣議決定）を踏まえ、事業者が個人情報の適正な取扱いの確保に関して行う活動を支援するため、事業者が講ずる措置が適切かつ有効に実施されるよう具体的な指針として定められているものです。

　個人情報の取扱いは、事業分野に応じて多様であることから、それぞれの事業分野を所管する主務大臣が策定することとされています（以下「主務大臣のガイドライン等」といいます）。

　平成25年10月1日時点で、27分野について40の主務大臣のガイドライン等が存在します。

分野		所管省庁	ガイドラインの名称
医療	一般	厚生労働省	医療・介護関係事業者における個人情報の適切な取扱いのためのガイドライン（局長通達）
			健康保険組合等における個人情報の適切な取扱いのためのガイドライン（局長通達）
			医療情報システムの安全管理に関するガイドライン（局長通達）
			国民健康保険組合における個人情報の適切な取扱いのためのガイドライン（局長通達）
			国民健康保険団体連合会等における個人情報の適切な取扱いのためのガイドライン（局長通達）
	研究	文部科学省	ヒトゲノム・遺伝子解析研究に関する倫理指針（告示）
		厚生労働省	
		経済産業省	
		文部科学省	遺伝子治療臨床研究に関する指針（告示）
		厚生労働省	疫学研究に関する倫理指針（告示）

			臨床研究に関する倫理指針（告示）
		厚生労働省	ヒト幹細胞を用いる臨床研究に関する指針（告示）
金融・信用	金融	金融庁	金融分野における個人情報保護に関するガイドライン（告示）
			金融分野における個人情報保護に関するガイドラインの安全管理措置等についての実務指針（告示）
	信用	経済産業省	経済産業分野のうち信用分野における個人情報保護ガイドライン（告示）
情報通信	電気通信	総務省	電気通信事業における個人情報保護に関するガイドライン（告示）
	放送	総務省	放送受信者等の個人情報の保護に関する指針（告示）
	郵便	総務省	郵便事業分野における個人情報保護に関するガイドライン（告示）
	信書便	総務省	信書便事業分野における個人情報保護に関するガイドライン（告示）
経済産業		経済産業省	個人情報の保護に関する法律についての経済産業分野を対象とするガイドライン（告示）
			経済産業分野のうち個人遺伝情報を用いた事業分野における個人情報保護ガイドライン（告示）
			医療情報を受託管理する情報処理事業者における安全管理ガイドライン（告示）
雇用管理	一般	厚生労働省	雇用管理分野における個人情報保護に関するガイドライン（告示）
			雇用管理に関する個人情報のうち健康情報を取り扱うに当たっての留意事項について（局長通達）
	船員	国土交通省	船員の雇用管理分野における個人情報保護に関するガイドライン
警察		国家公安委員会	国家公安委員会が所管する事業分野における個人情報保護に関する指針（告示）

法務		法務省	法務省所管事業分野における個人情報保護に関するガイドライン（告示）
			債権管理回収業分野における個人情報保護に関するガイドライン
外務		外務省	外務省所管事業分野における個人情報保護に関するガイドライン（告示）
財務		財務省	財務省所管分野における個人情報保護に関するガイドライン（告示）
文部科学		文部科学省	文部科学省所管事業分野における個人情報保護に関するガイドライン
福祉		厚生労働省	福祉分野における個人情報保護に関するガイドライン（告示）
職業紹介等	一般	厚生労働省	職業紹介事業者、労働者の募集を行う者、募集受託者、労働者供給事業者等が均等待遇、労働条件等の明示、求職者等の個人情報の取扱い、職業紹介事業者の責務、募集内容の的確な表示等に関して適切に対処するための指針（告示）
	船員	国土交通省	無料船員職業紹介事業者、船員の募集を行う者及び無料船員労務供給事業者が均等待遇、労働条件等の明示、求職者等の個人情報の取扱い、募集内容の的確な表示に関して適切に対処するための指針（告示）
労働者派遣	一般	厚生労働省	派遣元事業主が講ずべき措置に関する指針（告示）
	船員	国土交通省	船員派遣元事業主が講ずべき措置に関する指針（告示）
労働組合		厚生労働省	労働組合が講ずべき個人情報保護措置に関するガイドライン（告示）
企業年金		厚生労働省	企業年金等に関する個人情報の取扱いについて（局長通達）
農林水産		農林水産省	農林水産分野における個人情報保護に関するガイドライン（告示）
国土交通		国土交通省	国土交通省所管分野における個人情報保護に関するガイドライン（告示）

環境	環境省	環境省所管事業分野における個人情報保護に関するガイドライン（告示）
防衛	防衛省	防衛省関係事業者が取り扱う個人情報の保護に関する指針（告示）

（出典）消費者庁ホームページ（http://www.caa.go.jp/planning/kojin/gaidorainkentou.html）を基に作成

　この主務大臣のガイドライン等は、あくまでも個人情報保護法のガイドラインです。番号法は個人情報保護法の特別法という位置づけですが、マイナンバーガイドラインは、この主務大臣のガイドライン等の特例的な位置づけのものではありませんので注意が必要です。

　個人情報保護法の適用対象となっていない事業者は、この主務大臣のガイドライン等は適用されませんが、個人番号の有用性やそれに伴う不正利用等の危険性を考えると、主務大臣のガイドライン等についてもできるだけ遵守するように努力すべきでしょう。

第Ⅲ章
マイナンバー制度のポイント

1 個人番号、特定個人情報の定義

Q 個人番号や特定個人情報とは何ですか。

A 個人番号は、住民票コードを変換して得られる番号であって、特定の個人を識別するために指定されるものです。
特定個人情報は、個人番号をその内容に含む個人情報をいいます。

1 個人番号

　番号法において、個人番号とは、住民票コードを変換して得られる番号であって、その住民票コードが記載された住民票に係る者を識別するために指定されるものをいいます（番号法2⑤）。
　したがって、日本国民で住民票のある人の他、外国人のうち中長期在留者、特別永住者などにも個人番号が付番されます（第Ⅰ章「5　マイナンバーの付番」参照）。
　なお、個人番号には、亡くなった人の個人番号も含まれることとなります（第Ⅱ章「1　個人情報保護法と番号法の関係」参照）。

2 特定個人情報

　番号法において、特定個人情報とは、個人番号をその内容に含む個人情報をいいます（番号法2⑧）。ここでいう「個人番号」には、「個人番号に対応し、その個人番号に代わって用いられる番号、記号そ

の他の符号であって、住民票コード以外のものを含む」とされています。

例えば、上記①の個人番号をアルファベットに読み替えるという法則に従って、個人番号をアルファベットに置き換えた場合でも、そのアルファベットは「個人番号」に該当することとなります。

【例】個人番号（12桁）をアルファベットに置き換える。
　　　１２３４５６７８９８７６
　　　　　　　↓
　　　ａｂｃｄｅｆｇｈｉｈｇｆ　⇒　個人番号に含まれる。

なお、社員一人一人を管理するための社員番号等（その社員の個人番号を一定の法則に従って変換したものではないもの）は、個人番号には該当しません。

このように、個人番号そのものだけではなく、それに対応する符号も個人番号に含めることとしたのは、個人番号に対する厳格な保護措置を脱法的に回避することを防止する必要があるためです。

このため、番号法における厳格な保護措置については、上記①の個人番号だけではなく、それに対応する符号も含めたところの「個人番号」も保護措置の対象に含まれているので注意が必要です。

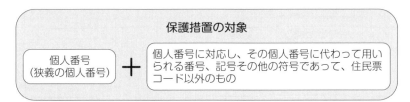

本章においては、単に「個人番号」としている場合は、それに対応する符号も含めたところの個人番号を意味し、上記①の個人番号を意味する場合は「狭義の個人番号」とすることとします。

なお、番号法上、狭義の個人番号を対象とする規定は、用語に関する定義の一部の規定（番号法２⑥、⑦）、個人番号の指定及び通知の規定（番号法７①、②）、個人番号とすべき番号の生成の規定（番

号法8)、特定個人情報ファイルの不正提供による罰則の規定(番号法67)、個人番号の指定及び通知に関する経過措置の一部の規定(番号法附則3①~③、⑤)となります。

3 個人番号と特定個人情報の関係

　個人番号は、特定の個人を識別できる機能を有することから(番号法2⑤)、個人情報に該当することとなります。そのため、生存する個人の個人番号単体であっても特定個人情報に該当することとなります*17。

　ただし、亡くなった人の個人番号については、原則として、特定個人情報に該当しません。それは、特定個人情報は、個人番号をその内容に含む「個人情報」であり、「個人情報」自体は「生存する個人に関する情報」のみが該当することから、亡くなった人の個人番号は原則として特定個人情報に該当しないこととなります。

*17　番号法1条や37条においても「個人番号その他の特定個人情報」という表現を用いており、番号法は個人番号単体でも特定個人情報に含まれることを前提としています。

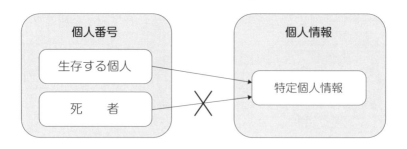

4 事業者における特定個人情報

　事業者においては、従業員等の個人番号が記載されたさまざまな書類やデータを保管することとなります。

例えば、税務関係では、従業員等が記載し、事業者に対し提出する「給与所得者の扶養控除等申告書」、「給与所得者の配偶者特別控除申告書」、「給与所得者の保険料控除申告書」等に個人番号が記載されることとなります（所規73、74の2、75等）。また、給与所得の源泉徴収票に従業員等の個人番号を記載して税務署長に対し提出する（所規93）こととなることから、源泉徴収票を作成するためのシステムに個人番号が保存されることとなります。社会保障関係では、「健康保険・厚生年金保険被保険者資格取得届」等に個人番号が記載されることとなります（健規24等）。

　したがって、事業者においては、これらの書類やデータが特定個人情報に該当することとなります。

2 特定個人情報ファイルの定義

Q 特定個人情報ファイルとは何ですか。

A 特定個人情報ファイルとは、個人番号をその内容に含む個人情報ファイル（個人情報データベース等）をいいます。

1 個人情報ファイル

番号法では、個人情報ファイルとは、次に掲げるものをいいます（番号法2④）。

> ① 行政機関個人情報保護法2条4項に規定する個人情報ファイルであって行政機関が保有するもの
> ② 独立行政法人等個人情報保護法2条4項に規定する個人情報ファイルであって独立行政法人等が保有するもの
> ③ 個人情報保護法2条2項に規定する個人情報データベース等であって行政機関及び独立行政法人等以外の者が保有するもの

事業者における個人情報ファイルは、③が該当します。すなわち、個人情報データベース等のことを意味します（第Ⅱ章「2　個人情報保護法及び番号法と中小企業」参照）。

2 特定個人情報ファイル

番号法では、特定個人情報ファイルとは、個人番号をその内容に

含む個人情報ファイルをいうとされています（番号法2⑨）。

　したがって、事業者では、個人番号をその内容に含む個人情報データベース等が、特定個人情報ファイルに該当することとなります。個人情報データベース等は、検索性があり体系的に構成されている個人情報の集合物であり、そこに個人番号が含まれているものが特定個人情報ファイルになるということです。

　例えば、扶養控除等申告書については、通常、年度別・事業所別、社員コード順・役職順等にファイリングして保管していることから、その扶養控除等申告書綴りは特定個人情報ファイルに該当すると考えられます。また、源泉徴収票等を作成するためのシステムに保存されているデータは、通常、検索性があり体系的に構成されているデータベースに記録・保存されていることから、そのデータも特定個人情報ファイルに該当すると考えられます。

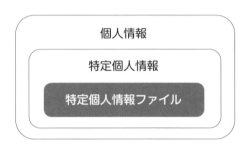

　中小企業の場合は、大規模な情報システムを利用して、人事情報、給与情報、営業情報等をヒモづけして活用していることは少ないと考えられますが、それらをヒモづけして活用している場合には、特定個人情報ファイルの範囲について注意が必要です。

　データベース内の個人番号が含まれているテーブルのみが特定個人情報ファイルに該当するのではなく、個人番号にアクセスできる人が、個人番号とヒモづけてアクセスできる情報についても特定個人情報ファイルに該当することとなります。

　つまり、アクセス制御により、不正アクセスを行わない限り、個人番号が含まれるテーブルにアクセスできない場合には、原則とし

て、特定個人情報ファイルに該当しないこととなります。

　特定個人情報ファイルは、原則として、番号法で限定的に認められた事務（社会保障、税及び災害対策等事務）を処理するために必要な範囲を超えて作成することはできません（番号法28。本章「7　特定個人情報ファイルの作成制限」参照）。

　したがって、従業員等の営業情報と個人番号がヒモづけられることのないようにしなければなりません。

個人番号をその内容に含む個人情報ファイルとは

○ 個人番号をその内容に含む個人情報ファイルとは、単に個人番号が含まれているテーブルのみを意味するのではなく、個人番号にアクセスできる者が、個人番号と紐付けてアクセスできる情報を意味しており、これが特定個人情報ファイルとなる。

注：太線のテーブルのみに個人番号が存在する場合

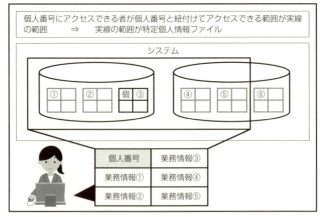

- アクセス制御等により、不正アクセスを行わない限り、個人番号を含むテーブルにアクセスできない場合は、原則、特定個人情報ファイルに該当しない。

- 個人番号が画面上表示されない場合であっても、システム上で個人番号にアクセスし、システム内部で検索キーとして個人番号を利用する場合などは、特定個人情報ファイルに該当する。

実線のテーブルにアクセスできる者は、アクセス制御により個人番号にアクセスできない ⇒ 実線の範囲は特定個人情報ファイルではない

個人番号が画面上表示されないが、システム内部で個人番号が検索キーとして利用され、個人番号により紐付けてアクセスできる ⇒ 実線の範囲は特定個人情報ファイル

(出典)特定個人情報保護委員会事務局資料を基に作成

既存番号で連携している場合の特定個人情報ファイルの考え方

- 既存番号で連携している場合であって、アクセス制御等により個人番号そのものにはアクセスできず、個人番号以外の情報のみアクセスできるように制御されている場合は、特定個人情報ファイルには該当しない。

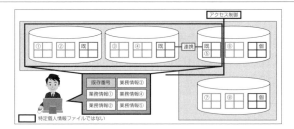

- 既存番号で連携している場合であっても、アクセス制御がされておらず、個人番号そのものにアクセスできる場合は、特定個人情報ファイルに該当する。

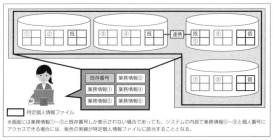

(出典)特定個人情報保護委員会事務局資料を基に作成

3 個人番号等の流れと番号法の各種保護措置

Q 事業者にとって、番号法の各種保護措置は、どのような場合に適用されるのですか。

A 　事業者においては、従業員等から個人番号の提供を受ける場合及び税務署長等に対し特定個人情報を提供する場合に「提供制限等」が適用され、源泉徴収票の作成のように番号法上認められた事務を行う場合に「利用制限」が適用されます。
　また、個人番号や特定個人情報の取扱いを外部委託する場合に「安全管理措置等」、保管・廃棄の場合に「提供制限等」の適用を受けることとなります。
　さらに、個人番号や特定個人情報の取扱いの全体に「安全管理措置等」の適用があります。

　事業者における個人番号等の流れと番号法の各種保護措置の適用は、次のとおりとなります。

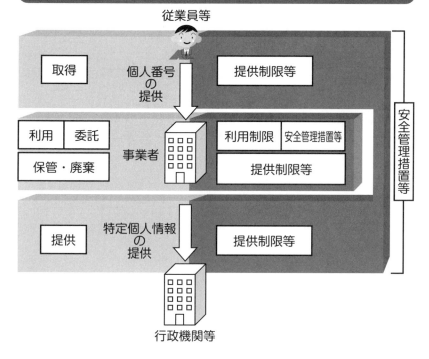

　上図のとおり、事業者が、番号法の「提供制限等」の適用を受けるのは、行政機関や地方公共団体等に特定個人情報を提供する場合のほか、従業員等から個人番号の提供を受ける（取得する）場合も適用を受けることとなります。

　通常、「提供」というと「第三者に対する提供」を思い浮かべますが、番号法では、従業員等本人から個人番号を取得する場合についても「提供」として取り扱われます。

　そして、従業員等から提供を受けた個人番号を源泉徴収票に記載する事務のように番号法上認められた事務を行うことを「利用」といい、その場合に「利用制限」の適用を受けます。また、その個人番号や特定個人情報の取扱いを外部委託する場合に「安全管理措置等」、保管・廃棄の場合に「提供制限等」の適用を受けることとな

ります。さらに、個人番号や特定個人情報の漏えい、滅失又は毀損の防止等のために、取得から廃棄までの一連の流れ全体に「安全管理措置等」の適用があります。

本書では、「利用制限」については本章4から7まで、「安全管理措置等」については本章8、9に、「提供制限等」については本章10から13で解説しています。

なお、取得から廃棄までの流れについて、番号法の各種保護措置とマイナンバーガイドラインの該当項目を一覧で示すと、おおむね次のようになります。

区分	番号法の保護措置とマイナンバーガイドラインの該当項目
取得	特定個人情報の提供制限等（本章10から13まで） 第4－3－(1)　個人番号の提供の要求 　　　　　　　（番号法14）…求める根拠 第4－3－(2)　個人番号の提供の求めの制限、 　　　　　　　特定個人情報の提供制限 　　　　　　　（番号法15、19、29③） 第4－3－(3)　収集・保管制限（番号法20） 第4－3－(4)　本人確認（番号法16）
安全管理措置等	特定個人情報の安全管理措置等（本章8、9） 第4－2－(1)　委託の取扱い（番号法10、11） 第4－2－(2)　安全管理措置（番号法12、33、34） （別添）特定個人情報に関する安全管理措置（事業者編）
保管	特定個人情報の提供制限等（本章12） 第4－3－(3)　収集・保管制限（番号法20）
利用	特定個人情報の利用制限（本章4から7まで） 第4－1－(1)　個人番号の利用制限 　　　　　　　（番号法9、29③、32） 第4－1－(2)　特定個人情報ファイルの作成の制限 　　　　　　　（番号法28）

提供	特定個人情報の提供制限等 (本章11) 第4－3－(2) 個人番号の提供の求めの制限、特定個人情報の提供制限 (番号法15、19、29③)	
開示 訂正 利用停止等	第4－4 第三者提供の停止に関する取扱い (番号法29③)	
廃棄	特定個人情報の提供制限等 (本章12) 第4－3－(3) 収集・保管制限 (番号法20)	

＊マイナンバーガイドライン巻末資料「個人番号の取得から廃棄までのプロセスにおける本ガイドラインの適用（大要）」を基に筆者が一部加工

　実務を行うにあたっては、上表をイメージしながら、自分がどの場面の事務を行っているのか、またその場合にどのような制限等がかかってくるのかを、しっかりと認識する必要があります。

　また、本章4から13までを読み進めていくときには、上表に立ち返って頭の中を整理しながら読み進めると、より理解が深まるでしょう。

4 個人番号の利用範囲①（個人番号利用事務）

Q 個人番号利用事務とは何ですか。

A 行政機関、地方公共団体等の行政事務を処理する者は、番号法で限定的に定められた社会保障、税及び災害対策等事務において、保有する特定個人情報ファイルで個人情報を効率的に検索・管理するために必要な限度で個人番号を利用することができます。
　これを「個人番号利用事務」といいます。

1 個人番号利用事務

　番号法は、個人番号を利用することができる事務について、限定的に定めています。それは、個人番号の利用は、個人を特定することやさまざまな情報をヒモづけることが容易になる反面、その利用範囲を広範なものとすると不正利用等によるプライバシー侵害の危険性が高まることとなるためです。
　したがって、番号法においては、プライバシー保護の観点から、番号法で限定的に定められた社会保障、税及び災害対策等事務でのみ個人番号を利用できることとなっています。
　その限定的に定められた事務の一つが「個人番号利用事務」です。個人番号利用事務とは、行政機関や地方公共団体等の行政事務を処理する者が、その保有する特定個人情報ファイルで個人情報を効率的に検索・管理するために必要な限度で個人番号を利用して処理す

る事務をいいます（番号法2⑩）。

　行政機関や地方公共団体等の行政事務を処理する者が、個人番号を利用する具体的な事務は、番号法別表一に規定されています（番号法9①、番号法別表一）。

　例えば、健康保険の被保険者又は被扶養者に関する届出事務、国税の賦課又は徴収に関する事務等が挙げられます。

【番号法別表一抜粋】

一　厚生労働大臣	健康保険法5条2項又は123条2項の規定により厚生労働大臣が行うこととされた健康保険に関する事務であって主務省令で定めるもの
三十八　国税庁長官	国税通則法その他の国税に関する法律による国税の納付義務の確定、納税の猶予、担保の提供、還付又は充当、附帯税（国税通則法2条4号に規定する附帯税をいう。）の減免、調査（犯則事件の調査を含む。）、不服審査その他の国税の賦課又は徴収に関する事務であって主務省令で定めるもの
九十四　市町村長	子ども・子育て支援法（平成24年法律65号）による子どものための教育・保育給付の支給又は地域子ども・子育て支援事業の実施に関する事務であって主務省令で定めるもの

　また、地方公共団体は、社会保障、税及び災害対策に関する事務のほか、これらに類する事務であって、条例で定めるものについて、個人番号を利用することができます（番号法9②）。例えば、乳幼児医療費助成制度に関する事務における個人番号の利用などが想定されています。

2 事業者と個人番号利用事務

　事業者では、個人番号利用事務を行うことができる者は限られており、次に掲げる者が個人番号利用事務を行うこととなります。
① 　健康保険組合、全国健康保険協会、国民健康保険組合、企業年金連合会等の番号法別表一に掲げられている事業者（以下「健康保険組合等」といいます）
② 　行政機関、地方公共団体等の行政事務を行う者から個人番号利用事務の全部又は一部の委託を受けた事業者

　①については、番号法別表一で掲げられている健康保険や年金等の公的な業務を行う事業者であり、一般的な事業者は該当しません。

　②については、個人番号利用事務の全部又は一部の委託を受けた事業者です。最近では、行政事務の一部を民間の事業者に委託する等の動きもあることから、個人番号利用事務の一部を委託することが考えられます。このような場合、その委託を受けた事業者も個人番号利用事務を行うこととなります。

　なお、行政機関、地方公共団体等から個人番号利用事務の全部又は一部の委託を受けた事業者は、委託契約の内容に応じて、マイナンバーガイドラインの「行政機関等・地方公共団体等編」が適用されることとなります。この「委託契約の内容に応じて」とは、委託を受けた業務内容（例えば、申請書の受付業務、業務システムへの入力業務、通知書等の発送業務等）により講ずべき安全管理措置等も変わってくることを意味しています（マイナンバーガイドラインQ&A）。

3 個人番号利用事務実施者

　番号法では、個人番号利用事務を行う者を「個人番号利用事務実施者」といいます（番号法2⑫）。この個人番号利用事務実施者には、

個人番号利用事務の全部又は一部の委託を受けた者も含まれます。

個人番号利用事務実施者
- 法別表第一の上欄に掲げる者
- 番号法第9条第2項に基づく条例を定めた地方公共団体の執行機関
- 個人番号利用事務の全部又は一部の委託を受けた者

5 個人番号の利用範囲②（個人番号関係事務）

Q 個人番号関係事務とは何ですか。

A 事業者は、番号法で限定的に定められた社会保障や税に関する事務で個人番号を利用することができます。
具体的には、従業員等の個人番号を給与所得の源泉徴収票、健康保険・厚生年金保険被保険者資格取得届等に記載して税務署長、日本年金機構等に提出することとなります。これを「個人番号関係事務」といいます。

1 個人番号関係事務

　番号法は、個人番号を利用することができる事務について、限定的に定めています。行政機関、地方公共団体等の行政事務を行う者による「個人番号利用事務」とともに、番号法で限定的に定められた事務として「個人番号関係事務」があります。個人番号関係事務とは、個人番号利用事務に関して行われる他人の個人番号を必要な限度で利用して行う事務をいいます（番号法2⑪）。
　事業者は、主に、この個人番号関係事務を行うこととなります。代表的な具体例として、次に掲げる事務が挙げられます。
① 従業員等から提供を受けた個人番号を給与所得の源泉徴収票、給与支払報告書に記載して、税務署長、市町村長に提出する。
② 従業員等から提供を受けた個人番号を健康保険・厚生年金保険被保険者資格取得届等に記載して、日本年金機構等に提出する。

③　税理士に対する顧問料や地主に対する地代等を支払った場合は、その税理士や地主から提供を受けた個人番号を支払調書に記載して税務署長に提出する。

具体的に、どのような事務が個人番号関係事務に該当するかは、その事務を行う根拠法令において個人番号の記載が求められているかどうかによります。例えば、従業員等の個人番号を給与所得の源泉徴収票に記載して税務署長に提出する事務は、所得税法226条1項を根拠として行うものであり、所得税法施行規則93条1項において個人番号の記載を求めていることから、この事務は個人番号関係事務に該当することとなります。

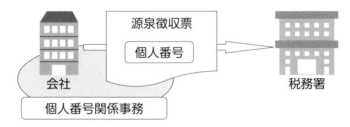

また、行政機関や地方公共団体等においても、職員に給与等の支払いを行っており、事業者と同様に、その職員の個人番号を源泉徴収票に記載して税務署長に提出する等の事務を行うこととなります。したがって、行政機関や地方公共団体等においても、個人番号関係事務を行うこととなります。

なお、事業者の従業員等は、所得税法194条に基づき、扶養控除等申告書を提出しますが、その際に、扶養親族等がいる場合には、その扶養親族等の個人番号を記載して提出することとなります。この従業員等が扶養親族等の個人番号を記載して提出する行為は、個人番号関係事務にあたります。

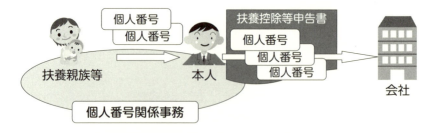

2 個人番号関係事務実施者

　番号法においては、個人番号関係事務を行う者を「個人番号関係事務実施者」といいます（番号法2⑬）。この個人番号関係事務実施者には、個人番号関係事務の全部又は一部の委託を受けた者も含まれます。

> **個人番号関係事務実施者**
> - 個人番号利用事務に関して行われる他人の個人番号を必要な限度で利用する事務を行う者
> - 個人番号関係事務の全部又は一部の委託を受けた者

3 個人情報保護法における利用目的の特定、制限、通知等

　個人情報保護法の適用対象である個人情報取扱事業者は、個人番号の利用にあたっては、主に、以下の個人情報保護法の規定について注意する必要があります。

1　利用目的の特定

　個人情報取扱事業者は、個人情報を取り扱うにあたって、その利用の目的（以下「利用目的」といいます）をできる限り特定しなければなりません（個情法15①）。

番号法では、この利用目的の特定に関する規定を適用除外としていないことから、個人情報取扱事業者は、個人番号を取り扱うにあたっても、この規定の適用を受けることとなります。

　マイナンバーガイドラインでは、個人番号を取り扱うにあたっての利用目的の特定に関する程度について、「自らの個人番号がどのような目的で利用されるのかを一般的かつ合理的に予想できる程度に具体的に特定する必要がある」としています。

　具体的には、「源泉徴収票作成事務」、「健康保険・厚生年金保険届出事務」というように特定することが考えられます[*18]。

[*18] 例えば、地方税法317条の6における「給与支払報告書」、同法50条の9及び328条の14における退職所得に関する「特別徴収票」は、給与所得の源泉徴収票、退職所得の源泉徴収票と同一の書式で作成されることから、利用目的として「源泉徴収票作成事務」と特定、通知等すれば足りるものと考えられます。

　　　源泉徴収票作成事務　　　　　健康保険・厚生年金保険届出事務

　個人情報保護法が適用されない事業者には、利用目的の特定が義務づけられていませんが、「できる限り」対応することが望ましいと考えます。個人番号の利用目的を特定することは、個人番号を何のために取り扱っているのかを事業者自身が自覚することに役立ち、番号法で限定的に認められた個人番号の利用範囲を逸脱することのないようにするために有用であると考えられるからです。

　なお、個人情報保護法が適用されない事業者は、個人番号を「個人番号関係事務又は個人番号利用事務を処理するために必要な範囲内」で利用しなければならない義務が課されています（番号法32）。この「必要な範囲内」で利用するにあたって、個人番号をどの事務を処理するために利用するのかを決めることとなるため、事実上、利用目的の特定を行うことになると考えられます（マイナンバーガイドラインQ＆A）。

2　利用目的による制限

　個人情報取扱事業者は、個人情報について、あらかじめ本人の同意を得ないで、上記1で特定された利用目的の達成に必要な範囲を超えて、個人情報を取り扱うことはできません（個情法16①）。また、合併等で事業を承継することに伴って個人情報を取得した場合も、あらかじめ本人の同意を得ないで、承継前におけるその個人情報の利用目的の達成に必要な範囲を超えて、その個人情報を取り扱うことはできません（個情法16②）。すなわち、個人情報保護法の規定においては、利用目的の範囲内で個人情報を取り扱うことを原則としつつ、「本人の同意」がある場合には、利用目的の範囲を超えて個人情報を取り扱うことができるということです。

　一方、番号法では、個人番号の利用範囲が広範になると不正利用等によるプライバシー侵害の危険性が高まることを考慮して、「本人の同意」があったとしても、利用目的を超えて個人番号を取り扱うことを禁止しています（番号法29③により読み替えられた個情法16）。したがって、個人情報取扱事業者は、本人の同意があるからといって、通常の個人情報と同じように個人番号を取り扱うことはできないので注意が必要です（例外的な取扱いは、本章「6　個人番号の利用範囲③（その他）」参照）。

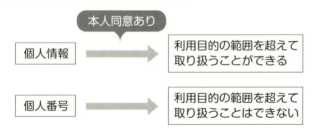

　個人情報保護法が適用されない事業者には、番号法で上記の規定に相当する規定が設けられており、個人情報取扱事業者と同様に、個人番号利用事務又は個人番号関係事務を処理するために必要な範囲を超えて、特定個人情報を取り扱うことはできません（番号法

32。例外的な取扱いは、本章「6 個人番号の利用範囲③（その他）」参照）。

3 利用目的の通知等

　個人情報取扱事業者は、個人情報を取得した場合は、あらかじめ、その利用目的を公表している場合を除いて、速やかに、その利用目的を本人に通知し、又は公表しなければなりません（個情法18①）。

　また、上記にかかわらず、本人との間で契約を締結することに伴って書面に記載されたその本人の個人情報を取得する場合その他本人から直接書面に記載されたその本人の個人情報を取得する場合は、あらかじめ、本人に対して、その利用目的を明示しなければなりません（個情法18②）。ただし、これらの規定は、取得の状況からみて利用目的が明らかであると認められた場合など一定の場合は適用されません（個情法18④）。

　番号法では、この利用目的の通知等の規定を適用除外としていないことから、個人情報取扱事業者は、個人番号の提供を受ける場合には、この規定の適用を受けることとなります。

　なお、個人情報保護法が適用されない事業者については、利用目的の特定と同様に、「できる限り」対応することが望ましいと考えます。

4　利用目的を超えた利用の禁止と利用目的の変更

　個人番号関係事務は、その事務を行うために必要な限度で個人番号を利用することができます。上記③2で確認したように、個人情報保護法とは異なり、本人の同意があったとしても、その利用目的を超えた利用をすることはできません（番号法29③により読み替えられた個情法16、番号法32）[19]。

[19] 個人番号利用事務においても、個人情報を効率的に検索し、及び管理するために必要な限度で個人番号を利用することができ、本人の同意があったとしても利用目的を超えた利用ができないことは同様です。

例えば、従業員等の個人番号について、源泉徴収票作成事務を利用目的として、その個人番号の提供を受けた場合には、本人の同意があったとしても、健康保険・厚生年金保険届出事務のために、その個人番号を利用することはできません。

したがって、個人番号の提供を受けるにあたって、発生が予想されるすべての事務を利用目的として特定し、本人に対する通知等を行うことになると考えられます。

源泉徴収票作成事務 を利用目的として提供を受けた個人番号は…

「本人の同意」があったとしても

健康保険・厚生年金保険届出事務 のために利用することはできない。

また、一度、特定した利用目的は、その利用目的と相当の関連性を有すると合理的に認められる範囲内であれば、変更することができます（個情法15②）。この利用目的の変更の判断基準は、当初の利用目的からみて、社会通念上、本人が想定できる範囲かどうかによります[20]。

利用目的の変更をした場合には、変更された利用目的について、本人に通知し、又は公表することとなります（個情法18③）。したがって、例えば、社会保険の強制適用事業所ではない事業者が、従業員等から「源泉徴収票作成事務」のために個人番号の提供を受けた場合において、その後、社会保険の適用事業所となった場合には、「健康保険・厚生年金保険届出事務」を追加することの利用目的の変更及び本人に対する通知等を行うことにより、既に提供を受けている個人番号を健康保険・厚生年金保険被保険者資格取得届のために利用することができます。

[20] 経済産業省「個人情報の保護に関する法律についての経済産業分野を対象とするガイドライン」、厚生労働省「雇用管理分野における個人情報保護に関するガイドライン」等

なお、マイナンバーガイドラインでは、利用目的の範囲内の利用か否かの事例として、次の場合が挙げられています。

【マイナンバーガイドライン「第4−1−(1)」抜粋】
(利用目的の範囲内として利用が認められる場合)
＊〈当年以後の源泉徴収票作成事務に用いる場合〉
　　前年の給与所得の源泉徴収票作成事務のために提供を受けた個人番号については、同一の雇用契約に基づいて発生する当年以後の源泉徴収票作成事務のために利用することができると解される。
＊〈退職者について再雇用契約が締結された場合〉
　　前の雇用契約を締結した際に給与所得の源泉徴収票作成事務のために提供を受けた個人番号については、後の雇用契約に基づく給与所得の源泉徴収票作成事務のために利用することができると解される。
＊〈講師との間で講演契約を再度締結した場合〉
　　前の講演契約を締結した際に講演料の支払に伴う報酬、料金、契約金及び賞金の支払調書作成事務のために提供を受けた個人番号については、後の契約に基づく講演料の支払に伴う報酬、料金、契約金及び賞金の支払調書作成事務のために利用することができると解される。
＊〈不動産の賃貸借契約を追加して締結した場合〉
　　前の賃貸借契約を締結した際に支払調書作成事務のために提供を受けた個人番号については、後の賃貸借契約に基づく賃料に関する支払調書作成事務のために利用することができると解される。

（利用目的の変更が認められる場合）
* 雇用契約に基づく給与所得の源泉徴収票作成事務のために提供を受けた個人番号を、雇用契約に基づく健康保険・厚生年金保険届出事務等に利用しようとする場合は、利用目的を変更して、本人への通知等を行うことにより、健康保険・厚生年金保険届出事務等に個人番号を利用することができる。

　したがって、事業者は、給与所得の源泉徴収票作成事務のほか健康保険・厚生年金保険届出事務等を行う場合、従業員等から個人番号の提供を受けるに当たって、これらの事務の全てを利用目的として特定して、本人への通知等を行うことにより、利用目的の変更をすることなく個人番号を利用することができる。なお、通知等の方法としては、従来から行っている個人情報の取得の際と同様に、社内LANにおける通知、利用目的を記載した書類の提示、就業規則への明記等の方法が考えられる。

6 個人番号の利用範囲③（その他）

Q 個人番号利用事務や個人番号関係事務以外で個人番号を利用することはできますか。

A 事業者は、例外的に、①金融機関が激甚災害時等に金銭の支払いをする場合、②人の生命、身体又は財産の保護のために必要がある場合に個人番号の利用が認められています。

1 例外的な個人番号の利用

　事業者は、原則として、個人番号利用事務又は個人番号関係事務を処理するために必要な範囲内で個人番号を利用することができ、その範囲を超えて個人番号を利用することはできません（本章「5　個人番号の利用範囲②（個人番号関係事務）」参照）。
　ただし、次に掲げる場合には、例外的に、個人番号の利用が認められています。

| ① 金融機関が激甚災害時等に金銭の支払いをする場合 |
| ② 人の生命、身体又は財産の保護のために必要がある場合で、本人の同意があり、又は本人の同意を得ることが困難であるとき |

1　金融機関が激甚災害時等に金銭の支払いをする場合

　銀行等の預金取扱金融機関等は、「激甚災害に対処するための特別の財政援助等に関する法律」（昭和37年法律150号）2条1項の激甚災害の指定があった場合等に、個人番号関係事務を処理する目的で保有している個人番号を顧客に対する金銭の支払いのために利用することができます（番号法9④、同法29③により読み替えられた個情法16③一、番号法32）。

　これは、東日本大震災において、津波等によりキャッシュカード、保険証券、本人確認書類等が紛失したことによって、預金の引き出しや保険金の支払いがスムーズに行われなかった経験を踏まえて、個人番号の利用を例外的に認めたものです。そのため、いわゆる金融機関における個人番号の例外的な利用であり、一般的な事業者には関係のないものといえます。

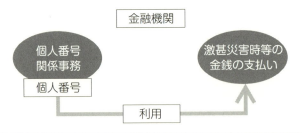

2　人の生命、身体又は財産の保護のために必要がある場合

　人の生命、身体又は財産の保護のために必要がある場合であって、本人の同意があり、又は本人の同意を得ることが困難である場合には、個人番号関係事務を処理するために保有している個人番号をその人の生命、身体又は財産を保護するために利用することができます（番号法29③により読み替えられた個情法16③二、番号法32）。

2 個人情報保護法における個人情報の目的外利用との関係

個人情報保護法においては、次に掲げる場合には、個人情報取扱事業者が特定した利用目的以外の目的（目的外利用）のために個人情報を利用することができます（個情法16③）。

① 法令に基づく場合
② 人の生命、身体又は財産の保護のために必要がある場合であって、本人の同意を得ることが困難であるとき
③ 公衆衛生の向上又は児童の健全な育成の推進のために特に必要がある場合であって、本人の同意を得ることが困難であるとき
④ 国の機関もしくは地方公共団体又はその委託を受けた者が法令の定める事務を遂行することに対して協力する必要がある場合であって、本人の同意を得ることにより当該事務の遂行に支障を及ぼすおそれがあるとき

これに対して、番号法においては、事業者が個人番号利用事務又は個人番号関係事務を処理するために必要な範囲を超えて個人番号を利用することができるのは、上記1の場合に限っています。したがって、上記①から④に該当したとしても個人番号の目的外利用はできません。

なお、法律の適用関係でみると、①の「法令に基づく場合」は、番号法29条3項により、上記11の「金融機関が激甚災害時等に金銭の支払をする場合」（番号法9④）に読み替えられています。

また、②の「人の生命、身体又は財産の保護のために必要がある

場合であって、本人の同意を得ることが困難であるとき」は、番号法29条3項により、上記①②の「人の生命、身体又は財産の保護のために必要がある場合であって、本人の同意があり、又は本人の同意を得ることが困難である場合」に読み替えられています。

さらに、③及び④においては、番号法29条3項により適用除外とされています。

3 その他の場合

番号法では、次に掲げる場合でも、個人番号を利用することができることとなっています（番号法9⑤）。なお、これらは、事業者にはきわめて関係の薄い場合であり、事業者は、個人番号利用事務、個人番号関係事務、上記①の例外的な事務で個人番号を利用することになるといえます。

---
① 特定個人情報保護員会が、番号法52条1項（報告及び立入検査）に基づいて特定個人情報の提供を受けたとき（番号法19十一）
② 各議院の審査もしくは調査、刑事事件の捜査等が行われるときその他政令で定める公益上の必要があるとき（番号法19十二）
③ 人の生命、身体又は財産の保護のために必要がある場合において、本人の同意があり、又は本人の同意を得ることが困難であるとき（番号法19十三）。
④ 番号法19条1号から13号までに準ずるものとして特定個人情報保護委員会規則で定めるとき（番号法19十四）

特定個人情報は、番号法で限定的に定められた場合以外の場合は「提供」することができません（本章「11　個人番号の提供の求めの制限、特定個人情報の提供の制限」参照）。

上記①から④までの場合は、その限定的に定められた場合に含まれており、特定個人情報の提供が認められています（番号法19十一～十四）。上記①から④までの場合を理由として、特定個人情

報の提供を受けた者が、その特定個人情報を利用できなければ提供を受けた意味がありません。

　したがって、その場合に、その特定個人情報に含まれている個人番号を利用できるようになっています。この場合の個人番号の利用は、その提供を受けた目的を達成するために必要な限度で個人番号を利用することとなるため、利用目的の範囲内での利用（目的内利用）という位置づけになります。

① 立入検査で特定個人情報の提供を要求

事業者 ⇔ 特定個人情報保護委員会

② 特定個人情報の提供
③ 提供を受けた目的を達成するために必要な限度で個人番号を利用できる

　なお、上記①②の「人の生命、身体又は財産の保護のために必要がある場合であって、本人の同意があり、又は本人の同意を得ることが困難である場合」は、例外的な個人番号の利用（目的外利用）であり、もともと個人番号利用事務又は個人番号関係事務のために保有している個人番号について、例外的な利用を認めるものです。

　これに対して、上記③の「人の生命、身体又は財産の保護のために必要がある場合において、本人の同意があり、又は本人の同意を得ることが困難であるとき」は、それを理由として特定個人情報の提供を受けたときに、その目的の範囲内で個人番号を利用する（目的内利用）というものです。

7 特定個人情報ファイルの作成制限

Q 特定個人情報ファイルは、自由に作成することができますか。

A 特定個人情報ファイルは、原則として、個人番号利用事務又は個人番号関係事務を処理するために必要な範囲内で作成することができます。

1 特定個人情報ファイルの作成

　特定個人情報ファイル（本章「2　特定個人情報ファイルの定義」参照）は、個人番号利用事務又は個人番号関係事務を処理するために必要な範囲内で作成することができます（番号法28）。つまり、必要な範囲を超えて特定個人情報ファイルを作成することはできないこととなります。

特定個人情報ファイルの作成

個人番号利用事務 又は 個人番号関係事務 を処理するために		必要な範囲内
		必要な範囲外

　事業者の場合、通常、源泉徴収票作成事務、支払調書作成事務、健康保険・厚生年金保険被保険者資格取得届作成事務等で特定個人情報を取り扱うこととなるため、それらの事務を行う範囲内で特定個人情報ファイルを作成することになります。

例えば、事業者は、従業員等の個人番号について、扶養控除等申告書に記載してもらって提供を受けることになります（所規73）が、扶養控除等申告書は、通常、年度別・事業所別、社員コード順・役職順等にファイリングして保管していることから、その扶養控除等申告書綴りは特定個人情報ファイルに該当すると考えられます。

これは、個人番号関係事務を処理するために必要な範囲内であると考えられるため、扶養控除等申告書を綴りにすることは何ら問題ありません。これに対して、従業員等を管理するための名簿に個人番号を記載して利用している場合、その名簿は特定個人情報ファイルに該当すると考えられますが、個人番号関係事務を処理するために必要な範囲を超えているため、そのような名簿の作成は認められません。

また、源泉徴収票を作成するシステムのデータベースに個人番号を記録している場合についても、通常は、特定個人情報ファイルに該当すると考えられます。このような場合、源泉徴収票作成事務の範囲内でデータベースを利用することはできますが、そのデータベースを人事情報や営業情報と共有している場合には、それらの情報において個人番号を利用することはできないことから、アクセス制御をするなどの対策を講ずる必要があります（本章「2　特定個人情報ファイルの定義」参照）。

なお、実務上、税務署長に対し源泉徴収票を提出する者の一覧表を作成して、「給与所得の源泉徴収票等の法定調書合計表」との突合を行うことが考えられますが、その一覧表に個人番号が含まれている場合であっても、それは源泉徴収票作成事務の範囲内で行われていると考えられることから、その一覧表が特定個人情報ファイルに該当するとしても問題ないと考えられます。

2 例外的に作成が認められる場合

特定個人情報ファイルの作成は、上記1の取扱いが原則となりま

すが、次に掲げる場合のいずれかに該当して特定個人情報を提供し、又は提供を受けることができる場合には、例外的にその作成が認められています（番号法28）。

　これらは、事業者にはきわめて関係の薄い場合であり、事業者は個人番号利用事務又は個人番号関係事務を処理するために必要な範囲内でのみ、特定個人情報ファイルを作成することができると理解してください。

① 特定個人情報保護員会が、番号法52条１項（報告及び立入検査）に基づいて特定個人情報の提供を受けたとき（番号法19十一）
② 各議院の審査もしくは調査、刑事事件の捜査等が行われるときその他政令で定める公益上の必要があるとき（番号法19十二）
③ 人の生命、身体又は財産の保護のために必要がある場合において、本人の同意があり、又は本人の同意を得ることが困難であるとき（番号法19十三）
④ 番号法19条１号から13号までの準ずるものとして特定個人情報保護委員会規則で定めるとき（番号法19十四）

8 再委託と委託先の監督

Q 個人番号利用事務又は個人番号関係事務の委託を受けた者は、さらに第三者に委託（再委託）をすることはできますか。
また、委託をする場合は何らかの責任を負いますか。

A それらの事務の全部又は一部の委託を受けた者は、最初の委託者の許諾を得た場合に限り、再委託をすることができます。また、委託をした者は、委託を受けた者に対する必要かつ適切な監督を行わなければなりません。

1 再委託

1 委託者の許諾

　番号法においては、個人番号利用事務又は個人番号関係事務の全部又は一部を委託することを認めています（番号法2⑫、⑬）。そして、その委託を受けた者は、「最初の委託者」の許諾を得た場合に限って、再委託をすることができます（番号法10①）。
　例えば、次の図のような委託及び再委託を行おうとする場合、BはA（最初の委託者）の許諾を得た場合に限って、Cに再委託ができることとなります。

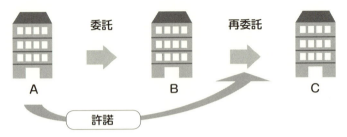

　これは、再々委託を行おうとする場合も同様です。例えば、上記図のCがさらにDに再々委託を行おうとする場合には、最初の委託者であるAの許諾が必要となります（番号法10②）。

2　許諾を求める時期

　再委託をする場合において、最初の委託者の許諾を得る必要があるとされている理由は、再委託先が十分な安全管理措置を講ずることのできる適切な業者かどうかを確認させるためです。そのため、委託先に対して、「あなたの好きな業者に再委託してよい」というような許諾は認められません。

　したがって、原則として、再委託を行おうとする時点で再委託の許諾を求め、再委託先が特定個人情報を保護するための十分な措置を講じているかを確認する必要があります。

　ただし、委託契約の締結時点で、以下のすべての要件を満たしている場合には、あらかじめ再委託の許諾を得ることもできます（マイナンバーガイドラインQ＆A）。

○再委託先となる可能性のある業者が具体的に特定されていること
○適切な資料等に基づいてその業者が特定個人情報を保護するための十分な措置を講ずる能力があることが確認されていること
○実際に再委託が行われたときは、必要に応じて、委託者に対してその旨の報告をし、再委託の状況について委託先が委託者に対して定期的に報告するとの合意がなされていること

3　クラウドサービスを利用する場合

　近年のインターネットの発展・普及等により、いわゆるクラウドサービスを利用している事業者は多いと考えられます。クラウドサービスは、事業者の電子データをクラウドサービス事業者のサーバーに保存することとなるため、番号法上の委託に該当する場合があります。クラウドサービス事業者がその契約内容を履行するにあたって、個人番号をその内容に含む電子データを取り扱うのかどうかが判断基準となり、取り扱わない場合には番号法上の委託に該当しません。この「取り扱わない場合」とは、契約条項によってクラウドサービス事業者が個人番号をその内容に含む電子データを取り扱わない旨が定められており、適切にアクセス制御を行っている場合等が考えられます（マイナンバーガイドラインＱ＆Ａ）。

　中小企業においては、源泉徴収票作成事務や支払調書作成事務などを税理士に委託している場合が多いと考えられます。その場合において、その税理士が源泉徴収票作成事務や支払調書作成事務を行うに当たって、クラウドサービスを利用している場合には、税理士からクラウドサービス事業者に対する「再委託」に該当する場合があるため注意が必要です。「再委託」に該当する場合は、税理士に委託した事業者（最初の委託者）の許諾が必要となります。

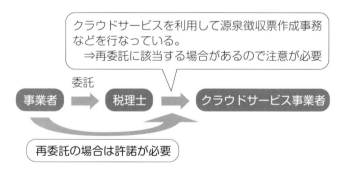

　したがって、税理士に源泉徴収票作成事務等を委託している場合は、その税理士がどのように事務を行っているかを事前に確認する

必要があるため、委託している税理士と事前に打ち合わせをする必要があるでしょう。なお、税理士は、通常、専門業者のサービスやソフトウエアを利用していると考えられることから、一般的には、上記2の要件を満たし、委託契約の締結時点であらかじめ再委託の許諾をすることができると考えられます。

4　保守サービスを利用する場合

　パソコンの普及により、事業者の多くが、源泉徴収票作成事務や支払調書作成事務を行う場合に、専用システムやソフトウエアを使用している場合が多いと考えられます。そのような場合に、それらの販売会社による保守サービスの提供を受ける場合があると考えられますが、その保守サービスを提供する事業者がサービス内容の全部又は一部として、個人番号をその内容に含む電子データを取り扱う場合には、番号法上の「委託」に該当することとなります。

　一方で、単純なハードウエアやソフトウエアの保守サービスのみを行う場合で、契約条項によってそのサービスを提供する事業者が個人番号をその内容に含む電子データを取り扱わない旨が定められており、適切にアクセス制御を行っている場合等には、番号法上の委託には該当しません（マイナンバーガイドラインQ＆A）。

　上記「3　クラウドサービスを利用する場合」と同様に、源泉徴収票作成事務や支払調書作成事務などを税理士に委託している場合において、その税理士が保守サービスを利用している場合には、税理士から保守サービスを提供する事業者に対する「再委託」に該当する場合があるため注意が必要です。「再委託」に該当する場合は、税理士に委託した事業者（最初の委託者）の許諾が必要となりますが、一般的には、上記2の要件を満たし、委託契約の締結時点であらかじめ再委託の許諾をすることができると考えられます。

2 委託先の監督

1 委託先の監督

　個人番号利用事務又は個人番号関係事務の全部又は一部の委託をする者は、委託を受けた者において取り扱う特定個人情報の安全管理が図られるように、その委託を受けた者に対する必要かつ適切な監督を行わなければなりません。すなわち、委託をする者は、委託を受けた者において、番号法に基づき委託をする者自らが果たすべき安全管理措置と同等の措置が講じられるよう必要かつ適切な監督を行わなければなりません。

　この場合の「委託をする者」及び「委託を受けた者」は、各段階の委託者及び受託者を意味しています。

　例えば、下図のような委託及び再委託が行われた場合、AはBを、BはCを必要かつ適切に監督しなければなりません。なお、AはBに対する監督を通じて、Cを間接的に監督することとなります。

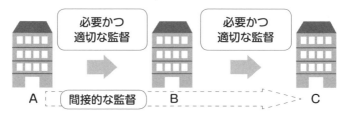

2 必要かつ適切な監督

　必要かつ適切な監督とは、マイナンバーガイドラインでは次の考え方が示されています。

【マイナンバーガイドライン「第4-2-(1)」抜粋】
　「必要かつ適切な監督」には、①委託先の適切な選定、②委託先に安全管理措置を遵守させるために必要な契約の締結、③委託先における特定個人情報の取扱状況の把握が含まれる。委託先の選定については、委託者は、委託先において、番号法に基づき委託者自らが果たすべき安全管理措置と同等の措置が講じられるか否かについて、あらかじめ確認しなければならない。具体的な確認事項としては、委託先の設備、技術水準、従業者に対する監督・教育の状況、その他委託先の経営環境等が挙げられる。
　委託契約の締結については、契約内容として、秘密保持義務、事業所内からの特定個人情報の持出しの禁止、特定個人情報の目的外利用の禁止、再委託における条件、漏えい事案等が発生した場合の委託先の責任、委託契約終了後の特定個人情報の返却又は廃棄、従業者に対する監督・教育、契約内容の遵守状況について報告を求める規定等を盛り込まなければならない。また、これらの契約内容のほか、特定個人情報を取り扱う従業者の明確化、委託者が委託先に対して実地の調査を行うことができる規定等を盛り込むことが望ましい。

　中小企業においては、税理士と顧問契約を締結し、その契約の中で源泉徴収票作成事務や支払調書作成事務などを委託している場合が多いと考えられます。したがって、現在の顧問契約の内容に上記の事項が含まれているかを顧問税理士と一緒に見直し、適宜、契約内容の追加等を行っていく必要があります。

9 安全管理措置

Q 番号法において、個人番号や特定個人情報の安全管理措置は義務づけられていますか。

A 個人番号及び特定個人情報を取り扱う際は、それらの漏えい、滅失又は毀損の防止その他の安全管理のために必要かつ適切な措置を講じなければなりません。

措置の内容は、基本方針の策定、取扱規程等の策定、組織的安全管理措置、人的安全管理措置、物理的安全管理措置、技術的安全管理措置が挙げられます。

個人番号は、特定の個人を識別する機能を有するものであることから、それが漏えい等すると不正利用等によるプライバシー侵害の危険性が高まることとなるため、適切に管理する必要があります。

したがって、個人番号及び特定個人情報については、漏えい、滅失又は毀損の防止その他の個人番号及び特定個人情報の管理のために、必要かつ適切な安全管理措置を講じなければなりません（番号法12、33、34、個情法20、21）。

1 個人番号の安全管理措置

番号法において、個人番号利用事務実施者及び個人番号関係事務実施者は、個人番号の漏えい、滅失又は毀損の防止その他の個人番号の適切な管理のための必要な安全管理措置を講じなければなりません（番号法12）。

個人番号には、亡くなった人の個人番号も含まれることから、亡くなった人の個人番号も安全管理措置の対象となります。所得税法や相続税法に基づく生命保険金等に関する支払調書等（所規86①、相規5号書式等）で亡くなった人の個人番号を利用することから、その利用の際に漏えい等しないように適切に管理する必要があります。

2 個人情報取扱事業者の安全管理措置

　個人情報保護法の適用対象である個人情報取扱事業者は、その取り扱う個人データ（第Ⅱ章「2　個人情報保護法及び番号法と中小企業」参照）の漏えい、滅失又は毀損の防止その他の個人データの安全管理のために必要かつ適切な措置を講じなければなりません（個情法20）。したがって、個人データの中に個人番号が含まれている場合には、個人データである特定個人情報について、本条を根拠として、安全管理措置を講ずべきこととなります。

　また、個人情報取扱事業者が従業者に個人データを取り扱わせる際には、その個人データの安全管理が図られるよう、その従業者に対する必要かつ適切な監督を行わなければなりません（個情法21）。

3 個人番号取扱事業者の安全管理措置

　特定個人情報ファイルを事業の用に供している個人番号利用事務実施者又は個人番号関係事務実施者であって、国の機関、地方公共団体の機関、独立行政法人等及び地方独立行政法人以外のものを「個人番号取扱事業者」といいます（番号法31）。この個人番号取扱事業者のうち個人情報保護法の適用対象である個人情報取扱事業者以外の事業者（以下「個人情報取扱事業者でない個人番号取扱事業者」といいます）については、上記2に相当する規定が番号法に設けられています（番号法33、34）。

すなわち、個人情報保護法の適用対象となっていない事業者に対して、個人情報保護法における安全管理措置の規定に準じた規定が番号法に設けられているということです。
　したがって、個人情報取扱事業者でない個人番号取扱事業者は、その取り扱う特定個人情報の漏えい、滅失又は毀損の防止その他の特定個人情報の安全管理のために必要かつ適切な措置を講じなければなりません（番号法33）。また、その従業者に特定個人情報を取り扱わせる際には、その特定個人情報の安全管理が図られるよう、その従業者に対する必要かつ適切な監督を行わなければなりません（番号法34）。

安全管理措置に関する法の適用関係

個人番号取扱事業者	
個人情報取扱事業者でない個人番号取扱事業者	個人情報取扱事業者
⇒番号法12条、33条、34条の安全管理措置	⇒番号法12条、個人情報保護法20条、21条の安全管理措置

4 安全管理措置の内容

　安全管理措置の内容は、基本方針の策定、取扱規程等の策定、組織的安全管理措置、人的安全管理措置、物理的安全管理措置、技術的安全管理措置が挙げられます。
　なお、具体的な内容については、「第Ⅴ章　特定個人情報等に関する安全管理措置」を参照してください。

安全管理措置等（特定個人情報等：個人番号及び特定個人情報）

会　社

- 基本方針の策定
- 取扱規程等の策定

組織的安全管理措置　人的安全管理措置　物理的安全管理措置　技術的安全管理措置

【安全管理措置】
○個人番号及び特定個人情報の漏えい、滅失又は毀損の防止その他の適切な管理のために、必要かつ適切な安全管理措置を講じなければなりません。また、従業者に対する必要かつ適切な監督も行わなければなりません。

《基本方針の策定》
○特定個人情報等の適正な取扱いの確保について組織として取り組むために、基本方針を策定することが重要です。

《取扱規程等の策定》
○特定個人情報等の具体的な取扱いを定める取扱規程等を策定しなければなりません。

《組織的安全管理措置》
○組織体制の整備、取扱規程等に基づく運用、取扱状況を確認する手段の整備、情報漏えい等事案に対応する体制の整備、取扱状況の把握及び安全管理措置の見直し

《人的安全管理措置》
○事務取扱担当者の監督・教育

《物理的安全管理措置》
○特定個人情報等を取り扱う区域の管理、機器及び電子媒体等の盗難等の防止、電子媒体等を持ち出す場合の漏えい等の防止、個人番号の削除、機器及び電子媒体等の廃棄

《技術的安全管理措置》
○アクセス制御、アクセス者の識別と認証、外部からの不正アクセス等の防止、情報漏えい等の防止

【中小規模事業者とは】
事業者のうち従業員の数が100人以下の事業者であって、次に掲げる事業者を除く事業者をいいます。
・個人番号利用事務実施者
・委託に基づいて個人番号関係事務又は個人番号利用事務を業務として行う事業者
・金融分野（金融庁作成の「金融分野における個人情報保護に関するガイドライン」第1条第1項に定義される金融分野）の事業者
・個人情報取扱事業者

(出典) 特定個人情報保護委員会資料を基に作成

10 個人番号の提供の要求

Q 個人番号関係事務実施者は、いつでも本人に個人番号の提供を求めることができますか。

A 個人番号利用事務実施者又は個人番号関係事務実施者は、個人番号利用事務又は個人番号関係事務を処理するために必要があるときは、本人などに個人番号の提供を求めることができます。

1 個人番号の提供の要求

　個人番号利用事務実施者又は個人番号関係事務実施者は、個人番号利用事務又は個人番号関係事務を処理するために必要があるときは、本人又は他の個人番号利用事務実施者、そして個人番号関係事務実施者に個人番号の提供を求めることができます（番号法14①）。

　事業者は、通常、個人番号関係事務を行うこととなり、従業員等本人の個人番号の提供を受ける必要があるときは、この規定に基づいて、個人番号の提供を求めることができます。

2 機構に対する機構保存本人確認情報の提供の求め

　個人番号利用事務実施者で住民基本台帳法別表一から別表四までの上欄に掲げる者は、個人番号利用事務を処理するために必要があるときは、機構に対し機構保存本人確認情報（基本４情報や個人番号が含まれている情報。以下同じです）の提供を求めることができ

ます（番号法14②、番号令11）。なお、事業者では、健康保険組合等の一部の事業者のみ行うことができるものです。

3 個人番号の提供を求める時期

　個人番号の提供を求めることができる時期は、「その事務を処理するために必要があるとき」となります。この「必要があるとき」とは、ある一時点のことをいうのではなく、一定程度の幅があると考えられます。個人番号関係事務の場合、原則としては、「個人番号関係事務が発生した時点」で個人番号の提供を受けることになりますが、本人との法律関係等に基づいて、個人番号関係事務の発生が予想される場合には、契約を締結した時点等のその事務の発生が予想できた時点で個人番号の提供を求めることができます。なお、契約内容等から個人番号関係事務が明らかに発生しないと認められる場合には、個人番号の提供を求めることはできません。

　例えば、従業員等を採用して雇用契約を締結した場合には、給与所得の源泉徴収票作成事務という個人番号関係事務の発生が予想されることから、雇用契約締結の時点で個人番号の提供を求めることができると考えられます（扶養控除等申告書には、その従業員等の個人番号を記載することとなっている（所規73①）ことから、扶養控除等申告書の提出をする従業員等については、その提出を受ける時点で個人番号の提供を受けることが一般的でしょう）。
　また、いわゆる内定者については、確実に雇用されることが予想

される場合（正式な内定通知がなされ、入社に関する誓約書を提出した場合等）には、その時点で個人番号の提供を求めることができます（マイナンバーガイドラインQ＆A）。

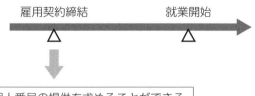

　講師に講演を依頼した場合や地主と不動産賃貸借契約を締結した場合等には、契約内容等から個人番号関係事務が明らかに発生しないと認められる場合以外の場合には、契約締結の時点で個人番号の提供を求めることができると考えられます。

　例えば、不動産賃貸借契約の場合は、通常、契約内容で1か月あたりの賃料が定められるなど、契約を締結する時点で、すでにその年中に支払う額が明確になっている場合が多いと考えられます。そのような場合に、支払調書の提出が明らかに不要であるときは、個人番号の提供を求めることはできず、それ以外の場合には提供を求めることができると考えられます。一方で、年の途中で契約を締結したことから、その年は支払調書の提出が不要であっても、翌年は支払調書の提出が必要とされる場合には、翌年の支払調書作成事務のために個人番号の提供を求めることができると考えられます（マイナンバーガイドラインQ&A）。

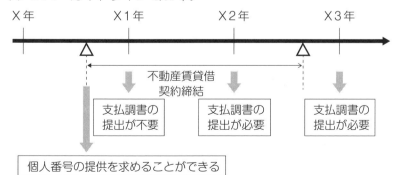

11 個人番号の提供の求めの制限、特定個人情報の提供の制限

Q 他人に個人番号の提供を求めてもよいですか。
また、自分自身の特定個人情報は、どのような場合でも提供してよいですか。

A 何人も番号法で限定的に定められた場合以外の場合は、他人に個人番号の提供を求めることはできません。
また、番号法で限定的に定められた場合のみ、特定個人情報を提供することができます。

1 個人番号の提供の求めの制限

個人番号は、番号法で限定的に定められた場合以外の場合は、他人に対し、その提供を求めることはできません(番号法15)。

この「番号法で限定的に定められた場合」とは、番号法19条各号に定められており、下記2の「特定個人情報を提供できる場合」のことをいいます。

なお、「他人」とは、自己と同一の世帯に属する者以外の者をいいます(番号法15)。配偶者や子等は、通常、自己と同一の世帯に属する人に該当することから、これらの人に対しては、「特定個人情報を提供できる場合」以外の場合であっても、個人番号の提供を求めることができます。例えば、幼少の子に個人番号を適正に保管させることは現実的に難しいため、親が子に代わって保管するために子に個人番号の提供を求めることができます。

2 特定個人情報の提供の制限

　特定個人情報は、原則として、提供することはできませんが、次に掲げる場合には、その提供をすることができます（番号法19）。

【特定個人情報を提供できる場合】
① 個人番号利用事務実施者からの提供（番号法19一）
② 個人番号関係事務実施者からの提供（番号法19二）
③ 本人又は代理人からの提供（番号法19三）
④ 機構からの提供（番号法19四）
⑤ 委託又は合併に伴う提供（番号法19五）
⑥ 住民基本台帳法の規定による提供（番号法19六）
⑦ 情報提供ネットワークシステムを利用した提供（番号法19七）
⑧ 国税及び地方税連携による提供（番号法19八）
⑨ 地方公共団体内の機関間による提供（番号法19九）
⑩ いわゆる「ほふり」による提供（番号法19十）
⑪ 特定個人情報保護委員会に対する提供（番号法19十一）
⑫ 各議院の審査等その他政令で定める公益上の必要があるときの提供（番号法19十二）
⑬ 人の生命、身体又は財産の保護のために必要があるときの提供（番号法19十三）
⑭ 番号法19条1号から13号までに準ずるものとして特定個人情報保護委員会規則で定めるときの提供（番号法19十四）

　上記のうち、事業者に関係があるものを中心に以下に解説します。
　なお、「提供」とは、法的な人格を超える特定個人情報の移動を意味するものであり、同一法人の内部等の法的な人格を超えない特定個人情報の移動は「提供」ではなく「利用」にあたります。

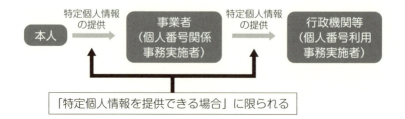

1 個人番号利用事務実施者からの提供（番号法19一）

個人番号利用事務実施者は、個人番号利用事務を処理するために必要な限度で、次に掲げる者に対し、特定個人情報を提供することができます。

> ① 本人もしくは代理人
> ② 個人番号関係事務実施者

例えば、市町村長から、事業者に対し、その事業者の従業員等の住民税に関する特別徴収税額を通知する際に個人番号も併せて通知する場合等が考えられます。

2 個人番号関係事務実施者からの提供（番号法19二）

個人番号関係事務実施者は、個人番号関係事務を処理するために必要な限度で特定個人情報を提供することができます。

これは、事業者が特定個人情報を提供する場合に最も関係する規定であり、例えば、従業員等の給与所得の源泉徴収票、健康保険・厚生年金保険被保険者資格取得届等を税務署長、日本年金機構等に提出する場合等が該当します。

なお、従業員等が、所得税法194条に基づき、扶養控除等申告書を提出する際に、その従業員等の扶養親族等の個人番号を記載して事業者に対し提出する行為は、個人番号関係事務にあたることから、この規定を根拠として、事業者に対しその扶養親族等の個人番号を提供することとなります。

3　本人又は代理人からの提供（番号法19三）

　本人又はその代理人は、個人番号利用事務実施者又は個人番号関係事務実施者に対し、その本人の個人番号を含む特定個人情報を提供することができます。

　これは、例えば、本人が、自分の個人番号を記載した所得税の確定申告書を税務署長に対し提出する場合や自分の個人番号を記載した扶養控除等申告書を事業者に対し提出する場合等が該当します。

　また、税理士が、ある個人から所得税の確定申告に関する税務代理を受けた場合に、その本人の確定申告書にその本人の個人番号を記載して税務署長に対し提出する場合も、この規定を根拠として、特定個人情報を提供することとなります。

　なお、従業員等の配偶者が、その従業員等（第2号被保険者）に扶養されることとなった場合に、国民年金法12条5項に基づき提出する「第3号被保険者に該当する旨の届出」は、その配偶者（第3号被保険者）本人が提出することになっていることから、この規定を根拠として、特定個人情報を提供することになります。なお、この届出書は、通常、その従業員等がその配偶者に代わって、事業者に対し提出すると考えられることから、その従業員等が代理人という立場で、この規定を根拠として、特定個人情報を提供することとなります。

4　委託又は合併に伴う提供（番号法19五）

　特定個人情報の取扱いの全部もしくは一部の委託又は合併その他の事由による事業の承継に伴う場合に特定個人情報を提供することができます。

　例えば、親会社が子会社に対し、その親会社の従業員等の源泉徴収票作成事務を委託する場合に、その子会社に対し特定個人情報を提供する場合等が該当します。

5　情報提供ネットワークシステムを利用した提供 (番号法19七)

　番号法別表二に掲げられている「情報照会者」が、同別表に掲げられている「情報提供者」に対し、同別表に掲げられている事務を処理するために必要な特定個人情報の提供を求めた場合に、情報提供ネットワークシステムを使用して、特定個人情報を提供することができます。

6　国税及び地方税連携による提供 (番号法19八、番号令22、23)

　国税庁長官は都道府県知事や市町村長に対して、又は都道府県知事もしくは市町村長は国税庁長官等に対して、地方税法や国税に関する法律に基づいて、特定個人情報を提供することができます。
　この場合の提供は、情報提供ネットワークシステムを使用するものではないため、その特定個人情報の安全を確保するために必要な措置を講じているとき（番号令23）に限って、特定個人情報の提供が認められます。

7　特定個人情報保護員会に対する提供 (番号法19十一)

　特定個人情報保護委員会は、番号法52条1項により報告及び立入検査権が与えられていますが、この規定に基づいて事業者が特定個人情報の提供を求められた場合には、特定個人情報を提供することとなります。

8　各議院の審査等その他政令で定める公益上の必要があるときの提供 (番号法19十二、番号令26、番号令別表)

　衆・参議院や各議院の委員会、参議院の調査会が行う審査や調査、訴訟手続その他の裁判所における手続、裁判の執行、刑事事件の捜査、租税に関する法律の規定に基づく犯則事件の調査又は会計検査院の検査が行われるとき、その他政令で定める公益上の必要があるときに、特定個人情報を提供することができます。

事業者が、この規定を根拠として、特定個人情報を提供する場合は、公益上の必要があるときとして政令で定められている「租税に関する法律又はこれに基づく条例の規定による質問、検査、提示若しくは提出の求め又は協力の要請が行われるとき」（番号令別表八）が最も多い場合であると考えられます。

　すなわち、事業者に対する税務調査において、従業員等の源泉所得税に関する質問検査を受けた際に、従業員等の特定個人情報を提供する場合が該当します。

取　得（特定個人情報：個人番号をその内容に含む個人情報）

【特定個人情報の提供制限】
　○番号法で限定的に明記された場合を除き、特定個人情報を提供してはなりません。

　［本人からの提供の事例］
　　＊従業員等（本人）は、給与の源泉徴収事務のために、事業者に対し、自己の個人番号を記載した扶養控除等申告書を提出します。

　［個人番号関係事務実施者からの提供の事例］
　　＊従業員等（個人番号関係事務実施者）は、給与の源泉徴収事務のために、事業者に対し、その扶養親族の個人番号を記載した扶養控除等申告書を提出します。

本人ほか

番号法で限定的に明記された場合

会　社

○何人も【個人番号の提供の求めの制限】・【特定個人情報の提供制限】・【収集・保管制限】の適用があります。
○ただし、子、配偶者等の自己と同一の世帯に属する者に対しては、番号法で限定的に明記された場合以外の場合でも、個人番号の提供を求めたり、収集・保管したりできます。

【個人番号の提供の要求】
　○個人番号関係事務を処理するために必要がある場合に限って、本人などに対して個人番号の提供を求めることができます。
　《提供を求める時期》
　○個人番号関係事務が発生した時点が原則。
　○契約を締結した時点等の当該事務の発生が予想できた時点で求めることは可能と解されます。

　　［提供を求める時期の事例］
　　＊給与所得の源泉徴収票等の作成事務の場合は、雇用契約の締結時点で個人番号の提供を求めることも可能であると解されます。

　　＊地代等の支払調書の作成事務の場合は、賃料の金額により契約の締結時点で支払調書の作成が不要であることが明らかである場合を除き、契約の締結時点で個人番号の提供を求めることが可能であると解されます。

【個人番号の提供の求めの制限】
　○番号法で限定的に明記された場合を除き、個人番号の提供を求めてはなりません。

【収集・保管制限】
　○番号法で限定的に明記された場合を除き、特定個人情報を収集してはなりません。

【本人確認】
　○本人から個人番号の提供を受けるときは、個人番号カードの提示等、番号法で認められた方法で本人確認を行う必要があります。

（出典）特定個人情報保護委員会事務局資料を基に作成

提　供

【特定個人情報の提供制限】
○番号法で限定的に明記された場合を除き、特定個人情報を提供してはなりません。

《特定個人情報の提供》
○事業者が特定個人情報を提供できるのは、主として、社会保障及び税に関する事務のために従業員等の特定個人情報を行政機関等及び健康保険組合等に提供する場合です。

［個人番号関係事務実施者からの提供の事例］
＊事業者（個人番号関係事務実施者）は、給与所得の源泉徴収票の提出という個人番号関係事務を処理するために、従業員等の個人番号が記載された給与所得の源泉徴収票を2通作成し、1通を税務署長に提出し、他の1通を本人に交付します。

《提供の意義》
○「提供」とは、法的な人格を超える特定個人情報の移動を意味するものです。
○同一法人の内部等の法的な人格を超えない特定個人情報の移動は「提供」ではなく「利用」に当たります（利用制限）。

［提供に当たらない場合の事例］
＊営業部に所属する従業員等の個人番号が、源泉徴収票を作成する目的で経理部に提出された場合は「提供」に当たりません。

［提供に当たる場合の事例］
＊事業者甲から事業者乙へ特定個人情報が移動する場合は「提供」に当たります。

会　社

支払調書（イメージ）
支払いを受ける者　個人番号 1234…　氏　名　番号太郎

源泉徴収票（イメージ）
支払いを受ける者　個人番号 5678…　氏　名　難波一郎

番号法で限定的に明記された場合

被保険者資格取得届（イメージ）
個人番号	被保険者氏名	資格取得年月日
5678…	難波一郎	28.4.1
9876…	難波花子	28.4.1

税務署
年金事務所等

【個人番号の提供の要求】
○個人番号利用事務を処理するために必要がある場合に限って、個人番号関係事務実施者などに対して個人番号の提供を求めることができます。

【個人番号の提供の求めの制限】
○番号法で限定的に明記された場合を除き、個人番号の提供を求めてはなりません。

【収集・保管制限】
○番号法で限定的に明記された場合を除き、特定個人情報を収集してはなりません。

税務署や年金事務所等の個人番号利用事務実施者は、このようにして提出された書類等に記載されている特定個人情報を利用して、社会保障、税及び災害対策に関する特定の事務を行うこととなります。

（出典）特定個人情報保護委員会事務局資料を基に作成

12 収集・保管の制限

Q 特定個人情報は、どのような場合に収集・保管が認められますか。

A 特定個人情報は、番号法で限定的に定められた場合にのみ収集・保管が認められます。

　他人の特定個人情報は、番号法で限定的に定められた場合のみ収集又は保管することができ、それ以外の場合には収集又は保管することはできません（番号法20）。

　この場合の「番号法で限定的に定められた場合」とは、「特定個人情報を提供できる場合」（本章「11　個人番号の提供の求めの制限、特定個人情報の提供の制限」参照）のことをいいます。なお、この場合の「他人」も、自己と同一の世帯に属する人以外の人をいいます。

　したがって、この収集又は保管の制限についても、通常、自己と同一の世帯に属することとなる配偶者や子の特定個人情報については、「特定個人情報を提供できる場合」以外の場合でも収集又は保管することができます。

1 収集制限

1　収集

　「特定個人情報を提供できる場合」に該当する場合は、特定個人情報を収集することができます。この場合における「収集」とは、「集

める意思をもって自己の占有に置くこと」をいいます*21。人から個人番号を聞き取りメモすることなど直接的に本人から個人番号を取得することのほか、個人番号が記録されているパソコンからその個人番号をプリントアウトして取得する場合等も収集に含まれます。

これに対し、単に、個人番号を閲覧したり、提示を受けたりするにとどまる場合は収集にはあたりません。

したがって、「特定個人情報を提供できる場合」以外の場合は、他人（自己と同一の世帯に属する人を除きます）の個人番号について、メモしたりプリントアウトしたりすることはできません。

*21 「行政手続における特定の個人を識別するための番号の利用等に関する法律【逐条解説】」（内閣府大臣官房番号制度担当室）（以下「逐条解説」といいます）48頁

2　個人番号の受取者と事務担当者

事業者が、個人番号の提供を受けるときに、個人番号が記載された書類等を「窓口として受け取る担当者」と「源泉徴収票などの作成事務を行う担当者」とが異なる場合が考えられます。例えば、支店の従業員等から個人番号の提供を受ける場合に、支店の経理部が取りまとめてから、本社の人事部など引き渡す場合が考えられます。また、講演を依頼した講師から個人番号の提供を受ける場合に、依頼した営業担当者が個人番号の提供を受け、それを本社の経理部に引き渡す場合も考えられます。

このように、単に個人番号が記載された書類等を受け取り、源泉徴収票などの作成事務を行う担当者に受け渡すだけの立場の者は、独自に個人番号を保管する必要がないため、個人番号の確認等の必要な事務を行った後はできるだけ速やかにその書類を受け渡す必要があります。そして、自分の手元に個人番号を残してはいけません。

```
本人 →個人番号→ 単に個人番号   →個人番号→ 源泉徴収票などの
                を受け取る者              作成担当者
                    ↓
              ○できるだけ速やかな受け渡し
              ○手元に個人番号を残さない
```

　なお、個人番号が記載された書類等を受け取る担当者も、個人番号関係事務に従事する事業者の一部としてその事務に従事していることから、その書類等を受け取る際に、不備がないかどうか個人番号を含めて確認することはできます。その書類等を受け取る担当者が、個人番号の確認作業を行わない場合にその個人番号を見ることができないようにする必要はありませんが、安全管理上有効な措置であると考えられます（マイナンバーガイドラインＱ＆Ａ）。

2 保管制限と廃棄

　「特定個人情報を提供できる場合」に該当する場合は、その提供を受けた特定個人情報を保管することができます。この場合における「保管」とは、「自己の勢力範囲内に保持すること」をいいます*22。

＊22　逐条解説48頁

　一度、提供を受けた特定個人情報については、個人番号利用事務や個人番号関係事務等の番号法において限定的に定められた事務を行う必要がある場合に限り、保管し続けることができます。また、扶養控除等申告書などのように法令により一定期間その保存が義務づけられている書類等は、その保存期間中は特定個人情報を保管することとなります。

　例えば、従業員等から提供を受けた個人番号については、その従業員等が勤務している間は、源泉徴収票作成事務等で利用することから、継続的に保管することができます。

これに対して、個人番号利用事務や個人番号関係事務などの事務を処理する必要がなくなった場合で、法令により定められている保存期間を経過した場合には、その個人番号をできるだけ速やかに廃棄又は削除しなければなりません。
　したがって、廃棄又は削除を前提とした「保管体制」と「システム構築」をすることが望ましいでしょう。
　なお、事業者によっては、従業員等の情報を保存しておくなどの目的で個人情報を保有し続けたいという場合がありますが、そのような場合には、個人番号部分を復元できない程度にマスキングや削除する等して「特定個人情報」から「個人情報」にすることにより保管し続けることは可能です。
　マイナンバーガイドラインにおいては、継続的に保管できるものとして、次の考え方が示されています。

【マイナンバーガイドライン「第4-3-(3)」抜粋】
　雇用契約等の継続的な契約関係にある場合には、従業員等から提供を受けた個人番号を給与の源泉徴収事務、健康保険・厚生年金保険届出事務等のために翌年度以降も継続的に利用する必要が認められることから、特定個人情報を継続的に保管できると解される。なお、従業員等が休職している場合には、復職が未定であっても雇用契約が継続していることから、特定個人情報を継続的に保管できると解される。
　土地の賃貸借契約等の継続的な契約関係にある場合も同様に、支払調書の作成事務のために継続的に個人番号を利用する必要が認められることから、特定個人情報を継続的に保管できると解される。

13 本人確認

Q 番号法で定められている本人確認とは、どのようなものですか。

A 本人から個人番号の提供を受けるときは、①個人番号カードの提示、②通知カード及び本人の身元確認書類の提示、③番号確認書類及び身元確認書類の提示等の方法で本人確認を行わなければなりません。また、本人の代理人から個人番号の提供を受ける場合についても、一定の書類の提示等により本人確認を行わなければなりません。

番号法においては、個人番号利用事務実施者又は個人番号関係事務実施者が、本人又はその代理人から個人番号の提供を受ける際に、本人確認を行うこととされています(番号法16、番号令12、番号規1〜4、6〜11)。これは、他人の個人番号を提供するなりすまし行為を防止するためです。

番号法における本人確認は、①個人番号の真正性の確認(本人の番号確認)、②現に手続きを行っている者が番号の正しい持ち主であることの確認(本人の身元確認)の２つを行うこととなります。

この２つを行うための本人確認手続は、番号法、番号法施行令及び番号法施行規則で詳細に定められており、また個人番号利用事務

実施者が認める場合には、本人確認手続の一部を省略することができます。

本人確認には、本人から個人番号の提供を受けるパターンと代理人から個人番号の提供を受けるパターンとがあります。ここでは、それぞれのパターンごとに、事業者に関係する手続を確認します。

1 本人から個人番号の提供を受ける場合

本人から個人番号の提供を受ける場合は、①個人番号カードの提示、②通知カード及び身元確認書類の提示、③番号確認書類及び身元確認書類の提示等の方法があります。

1　個人番号カードの提示

個人番号カードは、その本人の個人番号、基本４情報、本人の顔写真等が記載されていることから、その提示だけで本人確認を行うことができます（番号法16）。

2　通知カード及び身元確認書類の提示等

通知カードは、その本人の個人番号及び基本４情報が記載されていることから「本人の番号確認」を行うことはできます。しかし、本人の顔写真等が記載されていないことから、「本人の身元確認」を行うことができません。したがって、通知カードにより本人確認を行う場合には、通知カードの他に本人の身元を確認できる書類（身元確認書類）の提示を受ける必要があります（番号法16、番号規１、３）。

| 身元確認書類 | 運転免許証、運転経歴証明書、パスポート、在留カード、特別永住者証明書等その他一定の書類をいいます（番号規1①一、二）。
この場合の「一定の書類」には、本人の写真の表示のある身分証明書等のほか、個人番号関係事務実施者から氏名及び生年月日又は住所（以下「個人識別事項」といいます）がプレ印字された書類等が含まれます（国税庁告示2・3欄1）。|
|---|---|

【上記書類の提示を受けることが困難であると認められる場合】
　次に掲げる書類のうち2以上の書類の提示を受けなければなりません（番号規1①三）。
　①　国民健康保険等の公的医療保険の被保険者証、年金手帳等
　②　①に掲げるもののほか、官公署又は個人番号利用事務実施者もしくは個人番号関係事務実施者から発行・発給された書類その他これに類する書類であって「個人番号利用事務実施者が適当と認めるもの」（注）（氏名、生年月日又は住所が記載されているもの）
　国税関係手続における「個人番号利用事務実施者が適当と認めるもの」の具体例としては、次のものが挙げられます（国税庁告示2・3欄2）。
　①　本人の写真の表示のない学生証、身分証明書、社員証、資格証明書（生活保護受給者証、恩給等の証書等）
　②　国税、地方税、社会保険料、公共料金の領収書、納税証明書
　③　印鑑登録証明書、戸籍の附票の写し（謄本もしくは抄本も可）、住民票の写し、住民票記録事項証明書、母子健康手帳
　④　源泉徴収票（給与所得、退職所得、公的年金等）、支払通知書（上場株式配当等の支払通知書等）、特定口座年間取引報告書

【特定の個人と同一の者であることが明らかな場合】
　個人番号利用事務実施者又は個人番号関係事務実施者は、本人から個人番号の提供を受ける場合であって、その者と雇用関係にあることその他の事情を勘案し、その者が通知カードに記載されている個人識

別事項により識別される特定の個人と同一の者であることが明らかであると「個人番号利用事務実施者が認める場合」(注)には、身元確認書類の提示を受けることを省略することができます(番号規3⑤)。

国税関係手続における「個人番号利用事務実施者が認める場合」の具体例としては、次のものが挙げられます(国税庁告示2・3欄8)。

① 雇用関係にある者から個人番号の提供を受ける場合で、その者を対面で確認することによって本人であることが確認できる場合
② 扶養親族等から個人番号の提供を受ける場合で、その者を対面で確認することによって本人であることが確認できる場合
③ 継続取引を行っている者から個人番号の提供を受ける場合で、その者を対面で確認することによって本人であることが確認できる場合

なお、①及び③は、雇用契約成立時等に番号法や税法で定めるもの又はこの国税庁告示で定めるものと同程度の本人確認書類による確認を行っている必要があります(国税庁資料:「国税分野における番号法に基づく本人確認方法【事業者向】」(以下「国税庁本人確認資料」といいます))。

また、③の継続取引の例として、講師に講演を依頼し、支払調書作成のためにその講師から個人番号の提供を受ける場合において、その講師に対し1年に1回程度依頼(契約は毎年締結)しているとき等が該当します(国税庁本人確認資料)。

(注) 今後、それぞれの手続における関係省庁において「個人番号利用事務実施者が適当と認めるもの」や「個人番号利用事務実施者が認める場合」等が公表される予定です(以下3以降も同様です)。

本書の執筆時点では、国税庁が平成26年12月3日から16日までの期間で、「行政手続における特定の個人を識別するための番号の利用等に関する法律施行規則に基づく国税関係手続に係る個人番号利用事務実施者が適当と認める書類等を定める件(案)」をパブリックコメント(任意)に付しており、そこで寄せられた意見を踏まえて、平成27年1月30日に確定・公表(国税庁告示2)しています。

なお、身元確認書類の内容等については、本項目の末尾に示した

一覧表を参照してください。

3　番号確認書類及び身元確認書類の提示等

個人番号カード、通知カード等の提示を受けられない場合には、個人番号の真正性を確認するための書類（番号確認書類）と本人の身元を確認できる書類（身元確認書類）を併せて提示を受ける必要があります（番号法16、番号令12①、番号規2、3）。

番号確認書類　＋　身元確認書類

番号確認書類　　個人番号が記載された住民票の写し又は住民票記載事項証明書をいいます（番号令12①一）。

【上記書類の提示を受けることが困難であると認められる場合】
次に掲げるいずれかの措置をとらなければなりません。
① 過去に本人確認の上、特定個人情報ファイルを作成している場合には、その特定個人情報ファイルに記録されている個人番号及び個人識別事項を確認すること（番号規3①三）。
② 官公署又は個人番号利用事務実施者もしくは個人番号関係事務実施者から発行・発給された書類その他これに類する書類であって「個人番号利用事務実施者が適当と認めるもの」（個人番号及び個人識別事項が記載されているもの）の提示を受けること（番号規3①四）。

国税関係手続における「個人番号利用事務実施者が適当と認めるもの」とは、次に掲げるものをいいます（国税庁告示2・3欄5）。
① 源泉徴収票（給与所得、退職所得、公的年金等）、支払通知書（上場株式配当等の支払通知書等）、特定口座年間取引報告書
② 自身の個人番号に相違ない旨の申立書
③ 国外転出者に還付される個人番号カード又は通知カード

身元確認書類	身元確認書類は、上記2と同様です（番号令12①二、番号規2）。

【上記書類の提示を受けることが困難であると認められる場合】
　上記2と同様です（番号規3②）。
【特定の個人と同一の者であることが明らかな場合】
　上記2と同様です（番号規3⑤）。

自身の個人番号に相違ない旨の申立書（標準的な様式）

```
          自身の個人番号に相違ない旨の申立書


    _____殿



    下記の個人番号は私の個人番号に相違ありません。

平成　年　月　日
            住所 _____
            氏名 _____  ㊞
                 明治
                 大正
                 昭和
            生年月日　平成　　年　　月　　日生

                    記

    個人番号 _____
```

　すでに一度、本人確認を行って特定個人情報ファイルを作成している場合で、個人番号利用事務又は個人番号関係事務を処理するにあたって、その特定個人情報ファイルに記録されている個人番号その他の事項を確認するため電話により本人から個人番号の提供を受

けるときは、身元確認書類の提示を受けることに代えて、本人しか知り得ない事項その他の個人番号利用事務実施者が適当と認める事項の申告を受けることにより、身元確認を行うこととなります（番号規3④）。

なお、番号確認書類及び身元確認書類の内容等については、本項目の末尾に示した一覧表を参照してください。

4　電子情報処理組織を使用して個人番号の提供を受ける場合

個人番号利用事務実施者又は個人番号関係事務実施者は、オンラインで本人から個人番号の提供を受ける場合の本人確認を行うことができます（番号規4）。

なお、オンラインによる本人確認の内容等については、本項目の末尾に示した一覧表を参照してください。

2 代理人から個人番号の提供を受ける場合

1　代理人からの書類の提示

本人の代理人から個人番号の提供を受ける場合には、代理人であることを確認できる書類（代理権確認書類）、代理人の身元を確認できる書類（代理人の身元確認書類）及び本人の個人番号の真正性を確認するための書類（本人の番号確認書類）の提示を受ける必要があります（番号令12②、番号規6～9）。

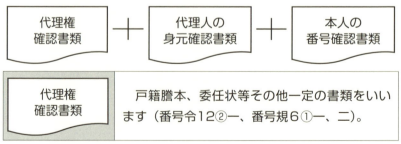

【上記書類の提示を受けることが困難であると認められる場合】

官公署や個人番号利用事務実施者、個人番号関係事務実施者から本人に対し一に限り発行・発給された書類その他の代理権を証明するものとして「個人番号利用事務実施者が適当と認める書類」の提示を受けなければなりません（番号規6①三）。

国税関係手続における「個人番号利用事務実施者が適当と認める書類」の具体例としては、次のものが挙げられます（国税庁告示2・3欄12）。

① 本人ならびに代理人の個人識別事項の記載及び押印のある提出書類
② 本人しか持ち得ない書類の提出（例：個人番号カード、健康保険証）

【代理人が法人の場合】

本人の代理人が法人であるときは、上記のいずれかの書類であって、その法人の商号又は名称及び本店又は主たる事務所の所在地が記載されたものの提示を受けなければなりません（番号規6②）。

| 代理人の身元確認書類 | 代理人に係る個人番号カード、運転免許証等その他一定の書類をいいます（番号令12②二、番号規7①、国税庁告示2・3欄13）。 |

【上記書類の提示を受けることが困難であると認められる場合】

次に掲げる書類のうち2以上の書類（代理人の個人識別事項の記載があるもの）の提示を受けなければなりません（番号規9①）。

① 国民健康保険等の公的医療保険の被保険者証、年金手帳等
② ①に掲げるもののほか、官公署や個人番号利用事務実施者、個人番号関係事務実施者から発行・発給された書類その他これに類する書類であって「個人番号利用事務実施者が適当と認めるもの」

国税関係手続における「個人番号利用事務実施者が適当と認めるもの」は、上記①2「通知カード及び身元確認書類の提示等」における身元確認書類の場合と同様です（国税庁告示2・3欄15）。

【特定の個人と同一の者であることが明らかな場合】

　個人番号利用事務実施者又は個人番号関係事務実施者は、本人の代理人から個人番号の提供を受ける場合であって、その者と雇用関係にあることその他の事情を勘案し、その者が代理権確認書類に記載されている個人識別事項により識別される特定の個人と同一であることが明らかであると「個人番号利用事務実施者が認める場合」には、代理人の身元確認書類の提示を受けることを省略することができます（番号規9④）。

　国税関係手続における「個人番号利用事務実施者が認める場合」の具体例としては、次のものが挙げられます（国税庁告示2・3欄17）。

① 雇用関係にある者から個人番号の提供を受ける場合で、その者を対面で確認することによって本人の代理人であることが確認できる場合

② 扶養親族等から個人番号の提供を受ける場合で、その者を対面で確認することによって本人の代理人であることが確認できる場合

③ 継続取引を行っている者から個人番号の提供を受ける場合で、その者を対面で確認することによって本人の代理人であることが確認できる場合

④ 過去に実在確認をしている場合（法人が代理人の場合）

　なお、①及び③は、雇用契約成立時等に番号法や税法で定めるもの又はこの国税庁告示で定めるものと同程度の本人確認書類による確認を行っている必要があります（国税庁本人確認資料）。

　また、③の継続取引の例として、講師に講演を依頼し、支払調書作成のためにその講師から個人番号の提供を受ける場合において、その講師に対し1年に1回程度依頼（契約は毎年締結）しているとき等が該当します（国税庁本人確認資料）。

【代理人が法人の場合】

　本人の代理人が法人であるときは、上記の書類に代えて、登記事項証明書その他の官公署から発行・発給された書類及び現に個人番号の提供を行う者とその法人との関係を証する書類その他これらに類する

書類であって「個人番号利用事務実施者が適当と認めるもの」(その法人の商号又は名称及び本店又は主たる事務所の所在地の記載があるもの)の提示を受けなければなりません(番号規7②)。

　国税関係手続における「個人番号利用事務実施者が適当と認めるもの」の具体例としては、次に掲げる書類及び社員証等の法人との関係を証する書類(社員証等が発行されない場合は「法人の従業員である旨の証明書」)が挙げられます(国税庁告示2・3欄14)。

① 登記事項証明書(登記情報提供サービスの登記情報を電子計算機を用いて出力することにより作成した書面を含む)、印鑑登録証明書

② 国税、地方税、社会保険料、公共料金の領収書、納税証明書

法人の従業員である旨の証明書（標準的な様式）

法人の従業員である旨の証明書

　　　　　　　　殿

従業員の住所　＿＿＿＿＿＿＿＿＿＿＿＿＿＿＿
従業員の氏名　＿＿＿＿＿＿＿＿＿＿＿＿＿＿＿

記

上記の者は、当法人の従業員であることを証明します。

平成　年　月　日

　　　所在地　＿＿＿＿＿＿＿＿＿＿＿＿＿
　　　法人名　＿＿＿＿＿＿＿＿＿＿＿　[法人印]
　　　(作成者)
　　　役職　＿＿＿＿＿＿＿＿＿＿＿＿＿＿＿
　　　氏名　＿＿＿＿＿＿＿＿＿＿＿＿＿＿＿

すでに一度、本人確認を行って特定個人情報ファイルを作成している場合で、個人番号利用事務又は個人番号関係事務を処理するに当たって、その特定個人情報ファイルに記録されている個人番号その他の事項を確認するため電話により本人の代理人から個人番号の提供を受けるときは、代理権確認書類又は代理人の身元確認書類の提示を受けることに代えて、本人及び代理人しか知り得ない事項その他の個人番号利用事務実施者が適当と認める事項の申告を受けることにより代理人の代理権確認又は身元確認を行うこととなります（番号規9③）。

本人の番号確認書類	本人に係る個人番号カード、通知カード、個人番号が記載された住民票の写し等その他一定の書類（これらの書類の写しを含みます）をいいます（番号令12②三、番号規8）。

【上記書類の提示を受けることが困難であると認められる場合】
　上記①3（番号確認書類）と同様に、一定の措置をとらなければなりません（番号規9⑤三、四）。

　なお、代理権確認書類、代理人の身元確認書類及び本人の番号確認書類の内容等については、本項目の末尾に示した一覧表を参照してください。

2　電子情報処理組織を使用して個人番号の提供を受ける場合

　個人番号利用事務実施者又は個人番号関係事務実施者は、オンラインで代理人から個人番号の提供を受ける場合の本人確認を行うことができます（番号規10）。

　なお、オンラインによる本人確認の内容等については、本項目の末尾に示した一覧表を参照してください。

3 書面の送付により個人番号の提供を受ける場合

　書面の送付により個人番号の提供を受ける場合は、上記 1 又は 2 で提示を受けることとされている書類又はその写しの提出を受けなければなりません（番号規11）。

4 本人確認の実施の記録

　番号法の本人確認は、それを実施したことの記録を残すことは義務づけていません。したがって、事業者は、本人確認の実施に当たり、個人番号カード等の本人確認書類のコピー等を保管する必要はありません。

　なお、本人確認を実施したことの記録を残すためにコピー等を保管すること自体は許容されると考えられますが、適切な安全管理措置を講ずる必要があります（マイナンバーガイドラインＱ＆Ａ）。

5 今後の検討事項

　番号法附則６条４項では、政府は、本人確認の措置として選択できる措置の内容を拡充するため、適時に必要な技術的事項について検討を加え、必要があると認めるときは、その結果に基づいて所要の措置を講ずるものとされています。

本人確認の措置（本人）

①対面・郵送の場合（注１）

番号確認	① 個人番号カード【番号法16】
	② 通知カード【番号法16】
	③ 個人番号が記載された住民票の写し・住民票記載事項証明書【番号令12①】
	④ ①から③までが困難であると認められる場合【番号規３①】 ア 地方公共団体情報システム機構への確認（個人番号利用事務実施者） イ 住民基本台帳の確認（市町村長） ウ 過去に本人確認の上、特定個人情報ファイルを作成している場合には、当該特定個人情報ファイルの確認。 エ 官公署又は個人番号利用事務実施者・個人番号関係事務実施者から発行・発給された書類その他これに類する書類であって個人番号利用事務実施者が適当と認める書類（ⅰ個人番号、ⅱ氏名、ⅲ生年月日又は住所、が記載されているもの） ※ 源泉徴収票など個人番号利用事務等実施者が発行等する書類や、自己の個人番号に相違ない旨の本人による申告書などを想定。
身元（実存）確認	① 個人番号カード【番号法16】
	② 運転免許証、運転経歴証明書、旅券、身体障害者手帳、精神障害者保健福祉手帳、療育手帳、在留カード、特別永住者証明書【番号規１①一、２一】
	③ 官公署から発行・発給された書類その他これに類する書類であって、写真の表示等の措置が施され、個人番号利用事務実施者が適当と認めるもの（ⅰ氏名、ⅱ生年月日又は住所、が記載されているもの）【番号規１①二、２二】

身元（実存）確認	④ ①から③までが困難であると認められる場合は、以下の書類を２つ以上【番号規１①三、３②】 　ア　公的医療保険の被保険者証、年金手帳、児童扶養手当証書、特別児童扶養手当証書 　イ　官公署又は個人番号利用事務実施者・個人番号関係事務実施者から発行・発給された書類その他これに類する書類であって個人番号利用事務実施者が適当と認めるもの（ⅰ氏名、ⅱ生年月日又は住所、が記載されているもの） ⑤ ①から③までが困難であると認められる場合であって、財務大臣、国税庁長官、都道府県知事又は市町村長が租税に関する事務において個人番号の提供を受けるときは、以下のいずれかの措置をもって④に代えることができる。【番号規１③、３③】 　ア　公的医療保険の被保険者証、年金手帳、児童扶養手当証書、特別児童扶養手当証書のいずれか１つ 　イ　申告書等に添付された書類であって、本人に対し一に限り発行・発給された書類又は官公署から発行・発給された書類に記載されているⅰ氏名、ⅱ生年月日又は住所、の確認 　ウ　申告書等又はこれと同時に提出される口座振替納付に係る書面に記載されている預貯金口座の名義人の氏名、金融機関・店舗、預貯金の種別・口座番号の確認 　エ　調査において確認した事項等の個人番号の提供を行う者しか知り得ない事項の確認 　オ　アからエまでが困難であると認められる場合であって、還付請求でないときは、過去に本人確認の上で受理している申告書等に記載されている純損失の金額、雑損失の金額その他申告書等を作成するに当たって必要となる事項又は考慮すべき事情であって財務大臣等が適当と認めるものの確認 ⑥ 個人番号の提供を行う者と雇用関係にあること等の事情を勘案し、人違いでないことが明らかと個人番号利用事務実施者が認めるときは、身元（実存）確認書類は要しない。【番号規３⑤】

（注１）郵送の場合は、書類又はその写しの提出

②オンラインの場合

番号確認	① 個人番号カード（ICチップの読み取り）【番号規4一】
	② 以下のいずれかの措置 ア 地方公共団体情報システム機構への確認（個人番号利用事務実施者）【番号規4二イ】 イ 住民基本台帳の確認（市町村長）【番号規4二イ】 ウ 過去に本人確認の上、特定個人情報ファイルを作成している場合には、当該特定個人情報ファイルの確認【番号規4二イ】 エ 官公署若しくは個人番号利用事務実施者・個人番号関係事務実施者から発行・発給された書類その他これに類する書類であって個人番号利用事務実施者が適当と認める書類（ⅰ個人番号、ⅱ氏名、ⅲ生年月日又は住所、が記載されているもの）若しくはその写しの提出又は当該書類に係る電磁的記録の送信【番号規4二ロ】 ※通知カードの写しを別途郵送・PDFファイルの添付送信などを想定。
身元（実存）確認	① 個人番号カード（ICチップの読み取り）【番号規4一】
	② 公的個人認証による電子署名【番号規4二ハ】
	③ 個人番号利用事務実施者が適当と認める方法【番号規4二ニ】 ※民間発行の電子署名、個人番号利用事務実施者によるID・PWの発行などを想定。

③電話の場合（注2）

番号確認	① 過去に本人確認の上作成している特定個人情報ファイルの確認【番号規3①三】
	② 地方公共団体情報システム機構への確認（個人番号利用事務実施者）【番号規3①一】
	③ 住民基本台帳の確認（市町村長）【番号規3①二】
身元（実存）確認	○ 本人しか知り得ない事項その他の個人番号利用事務実施者が適当と認める事項の申告【番号規3④】 ※ 基礎年金番号などの固有の番号、給付の受取先金融機関名等の複数聴取などを想定。

（注2）本人確認の上特定個人情報ファイルを作成している場合であって、個人番号利用事務・個人番号関係事務にあたって電話で個人番号の提供を受け、当該ファイルにおいて個人情報を検索、管理する場合に限る。

（出典）内閣官房社会保障改革担当室資料を基に作成

本人確認の措置（代理人）

①対面・郵送の場合（注1）

代理権の確認	① 法定代理人の場合は、戸籍謄本その他その資格を証明する書類【番号規6①一】 ② 任意代理人の場合には、委任状【番号規6①二】 ③ ①②が困難であると認められる場合には、官公署又は個人番号利用事務実施者・個人番号関係事務実施者から本人に対し一に限り発行・発給された書類その他の代理権を証明するものとして個人番号利用事務実施者が適当と認める書類【番号規6①三】 ※ 本人の健康保険証などを想定。
代理人の身元（実存）の確認	① 代理人の個人番号カード、運転免許証、運転経歴証明書、旅券、身体障害者手帳、精神障害者保健福祉手帳、療育手帳、在留カード、特別永住者証明書【番号規7①一】 ② 官公署から発行・発給された書類その他これに類する書類であって、写真の表示等の措置が施され、個人番号利用事務実施者が適当と認めるもの（ⅰ氏名、ⅱ生年月日又は住所、が記載されているもの）【番号規7①二】 ②' 法人の場合は、登記事項証明書その他の官公署から発行・発給された書類及び現に個人番号の提供を行う者と当該法人との関係を証する書類その他これらに類する書類であって個人番号利用事務実施者が適当と認める書類（ⅰ商号又は名称、ⅱ本店又は主たる事務所の所在地、が記載されているもの）【番号規7②】 ③ ①②が困難であると認められる場合は、以下の書類を2つ以上【番号規9①】 ア 公的医療保険の被保険者証、年金手帳、児童扶養手当証書、特別児童扶養手当証書 イ 官公署又は個人番号利用事務実施者・個人番号関係事務実施者から発行・発給された書類その他これに類する書類であって個人番号利用事務実施者が適当と認めるもの（ⅰ氏名、ⅱ生年月日又は住所、が記載されているもの） ④ ①②が困難であると認められる場合であって、財務大臣、国税庁長官、都道府県知事又は市町村長が代理人たる税理士等から租税に関する事務において個人番号の提供を受けるときは、税理士名簿等の確認をもって③に代えることができる。【番号規9②】

代理人の身元（実存）の確認	⑤ 個人番号の提供を行う者と雇用関係にあること等の事情を勘案し、人違いでないことが明らかと個人番号利用事務実施者が認めるときは、身元（実存）確認書類は要しない【番号規9④】
本人の番号確認	① 本人の個人番号カード又はその写し【番号規8】 ② 本人の通知カード又はその写し【番号規8】 ③ 本人の個人番号が記載された住民票の写し・住民票記載事項証明書又はその写し【番号規8】
	④ ①から③までが困難であると認められる場合 　ア 地方公共団体情報システム機構への確認（個人番号利用事務実施者）【番号規9⑤一】 　イ 住民基本台帳の確認（市町村長）【番号規9⑤二】 　ウ 過去に本人確認の上特定個人情報ファイルを作成している場合には、当該特定個人情報ファイルの確認【番号規9⑤三】 　エ 官公署又は個人番号利用事務実施者・個人番号関係事務実施者から発行・発給された書類その他これに類する書類であって個人番号利用事務実施者が適当と認める書類（ⅰ個人番号、ⅱ氏名、ⅲ生年月日又は住所、が記載されているもの）【番号規9⑤四】 　　※　源泉徴収票など個人番号利用事務等実施者が発行する書類、自己の個人番号に相違ない旨の本人による申告書などを想定。

（注1）郵送の場合は、書類又はその写しの提出

②オンラインの場合

代理権の確認	○ 本人及び代理人のⅰ氏名、ⅱ生年月日又は住所、並びに代理権を証明する情報の送信を受けることその他の個人番号利用事務実施者が適当と認める方法【番号規10一】 ※　電子的に作成された委任状、代理人の事前登録などを想定。
代理人の身元（実存）の確認	○ 代理人の公的個人認証による電子署名の送信を受けることその他の個人番号利用事務実施者が適当と認める方法【番号規10二】 ※　公的公人認証による電子署名のほか民間による電子署名、個人番号利用事務実施者によるＩＤ・ＰＷの発行などを想定。

本人の番号確認	① 地方公共団体情報システム機構への確認（個人番号利用事務実施者）【番号規10三イ】 ② 住民基本台帳の確認（市町村長）【番号規10三イ】 ③ 過去に本人確認の上特定個人情報ファイルを作成している場合には、当該特定個人情報ファイルの確認【番号規10三イ】 ④ 官公署若しくは個人番号利用事務実施者・個人番号関係事務実施者から発行・発給された書類その他これに類する書類であって個人番号利用事務実施者が適当と認める書類（ⅰ個人番号、ⅱ氏名、ⅲ生年月日又は住所、が記載されているもの）若しくはその写し又は当該書類に係る電磁的記録の送信【番号規10三ロ】 ※ 個人番号カード、通知カードの写しを別途送付・ＰＤＦファイルの添付送信などを想定。

③電話の場合（注２）

代理権の確認／代理人の身元（実存）の確認	○ 本人及び代理人しか知り得ない事項その他の個人番号利用事務実施者が適当と認める事項の申告【番号規９③】 ※ 本人と代理人との関係、基礎年金番号などの固有の番号、給付の受取先金融機関名等の複数聴取などを想定。
本人の番号確認	① 過去に本人確認の上作成している特定個人情報ファイルの確認【番号規９⑤三】 ② 地方公共団体情報システム機構への確認（個人番号利用事務実施者）【番号規９⑤一】 ③ 住民基本台帳の確認（市町村長）【番号規９⑤二】

（注２）本人確認の上特定個人情報ファイルを作成している場合であって、個人番号利用事務・個人番号関係事務にあたって電話で個人番号の提供を受け、当該ファイルにおいて個人情報を検索、管理する場合に限る。

（出典）内閣官房社会保障改革担当室資料を基に作成

14 個人番号取扱事業者が保有する特定個人情報の保護

Q 番号法では、個人情報取扱事業者でない個人番号取扱事業者に対する規定として、個人情報保護法に準じた規定が設けられているようですが、その内容について教えてください。

A 個人情報取扱事業者でない個人番号取扱事業者に対する規定として、①特定個人情報の目的外利用の禁止、②安全管理措置、③従業者に対する監督義務、④報道機関等の適用除外が設けられています。

　番号法は、個人情報保護法の特別法として位置づけられており、一般法である個人情報保護法の規定を読み替え又は適用除外することにより、厳格な保護措置を講ずることとしています（番号法29③）。
　これに対して、個人情報取扱事業者でない個人番号取扱事業者（本章「9　安全管理措置」参照）については、一般法の適用がなく番号法のみの適用となります。しかし、個人の権利利益を保護する観点から、個人情報保護法に準じた規定を設ける必要があり、個人番号が内包する危険性に照らして必要不可欠と考えられるか否か、規制を設けた場合に生ずる実務上の負担がどの程度になるかなどの諸事情を総合的に勘案したうえで、個人情報取扱事業者でない個人番号取扱事業者に対する規定として次に掲げる規定が設けられています。

① 特定個人情報の目的外利用の禁止（番号法32）
② 安全管理措置（番号法33）
③ 従業者に対する監督義務（番号法34）
④ 報道機関等の適用除外（番号法35）

1 特定個人情報の目的外利用の禁止

　個人情報取扱事業者は、個人情報保護法16条により、個人情報の取扱いについて利用目的の制限が課せられています。また、この利用目的の制限は、番号法29条3項により、本人同意があったとしても利用目的の範囲を超えて特定個人情報を取り扱うことを禁止しており、例外として、①金融機関が激甚災害時等に金銭の支払いをする場合、②人の生命、身体又は財産の保護するために必要がある場合に利用目的の範囲を超えた利用を認めています（本章「6　個人番号の利用範囲③（その他）」参照）。

　この規定に準ずる規定として、個人情報取扱事業者でない個人番号取扱事業者に対しても、特定個人情報の目的外利用の禁止に関する規定が設けられています（番号法32）。

　すなわち、①人の生命、身体又は財産の保護のために必要がある場合、②金融機関が激甚災害時等に金銭の支払いをする場合を除き、個人番号利用事務又は個人番号関係事務を処理するために必要な範囲を超えて、特定個人情報を取り扱ってはいけません（本章「6　個人番号の利用範囲③（その他）」参照）。

2 安全管理措置

　個人情報取扱事業者は、個人情報保護法20条により、安全管理措置を講ずることとなっています（本章「9　安全管理措置」参照）。

　この規定に準ずる規定として、個人情報取扱事業者でない個人番

号取扱事業者に対しても、特定個人情報に関する安全管理措置に関する規定が設けられています（番号法33）。すなわち、その取り扱う特定個人情報の漏えい、滅失又は毀損の防止その他の特定個人情報の安全管理のために必要かつ適切な措置を講じなければなりません（本章「9　安全管理措置」参照）。

3 従業者に対する監督義務

個人情報取扱事業者は、個人情報保護法21条により、従業者に対する監督義務が課せられています（本章「9　安全管理措置」参照）。

この規定に準ずる規定として、個人情報取扱事業者でない個人番号取扱事業者に対しても、従業者に対する監督義務に関する規定が設けられています（番号法34）。すなわち、従業者に特定個人情報を取り扱わせる場合は、その特定個人情報の安全管理が図られるよう、その従業者に対する必要かつ適切な監督を行わなければなりません（本章「9　安全管理措置」参照）。

4 報道機関等の適用除外

個人情報取扱事業者のうち報道機関、著述を業として行う人、学術研究を目的とする機関等、宗教団体及び政治団体は、個人情報を取り扱う目的の全部又は一部が報道の用、著述の用、学術研究の用、宗教活動の用及び政治活動の用に供する目的であるときは、個人情報保護法50条1項により、個人情報保護法4章（個人情報取扱事業者の義務等）の規定は適用除外とされています。

また、これらの個人情報取扱事業者は、個人データの安全管理のために必要かつ適切な措置、個人情報の取扱いに関する苦情の処理その他の個人情報の適切な取扱いを確保するために必要な措置を自ら講じ、かつ、その措置の内容を公表するよう努めなければなりま

せん(個情法50③)。

　この規定に準ずる規定として、個人情報取扱事業者でない個人番号取扱事業者に対しても、適用除外に関する規定が設けられています(番号法35)。

　つまり、個人情報取扱事業者でない個人番号取扱事業者のうち報道機関、著述を業として行う人、学術研究を目的とする機関等、宗教団体及び政治団体は、特定個人情報を取り扱う目的の全部又は一部が報道の用、著述の用、学術研究の用、宗教活動の用及び政治活動の用に供する目的であるときは、番号法35条1項により、上記①から③まで(番号法32〜34)の規定は適用除外とされます。

　また、これらの個人情報取扱事業者でない個人番号取扱事業者は、特定個人情報の安全管理のために必要かつ適切な措置、特定個人情報の取扱いに関する苦情の処理その他の特定個人情報の適正な取扱いを確保するために必要な措置を自ら講じ、かつ、その措置の内容を公表するよう努めなければなりません(番号法35②)。

15 罰則

Q 個人番号や特定個人情報などを漏えいしてしまった場合等は、罰則があるのでしょうか。

A 特定個人情報ファイルを正当な理由がないのに提供した場合や、個人番号を不正な利益を図る目的で提供した場合等一定の場合には、罰則が科されます。

　番号法では、一般法である個人情報保護法をはじめ、行政機関個人情報保護法、独立行政法人等個人情報保護法、住民基本台帳法等の同種の法律における罰則よりも加重された罰則が規定されています。

1 罰則の内容

1 正当な理由のない特定個人情報ファイルの提供

　次に掲げる者が、正当な理由がないのに、その業務に関して取り扱った個人の秘密に属する事項が記録された特定個人情報ファイル（その全部又は一部を複製したり加工した特定個人情報ファイルを含む）を提供したときは、4年以下の懲役か200万円以下の罰金又は併科されます（番号法67）。

> 次の①から④までのいずれかの事務に従事する者又は従事していた者
> ① 個人番号利用事務又は個人番号関係事務
> ② 狭義の個人番号の指定又は通知に関する事務（番号法7①②）
> ③ 狭義の個人番号とすべき番号の生成又は通知に関する事務（番号法8②）
> ④ 機構保存本人確認情報の提供に関する事務（番号法14②）

2　不正な利益を図る目的による個人番号の提供等

上記1に掲げる者が、その業務に関して知り得た個人番号を自己もしくは第三者の不正な利益を図る目的で提供し、又は盗用したときは、3年以下の懲役か150万円以下の罰金又は併科されます（番号法68）。

3　情報提供等事務に従事する者等の秘密保持義務違反

情報提供ネットワークシステムに関する秘密保持義務（番号法25）（第Ⅰ章「9　情報提供ネットワークシステムによる情報連携」参照）に違反して秘密を漏らし、又は盗用した者は、3年以下の懲役か150万円以下の罰金又は併科されます（番号法69）。

4　人を欺く等の行為による個人番号の取得

人を欺き、人に暴行を加え、もしくは人を脅迫する行為により、又は財物の窃取、施設への侵入、不正アクセス行為（不正アクセス行為の禁止等に関する法律（平成11年法律128号）2条4項に規定する不正アクセス行為をいう）その他の個人番号を保有する者の管理を害する行為により、個人番号を取得した者は、3年以下の懲役又は150万円以下の罰金とされます（番号法70①）。

この規定は、刑法（明治40年法律45号）その他の罰則の適用を妨げません（番号法70②）。

5　国の機関等の職員等による個人の秘密の収集

　次に掲げる者が、その職権を濫用して、専らその職務の用以外の用に供する目的で個人の秘密に属する特定個人情報が記録された文書、図画又は電磁的記録（電子的方式、磁気的方式その他人の知覚によっては認識することができない方式で作られる記録をいう）を収集したときは、2年以下の懲役又は100万円以下の罰金とされます（番号法71）。

① 国の機関の職員
② 地方公共団体の機関の職員
③ 機構の職員
④ 独立行政法人等の役員又は職員
⑤ 地方独立行政法人の役員又は職員

6　特定個人情報保護委員会の委員長等の秘密保持義務違反

　次に掲げる者に課されている秘密保持義務（番号法48）の規定に違反して秘密を漏らし、又は盗用した者は、2年以下の懲役又は100万円以下の罰金とされます（番号法72）。

① 特定個人情報保護委員会の委員長及び委員
② 同委員会の事務局の職員

7　特定個人情報保護委員会による命令に違反した者

　特定個人情報保護委員会による命令（番号法51②③）（第1章「11　特定個人情報保護委員会の概要」）に違反した者は、2年以下の懲役又は50万円以下の罰金とされます（番号法73）。

8　特定個人情報保護委員会による報告及び立入検査の拒否等

　特定個人情報保護委員会による報告及び立入検査（番号法52①）

の規定による報告もしくは資料の提出をせず、もしくは虚偽の報告をし、もしくは虚偽の資料を提出し、又は当該職員の質問に対して答弁をせず、もしくは虚偽の答弁をし、もしくは検査を拒み、妨げ、もしくは忌避した者は、1年以下の懲役又は50万円以下の罰金とされます（番号法74）。

9　偽りその他不正の手段による個人番号カード等の取得

偽りその他不正の手段により通知カード又は個人番号カードの交付を受けた者は、6月以下の懲役又は50万円以下の罰金とされます（番号法75）。

10　日本国外で罪を犯した者に対する罰則

上記1から6までの罰則は、日本国外において、これらの罪を犯した人にも適用されます（番号法76）。

11　両罰規定

法人（法人でない団体で代表者又は管理人の定めのあるものを含む。以下この項において同じ）の代表者もしくは管理人又は法人もしくは人の代理人、使用人その他の従業者が、その法人又は人の業務に関して、上記1、2、4、7、8、9の違反行為をしたときは、その行為者を罰するほか、その法人又は人に対しても、各罰金刑が科されます（番号法77①）。

法人でない団体について両罰規定の適用がある場合には、その代表者又は管理人が、その訴訟行為につき法人でない団体を代表するほか、法人を被告人又は被疑者とする場合の刑事訴訟に関する法律の規定が準用されます（番号法77②）。

罰則の強化

	行為	法定刑	同種法律における類似規定の罰則			
			行政機関個人情報保護法・独立行政法人等個人情報保護法	個人情報保護法	住民基本台帳法	その他
1	個人番号利用事務等に従事する者が、正当な理由なく、特定個人情報ファイルを提供	4年以下の懲役or200万以下の罰金or併科	2年以下の懲役or100万以下の罰金	－	－	
2	上記の者が、不正な利益を図る目的で、個人番号を提供又は盗用	3年以下の懲役or150万以下の罰金or併科	1年以下の懲役or50万以下の罰金	－	2年以下の懲役or100万以下の罰金	
3	情報提供ネットワークシステムの事務に従事する者が、情報提供ネットワークシステムに関する秘密の漏えい又は盗用	同上	－	－	同上	
4	人を欺き、人に暴行を加え、人を脅迫し、又は、財物の窃取、施設への侵入等により個人番号を取得	3年以下の懲役or150万以下の罰金	－	－	－	（割賦販売法・クレジット番号）3年以下の懲役or50万以下の罰金
5	国の機関の職員等が、職権を濫用して特定個人情報が記録された文書等を収集	2年以下の懲役or100万以下の罰金	1年以下の懲役or50万以下の罰金	－	－	
6	委員会の委員等が、職務上知り得た秘密を漏えい又は盗用	同上	－	－	1年以下の懲役or30万以下の罰金	
7	委員会から命令を受けた者が、委員会の命令に違反	2年以下の懲役or50万以下の罰金	－	6月以下の懲役or30万以下の罰金	1年以下の懲役or50万以下の罰金	
8	委員会による検査等に際し、虚偽の報告、虚偽の資料提出をする、検査拒否等	1年以下の懲役or50万以下の罰金	－	30万以下の罰金	30万以下の罰金	
9	偽りその他不正の手段により個人番号カードを取得	6月以下の懲役or50万以下の罰金	－	－	30万以下の罰金	

2 罰則の適用

　刑法では、原則として、罪を犯す意思（故意）がない行為は罰しない（刑法38①本文）こととされていることから、ある行為が「故

意」に基づく場合に処罰されることなります。ある行為が「過失」や「重過失」に基づく場合に処罰されるのは、法律に特別の規定がある場合となります（刑法38①ただし書）。

　番号法に規定されている上記1の罰則は、いずれも故意に基づく行為を処罰するものであり、その適用についても「故意」であるかどうかが重要な判断要素となります。なお、例えば、「過失」により特定個人情報を漏えいしてしまった場合に、特定個人情報保護委員会からそれを是正する措置をとるべき旨の勧告、命令を受けたにもかかわらず、故意にその措置をとらなかった場合などには、罰則の適用があります（番号法73）。

　また、上記1 11のとおり、事業者は両罰規定についても注意が必要です。従業員等が故意に特定個人情報ファイルを第三者に提供等した場合には、両罰規定により事業者にも罰則（罰金刑）が科される可能性があります。ただし、従業員等が故意に提供したからといって、ただちに事業者に罰則が適用されるわけではありません。事業者は、違反行為を防止するために相当の注意及び監督が尽くされていたことを証明していくことになります。

　なお、罰則は刑事責任です。個人番号の本人と事業者との間の責任は民事責任です。事業者は、個人番号の漏えい事案を発生させた場合に、罰則の適用がなかったとしても、本人から損害賠償責任などの民事責任を問われる可能性があります。

第IV章
法人番号のポイント

1 法人番号の指定

Q 法人番号は、どのように指定されるのですか。

A 法人番号は、法人等に対して、国税庁長官が指定して通知します。法人等以外の者でも、届出をすることにより、法人番号の指定を受けることができます。

1 法人番号の概要

　法人番号は、国の機関、地方公共団体、株式会社等の団体に指定され、通知されます。法人番号は、個人番号とは異なり、自由に利活用できるものであることから、個人番号のような厳格な保護措置は設けられていません。

　法人番号は、具体的には、国税庁長官が法人等に対して指定及び通知するものです（番号法58①）。また、法人等以外の法人や人格のない社団等（法人でない社団又は財団で、代表者又は管理人の定めがあるものをいいます。以下同じです）であっても、一定の届出を行うことにより法人番号の指定を受けることができます（番号法58②）。

　なお、上記（番号法58①②）により、法人番号の指定を受けた者を「法人番号保有者」といいます（番号法58④）。

2 法人番号の指定

1 法人等に対する指定

　法人等については、法人番号が自動的に指定されます（番号法58①、番号令37、番号令附則4）。ここでいう「法人等」とは、以下の者をいいます。

> ①　国の機関
> ②　地方公共団体
> ③　会社法その他の法令の規定により設立の登記をした法人（以下「設立登記法人」といいます）
> ④　①から③までの法人以外の法人又は人格のない社団等であって、以下の届出書を提出することとされているもの
> 　イ　給与等の支払をする事務所の開設等の届出書（所法230）
> 　ロ　内国普通法人等の設立の届出書（法法148）
> 　ハ　外国普通法人となった旨の届出書（法法149）
> 　ニ　収益事業の開始等の届出書（法法150）
> 　ホ　消費税課税事業者届出書等（消法57）

2　1以外の者に対する指定

(1) 届出書の提出

　法人等以外の法人又は人格のない社団等であって次に掲げるもの（法人番号保有者を除きます。）は、その者の商号又は名称及び本店又は主たる事務所の所在地その他の一定の事項を国税庁長官に届け出て法人番号の指定を受けることができます（番号法58②、番号令39①、法番規5）。

> ① 国税に関する法律の規定に基づき税務署長その他行政機関の長やその職員に申告書等を提出する者、その者からその申告書等に記載するため必要があるとして法人番号の提供を求められる者
> ② 国内に本店や主たる事務所を有する法人

(2) 記名押印及び添付書類

上記（1）の届出書には、その届出をしようとする者の代表者又は管理人（国内に本店又は主たる事務所を有しないものについては、国内における代表者又は管理人）が記名押印することとなります（法番規6）。

また、届出書には、その届出事項を証明する定款その他の一定の事項を定める書類を添付することとなります（番号令39②、法番規7）。

(3) 変更があった場合

上記（1）の届出をした者は、その届出に係る事項に変更があったときは、その変更があった事項を国税庁長官に届け出なければなりません（番号法58③）。具体的には、その届出をしようとする者の法人番号、その者についての届出事項に変更があった旨、変更後のその届出事項その他の一定の事項が記載された届出書に、その変更があった旨を証明する定款その他の一定の書類を添付して行うこととなります（番号令40、法番規8①③）。

そして、その変更に関する届出書には、その届出をしようとする者の代表者又は管理者（国内に本店又は主たる事務所を有しないものについては、国内における代表者又は管理人）が記名押印することとなります（法番規8②）。

3 法人番号の構成

法人番号は、13桁の数字ですが、その構成としては、12桁の基礎番号及び1桁の検査用数字（チェックデジット）となります（番

号令35、法番規2）。

1　設立登記法人の基礎番号

　設立登記法人の法人番号を構成する基礎番号は、その者の会社法人等番号（商業登記法7条に規定する会社法人等番号をいいます）であって、その者の本店又は主たる事務所の所在地を管轄する登記所において作成される登記簿に記録されたものとなります（番号令35②）。

2　設立登記法人以外の者の基礎番号

　設立登記法人以外の者の法人番号を構成する基礎番号は、他のいずれの法人番号を構成する基礎番号やいずれの会社法人等番号とも異なるものとなるように、一定の方法により国税庁長官が定めるものとなります（番号令35③、法番規3）。

2 法人番号の通知・公表

Q 法人番号は、どのように通知されるのですか。また、その法人番号は公表されるのですか。

A 法人番号は、書面により通知されることとなります。また、併せてインターネットを通じて公表されることとなります。

1 法人番号の通知

　法人番号は、その指定を受けた者に書面により通知されることとなります。具体的には、国税庁長官は、法人番号を指定したときは、速やかに、その法人番号の指定を受けた者に対して次に掲げる事項が記載された書面により通知するものとされています（番号法58①②、番号令38、39④、法番規4）。

① 法人番号を指定したこと及びその年月日
② 指定した法人番号
③ 法人番号の指定を受けた者の商号又は名称及び本店又は主たる事務所の所在地
④ その他必要と認める事項

2 法人番号の公表

1 公表

（1）人格のない社団等以外の者

　法人番号は、インターネットを通じて公表されることとなります。具体的には、国税庁長官は、法人番号保有者の次に掲げる事項を公表するものとされています（番号法58④本文）。

---
① 商号又は名称
② 本店又は主たる事務所の所在地
③ 法人番号

（2）人格のない社団等

　人格のない社団等については、あらかじめ、その代表者又は管理人の同意を得た後に上記**（1）**の事項を公表することとなります（番号法58④ただし書）。この同意は、その同意をする旨を記載した書面により得るものとされています（法番規12①）。そして、その書面には、次に掲げる事項を記載し、人格のない社団等の代表者又は管理人（国内に本店又は主たる事務所を有しない人格のない社団等については、国内における代表者又は管理人）が記名押印することとなります（法番規12②）。

---
① 公表することに同意をする旨
② 法人番号、商号又は名称及び本店又は主たる事務所の所在地
③ その者が国内に本店又は主たる事務所を有しない場合については、国内における事務所又は営業所の所在地（これらが2以上ある場合は、主たるものの所在地）
④ その他必要と認める事項

　上記の同意については、その後撤回することができます。具体

には、人格のない社団等の代表者又は管理人が、その同意を撤回するときはその旨を記載した書面を国税庁長官に提出することとなります（法番規13①）。そして、その書面には、次に掲げる事項を記載することとなります（法番規13②）。

① 公表することの同意を撤回する旨
② 法人番号、商号又は名称及び本店又は主たる事務所の所在地
③ その者が国内に本店又は主たる事務所を有しない場合については、国内における事務所又は営業所の所在地（これらが2以上ある場合は、主たるものの所在地）
④ その他必要と認める事項

2　変更の公表

　国税庁長官は、上記1の公表を行った場合において、その公表に係る法人番号保有者について上記1（1）の事項に変更があったときは、その事実を確認したうえで、それらの事項に加えて、速やかに、その変更があった旨及び変更後の上記1（1）の事項について、インターネットを通じて公表することとされています（番号令41②、法番規9）。

3　清算結了等の公表

　国税庁長官は、上記1の公表を行った場合において、その公表に係る法人番号保有者について清算の結了、合併による解散等一定の事由が生じたときは、その事実を確認したうえで、公表に係る事項に加えて、速やかに、その法人番号保有者にその事由が生じた旨及びその事由が生じた年月日（その年月日が明らかでないときは、国税庁長官がその事由が生じたことを知った年月日）について、インターネットを通じて公表することとされています（番号令41③、法番規10、11）。

第Ⅴ章 特定個人情報等に関する安全管理措置

1 マイナンバーガイドラインと安全管理措置

Q 番号法では、個人番号や特定個人情報について安全管理措置を講ずることとされていますが、どのように考えればよいのですか。

A 個人番号や特定個人情報についての安全管理措置は、マイナンバーガイドラインに従って講じていくこととなります。

1 マイナンバーガイドラインと安全管理措置

　個人番号及び特定個人情報（以下、本章においては「特定個人情報等」といいます）を取り扱う際は、それらの漏えい、滅失又は毀損の防止その他の安全管理のために必要かつ適切な措置を講じなければなりません。その措置の内容は、基本方針の策定、取扱規程等の策定、組織的安全管理措置、人的安全管理措置、物理的安全管理措置、技術的安全管理措置が挙げられます。

　これらの措置の具体的な内容については、特定個人情報保護委員会が策定しているマイナンバーガイドライン（第Ⅱ章「4　マイナンバーガイドラインとは」参照）における「（別添）特定個人情報に関する安全管理措置（事業者編）」（以下「別添安全管理措置」といいます）に記載されています。

　本書においては、この別添安全管理措置に記載されている具体的な内容を解説することとします[23]。

　*23　本書の「はじめに」にも記載してあるとおり、本書のうち意見にわたる

部分は筆者の個人的見解にすぎず、特定個人情報保護委員会等の公的見解を示すものではない点にご留意ください。

2 別添安全管理措置の構成等

1 構成

別添安全管理措置においては、①安全管理措置の考え方及び検討手順、②同措置の内容について記載されています。

①の考え方及び検討手順は、安全管理措置の検討にあたって、明確にすべき事項及びそれを踏まえた検討手順が示されています。

②の内容については、講ずべき安全管理措置の内容及び具体的な「手法の例示」が記載され、また、中小企業の実務に配慮した対応方法が示されています。この「手法の例示」は、あくまでも「例示」であり、記載されている例示を「必ず」行わなければならないというものではありません。特定個人情報等が漏えい等しないような措置を講ずることが重要であり、その目的が達成されるように事業者の規模や事務の特性に応じて、措置を講ずることとなります。

2 中小企業と安全管理措置

中小企業には、証券市場に上場している企業に近い規模の企業もあれば、事業主と家族従業員との数人の規模の企業もあります。番号法においては、その企業の規模にかかわらず、特定個人情報等の安全管理措置を講ずることとなっているため、家族従業員数人の規模であっても、安全管理措置を講ずる必要があります。しかし、上場しているような企業と家族従業員数人の企業とでは、特定個人情報等の取り扱う量やその業務に関わる人の数が異なることから、講ずべき安全管理措置の内容も自ずと異なることとなります。

そこで、別添安全管理措置においては、特定個人情報等を取り扱う量が少なく、また、特定個人情報等を取り扱う従業者[*24]が限定

的な事業者を「中小規模事業者」と定義づけ、実務への影響を配慮した「中小規模事業者における対応方法」が示されています。

なお、中小規模事業者における特例的な対応方法は、中小規模事業者に該当する事業者が、それを超える安全管理措置を講ずることを妨げるものではなく、積極的に行うことはむしろ望ましいといえます。

*24 「従業者」とは、事業者の組織内にあって直接間接に事業者の指揮監督を受けて事業者の業務に従事している者をいいます。具体的には、従業員のほか、取締役、監査役、理事、監事、派遣社員等を含みます。なお、中小規模事業者か否かの判定をする「従業員」は、中小企業基本法でいうところの「従業員」であり「従業者」とはその範囲が異なるので注意が必要です。

(1) 中小規模事業者の範囲

別添安全管理措置でいう「中小規模事業者」とは、次に掲げる者をいいます。

【別添安全管理措置②(抜粋)】

中小規模事業者とは、事業者のうち従業員の数が100人以下の事業者であって、次に掲げる事業者を除く事業者をいいます。
① 個人番号利用事務実施者
② 委託に基づいて個人番号関係事務又は個人番号利用事務を業務として行う事業者
③ 金融分野(金融庁作成の「金融分野における個人情報保護に関するガイドライン」第1条第1項に定義される金融分野)の事業者
④ 個人情報取扱事業者

このような特例的な対応方法を設ける場合には、どの程度の規模で線引きをするか非常に難しい問題といえます。例えば、中小企業基本法(昭和38年法律154号)においては、「中小企業者」という定義を置き、「業種毎」に「資本金等」又は「従業員数」の規模で判定することとなっています(中基法2①)*25。また、同法には「小規模企業者」という定義もあり、「従業員数」が20人(商業又はサービス業は5人)以下の事業者をいうとされています(中基法2⑤。

以下「小規模企業者」といいます)。

*25 従業員数だけでみれば、製造業、建設業、運輸業等が300人以下、卸売業及びサービス業が100人以下、小売業が50人以下かどうかで判断することとなっています。

　番号法における安全管理措置においては、特定個人情報等を取り扱う事業者が、その特定個人情報等を漏えい等しないようにすることが目的であることから、事業者の「業種」や「資本金等」はあまり意味のないものといえます。事業者は、従業員等に関する給与所得の源泉徴収票、健康保険・厚生年金保険被保険者資格取得届等のように、従業員等に関する特定個人情報等を主に取り扱うこととなると考えられることから、「従業員数」を判定基準とすることが妥当であると考えられます。

　そのように考えると、別添安全管理措置において、「従業員数」で中小規模事業者の判定をするとしていることは妥当であるといえます。

　そして、従業員数で判定するとした場合、何人以下で線引きするかという点も難しい問題といえます。これについて、中小企業庁が平成25年12月26日付けで公表した「中小企業・小規模事業者の数」(平成24年2月時点)*26においては、全規模事業者数(全産業の大企業と中小企業・小規模企業者の合計)386万者に対して、小規模企業者は334万者(全体の86.5%)を占めているとされています。

全規模事業者数：386万者
【全産業の大企業と中小企業・小規模企業者の合計】

小規模企業者数：334万者(86.5%)
【従業員数20人(商業又はサービス業は5人)以下】

　小規模企業者の判定が、上記のとおり、従業員数20人(商業又はサービス業は5人)以下であることから、中小規模事業者の判定においては、それよりも引き上げて「100人以下」とすることにより、

小規模企業者にとどまらず「小規模企業者に近い中小企業」も一定程度カバーできるものと考えられます。

そのように考えると、別添安全管理措置においては、従業員数「100人以下」で中小規模事業者の判定をするとしていることは妥当であるといえます。

＊26　中小企業庁ホームページ（http://www.chusho.meti.go.jp/koukai/chousa/chu_placement/）。なお、公表資料のタイトルは「小規模事業者」と記載されているが、「統計の目的」において「中小企業庁では、日本国内における小規模企業の位置づけを明らかにすることを目的に「事業所・企業統計調査（基幹統計）」（総務省）、「工業統計調査（基幹統計）」（経済産業省）を再編加工を行い「中小企業・小規模企業者数」を作成・公表しています。」（下線筆者挿入）としていることから、「小規模企業者」を意味しているものと思われます。

(2)　「従業員」とその判定時期

中小規模事業者の判定における「従業員」とは、中小企業基本法における「従業員」のことをいいます（マイナンバーガイドラインＱ＆Ａ）＊27。具体的には、労働基準法20条の「予め解雇の予告を必要とする者」を従業員として考えることとなります。なお、労働基準法21条の規定により、同法20条の適用が除外される者（日々雇い入れられる者、2か月以内の期間を定めて使用される者等）は、「従業員」には含まれません。

また、中小規模事業者の判定時期については、事業年度末（事業年度がない場合には年末等）の従業員数で判定し、毎年同じ時期に見直しを行うこととなります（マイナンバーガイドラインＱ＆Ａ）。

＊27　中小企業庁ホームページ参照（http://www.chusho.meti.go.jp/faq/faq01.html）

(3)　適用除外

中小規模事業者からは、一定の事業者が除外されています。

例えば、税理士、社会保険労務士、給与計算等のアウトソーシングを請け負う事業者等は、「委託に基づいて個人番号関係事務又は個人番号利用事務を業務として行う事業者」に該当することとなり、中小規模事業者から除外されます。これらの者は、自身の事務所や

会社の従業員等に関する特定個人情報等の他、顧問先等の従業員等の特定個人情報等を取り扱うこととなり、単にその事務所や会社の従業員数を判定基準とすることは適切ではないことから、中小規模事業者から除外されています。

　その他、金融分野の事業者や個人情報取扱事業者は、従来から個人情報保護法における安全管理措置を講ずることとされていることから、中小規模事業者から除外されています。また、個人番号利用事務実施者は、個人番号利用事務で特定個人情報等を使用することとなり、一定程度の安全管理措置を講ずる必要があることから、中小規模事業者から除外されています。

2 安全管理措置の考え方と検討手順

Q 安全管理措置を講ずるにあたり、どのような手順で検討すればよいですか。

A 安全管理措置を講ずるにあたり、①個人番号を取り扱う事務の範囲の明確化、②特定個人情報等の範囲の明確化、③事務取扱担当者の明確化、④基本方針の策定、⑤取扱規程等の策定の手順で検討を行う必要があります。

1 安全管理措置の考え方

　特定個人情報等の漏えい、滅失又は毀損の防止等のためには、その特定個人情報等を取り扱う事務や人の範囲を限定的で最小限にすることが重要です。これは、中小規模事業者における対応方法が設けられた趣旨と通ずるものですが、特定個人情報等を取り扱う事務や人が限定的で最小限であれば、その分だけリスクを把握しやすくなると考えられます。そのため、取り扱う事務や人の範囲を明確にして、その範囲内で特定個人情報等を取り扱うことが重要となります。

　別添安全管理措置においては、安全管理措置の検討にあたり、次に掲げる事項を明確にすることが重要であるとしています。

① 個人番号を取り扱う事務の範囲
② 特定個人情報等の範囲
③ 個人番号を取り扱う事務に従事する従業者(注)(以下「事務取扱担

当者という）の範囲
（注）「従業者」とは、事業者の組織内にあって直接間接に事業者の指揮監督を受けて事業者の業務に従事している者をいう。具体的には、従業員のほか、取締役、監査役、理事、監事、派遣社員等を含む。

2 安全管理措置の検討手順

　上記1のとおり、特定個人情報等を取り扱う事務や人の範囲を明確にすることが重要であるという考え方の下、別添安全管理措置においては、次のような手順で安全管理措置を検討する必要があるとしています。

① 個人番号を取り扱う事務の範囲の明確化
　→ 事業者は、個人番号関係事務又は個人番号利用事務の範囲を明確にしておかなければならない。
② 特定個人情報等の範囲の明確化
　→ 事業者は、①で明確化した事務において取り扱う特定個人情報等の範囲を明確にしておかなければならない（注）。
　　（注）特定個人情報等の範囲を明確にするとは、事務において使用される個人番号及び個人番号と関連付けて管理される個人情報（氏名、生年月日等）の範囲を明確にすることをいう。
③ 事務取扱担当者の明確化
　→ 事業者は、①で明確化した事務に従事する事務取扱担当者を明確にしておかなければならない。
④ 特定個人情報等の安全管理措置に関する基本方針（以下「基本方針」という）の策定
　→ 特定個人情報等の適正な取扱いの確保について組織として取り組むために、基本方針を策定することが重要である。
⑤ 取扱規程等の策定
　→ 事業者は、①～③で明確化した事務における特定個人情報等の適正な取扱いを確保するために、取扱規程等を策定しなければならない。

1　個人番号を取り扱う事務の範囲の明確化

　事業者は、主に個人番号関係事務を行うことになると考えられます。具体的には、従業員等の給与所得の源泉徴収票作成事務、健康保険・厚生年金保険各種届作成事務、支払調書作成事務等といった事務を行うことになると考えられます。これらの事務の範囲を明確にし、それ以外の事務で個人番号を利用することのないようにしなければなりません。例えば、給与データを用いた分析や雇用促進税制等の優遇税制の適用を検討する場合、給与計算・年末調整システム等の給与データを用いることが考えられますが、そのような事務は個人番号関係事務ではないことから、そのような事務で個人番号を取り扱うことのないようにしなければなりません。

2　特定個人情報等の範囲の明確化

　事業者は、従業員等の給与所得の源泉徴収票作成事務、健康保険・厚生年金保険各種届作成事務、支払調書作成事務等といった事務で取り扱う特定個人情報等の範囲を明確にする必要があります。これらの事務を行う上で必要のない情報と個人番号とが関連づけて管理されることのないようにする必要があります。

3　事務取扱担当者の明確化

　特定個人情報等を取り扱う事務等を明確にしても、その事務を実際に行う者が、その都度異なるような状況では、特定個人情報等の漏えい等のリスクを低減することはできません。したがって、特定個人情報等を取り扱う事務を誰が行うのかを明確にし、関係のない者について特定個人情報等を取り扱わせることのないようにする必要があります。

　明確化の程度については、部署名（〇〇課、〇〇係等）、事務名（〇〇事務担当者）等により、担当者が明確になれば十分であると考えられます。ただし、部署名等により事務取扱担当者の範囲が明確化で

きない場合には、事務取扱担当者を指名する等を行う必要があると考えられます（マイナンバーガイドラインＱ＆Ａ）。

4　基本方針、取扱規程等の策定

　基本方針の策定、取扱規程等の策定は、事業者が特定個人情報等を取り扱う際の心構え、取扱いのフローを認識する上で有用なものといえます。なお、具体的な内容については、本章「3　基本方針の策定」、「4　取扱規程等の策定」を参照してください。

3 基本方針の策定

Q 安全管理措置における基本方針とは、どのようなものでしょうか。

A 基本方針とは、特定個人情報等の適正な取扱いに関する基本的な考え方を示すものです。

　基本方針とは、特定個人情報等の適正な取扱いに関する基本的な考え方を示すものです。その内容として、安全管理に取り組むこと、法令等を遵守すること、質問及び苦情処理の窓口を示すこと等が重要です。さらに、安全管理措置の評価、見直しを継続的に行う旨を示すことが望ましいと考えられます。

【別添安全管理措置（2A）】

安全管理措置（本則）
特定個人情報等の適正な取扱いの確保について組織として取り組むために、基本方針を策定することが重要である。
中小規模事業者における対応方法
－

(注) 別添安全管理措置における講ずべき安全管理措置の原則的内容を「安全管理措置（本則）」とし、中小規模事業者における特例的内容を「中小規模事業者における対応方法」として示しています（以下、本章において同じです）。なお、中小規模事業者における特例的内容が定められていないものは、「－」として表示しています。

　特定個人情報等を取り扱うにあたって、どのような安全管理措置を講じているのか、質問及び苦情処理の窓口はどこが対応するのか等を事前に明らかにすることは、組織として意思統一を図るうえで、

重要なものであると考えられます。したがって、組織として遵守すべき基本方針を明らかにすることは重要なことであるといえます。

別添安全管理措置においては、「基本方針を策定することが重要である」としていることから、講ずべき安全管理措置の内容として、基本方針の策定が「強制されている」わけではありません。

なお、基本方針を策定する場合、既存の個人情報の取扱いに関する基本方針（個人情報保護方針等）を改正する方法又は別に策定する方法のいずれでも差し支えないこととされています（マイナンバーガイドラインＱ＆Ａ）。

4 取扱規程等の策定

Q 安全管理措置における取扱規程等とは、どのようなものでしょうか。

A 取扱規程等とは、特定個人情報等を取り扱う事務について、その事務の流れを整理して、特定個人情報等の具体的な取扱いを定めるものをいいます。

【別添安全管理措置（2B）】

安全管理措置（本則）
事務の流れを整理し、特定個人情報等の具体的な取扱いを定める取扱規程等を策定しなければならない。
中小規模事業者における対応方法
○　特定個人情報等の取扱い等を明確化する。 　○　事務取扱担当者が変更となった場合、確実な引継ぎを行い、責任ある立場の者が確認する。

　取扱規程等の策定においては、特定個人情報等を取り扱う事務について、特定個人情報等の取得から削除・廃棄までの一連の流れを整理し、各段階における特定個人情報等の取扱方法、責任者、事務取扱担当者等を明らかにすることが重要であると考えます。例えば、給与所得の源泉徴収票を作成する事務の場合、従業員等から特定個人情報等をどのように取得するのか（扶養控除等申告書で取得するのか、それ以外の書類で取得するのかなど）、その取得した特定個人情報等を誰が給与計算・年末調整システム等に入力するのか、作成した源泉徴収票をどのように税務署長へ提出し、本人へ交付するのか、特定個人情報等が記載された書類やデータをどのように保管

し、最終的にどのように廃棄・削除するのかといったことを明らかにしておく必要があります。

```
┌──────────────┐   ┌──────────────┐   ①取得する段階
│特定個人情報等│ → │取得から削除・│ → ②利用を行う段階
│を取り扱う事務│   │廃棄までの一連│   ③保存する段階
│              │   │の流れを整理  │   ④提供を行う段階
└──────────────┘   └──────────────┘   ⑤削除・廃棄を行う段階
```

　この取扱規程等の策定は、文章で策定することに限らず、フロー図のような形で策定することも可能であると考えられます。取扱規程等の策定は、それを策定することにより組織体制の整備が自然と図られることを目的とするものであると考えられることから、文章でもフロー図でも、組織体制の整備が図られるものであれば問題はないと考えられます。

　また、既存の個人情報の保護に係る取扱規程等がある場合には、新たに特定個人情報の保護に係る取扱規程等を作成するのではなく、既存の取扱規程等に特定個人情報の取扱いを追記する形でもよいこととされています（マイナンバーガイドラインＱ＆Ａ）。

　中小規模事業者においては、個人番号関係事務を行う者が経理担当者１名ないし２名程度であり、事務フローも単純である場合が多いことから、取扱規程等の策定は強制されていません。特定個人情報等の取扱いについて、何かしらの形で明確化することとなります。例えば、中小規模事業者の場合は、事務をフロー図にするなどして、その事務と特定個人情報等の流れを明確にすること等が考えられます。

　また、経理担当者が退職等で変更となった場合には、引継ぎをしっかりと行って、事業者の責任のある者が、それを確認することとなります。これは、適正な引継ぎを行うことにより、特定個人情報等の適正な取扱いの継続を担保することを目的としています。

特定個人情報等を取り扱う事務	⇒	事務フロー図などの作成	⇒	事務と特定個人情報等の流れを明確
経理担当者の変更（退職、異動など）	⇒	しっかり引継ぎ	⇒	会社の責任のある者が確認

5 組織的安全管理措置

Q 組織的安全管理措置とは、どのようなものですか。

A 組織的安全管理措置とは、主に、組織体制の整備、取扱規程等に基づく運用、取扱状況を確認する手段の整備、情報漏えい等事案に対応する体制の整備、取扱状況の把握及び安全管理措置の見直しをいいます。

事業者は、特定個人情報等の適正な取扱いのために、次に掲げる組織的安全管理措置を講じなければなりません。

1 組織体制の整備

【別添安全管理措置（2Ca）】

安全管理措置（本則）
安全管理措置を講ずるための組織体制を整備する。
中小規模事業者における対応方法
○　事務取扱担当者が複数いる場合、責任者と事務取扱担当者を区分することが望ましい。

事業者は、責任者の設置やその責任の範囲の明確化、事務取扱担当者やその役割の明確化、報告連絡体制等の組織体制を整備していくこととなります。組織として大規模な事業者については、特定個人情報等を取り扱う者が複数人に渡ると考えられることから、組織体制を整備することは極めて重要なことといえます。

例えば、次の図のようなことが必要となります。

責任者の設置　　責任の範囲の明確化　　事務取扱担当者の役割の明確化

　中小規模事業者は、特定個人情報等を取り扱う者が限定的である場合が多いと考えられることから、事務取扱担当者が複数いる場合には責任者と事務取扱担当者を区分する程度でよいとされています。

責任者 事務取扱担当者

区分

2 取扱規程等に基づく運用

【別添安全管理措置（2Ｃｂ）】

安全管理措置（本則）
取扱規程等に基づく運用状況を確認するため、システムログ又は利用実績を記録する。
中小規模事業者における対応方法
○　特定個人情報等の取扱状況のわかる記録を保存する。

　取扱規程等に基づく運用は、「取扱規程等に基づく運用の確保」と「監査時等の確認手段の確保」との２段階で考えることが重要です。

　事業者は、特定個人情報等を取り扱う場合、取扱規程等に基づいて運用することとなります。大規模な情報システム等を用いて特定個人情報等を取り扱う場合には、取扱規程等に定めるとおりの運用ができるように、情報システム等を実装し運用しなければなりません。大規模な情報システム等を用いていない場合は、取扱規程等に基づく運用となるようにチェックリスト等を用いた運用が考えられます。

　また、事業者は、取扱規程等に基づいて実務が流れていることを監査時等に確認できるようにしなければなりません。大規模な情報

システム等を用いて特定個人情報等を取り扱う場合には、自動的に作成されるアクセスログ等を保存することが考えられます。大規模な情報システム等を用いていない場合は、上記のチェックリスト等を保存することが考えられます。

　中小規模事業者においても、特定個人情報等の取扱状況をわかるようにする必要があります。

　例えば、以下の方法が考えられます（マイナンバーガイドラインＱ＆Ａ。以下「③　取扱状況を確認する手段の整備」における「中小規模事業者における対応方法」でも同じ）。

> ①　業務日誌等において、特定個人情報等の入手・廃棄、源泉徴収票の作成日、本人への交付日、税務署への提出日等の特定個人情報等の取扱状況を記録する。
> ②　取扱規程、事務リスト等に基づくチェックリストを利用して事務を行い、その記入済みのチェックリストを保存する。

　なお、これらの記録は、情報漏えい等の事案が発生したときに、適切かつ迅速な対応をするための助けにもなると考えられます。

③ 取扱状況を確認する手段の整備

【別添安全管理措置（2Ｃｃ）】

安全管理措置（本則）
　　特定個人情報ファイルの取扱状況を確認するための手段を整備する。なお、取扱状況を確認するための記録等には、特定個人情報等は記載しない。

中小規模事業者における対応方法
　　○　特定個人情報等の取扱状況のわかる記録を保存する。

　事業者は、自分たちがどのような特定個人情報ファイルを取り扱っているかなどを把握しておく必要があります。例えば、特定個人情報ファイルの種類及び名称、責任者、取扱部署、利用目的、削除・

廃棄状況、アクセス権を有する者等を記録することが考えられます。
　中小規模事業者においては、特定個人情報ファイルを取り扱っている事務の一覧表を作る等して取扱状況がわかるようにする必要があります。

4 情報漏えい等事案に対応する体制の整備

【別添安全管理措置（2Ｃｄ）】

安全管理措置（本則）
情報漏えい等の事案の発生又は兆候を把握した場合に、適切かつ迅速に対応するための体制を整備する。 　情報漏えい等の事案が発生した場合、二次被害の防止、類似事案の発生防止等の観点から、事案に応じて、事実関係及び再発防止策等を早急に公表することが重要である。
中小規模事業者における対応方法
○　情報漏えい等の事案の発生等に備え、従業者から責任ある立場の者に対する報告連絡体制等をあらかじめ確認しておく。

　情報漏えい等の緊急時の対応方法については、あらかじめ定めておくことが重要であり、被害が最小限に留まるように、冷静かつ適切に対応できるようにしておかなければなりません。
　中小規模事業者においては、緊急時の対応方法を整備することまでを求めていませんが、緊急時に誰に報告すればよいかなどの報告連絡体制等について、あらかじめ確認しておくこととなります。業務の基本となる「ほう・れん・そう」（報告・連絡・相談）を従業者に徹底しましょう。

5 取扱状況の把握及び安全管理措置の見直し

【別添安全管理措置（2Ce）】

安全管理措置（本則）
特定個人情報等の取扱状況を把握し、安全管理措置の評価、見直し及び改善に取り組む。
中小規模事業者における対応方法
○　責任ある立場の者が、特定個人情報等の取扱状況について、定期的に点検を行う。

　上記1から4で整備した体制等を活用して、取扱状況をしっかりと把握し、安全管理措置に見直すべき点はないか、改善すべき点はないかを定期的に点検、監査することが重要です。また、外部の主体による監査を実施することも有用であると考えられます。

　中小規模事業者においても、代表者等の責任者が、定期的に点検を行い、問題点がないかどうかを確認する必要があります。

6 人的安全管理措置

Q 人的安全管理措置とは、どのようなものですか。

A 人的安全管理措置は、主に、事務取扱担当者の監督及び教育をいいます。

　事業者、特定個人情報等の適正な取扱いのために、次に掲げる人的安全管理措置を講じなければなりません。

1 事務取扱担当者の監督

【別添安全管理措置（②Ｄａ）】

安全管理措置（本則）
事業者は、特定個人情報等が取扱規程等に基づき適正に取り扱われるよう、事務取扱担当者に対して必要かつ適切な監督を行う。
中小規模事業者における対応方法
－

　昨今、個人情報の漏えい等事案が多発しており、その中でも従業者が漏えい等に関わっている場合が少なくありません。したがって、事業者は、従業者が不審な行動をとっていないかなど、必要かつ適切な監督を行う必要があります。

2 事務取扱担当者の教育

【別添安全管理措置（2Db）】

安全管理措置（本則）
事業者は、事務取扱担当者に、特定個人情報等の適正な取扱いを周知徹底するとともに適切な教育を行う。
中小規模事業者における対応方法
―

　事業者は、事務取扱担当者に対して、定期的な社内研修会の実施、外部研修会への参加等を通じて、適切な教育を行う必要があります。教育においては、特定個人情報等の取扱いの許可事項、禁止事項、その理由について周知徹底することが重要です。

　中小規模事業者においても、事務取扱担当者に適切な教育を行う必要がありますが、社内研修会等を実施する人材や機会がない場合が多いと考えられます。例えば、税理士は、日常的に特定個人情報等を取り扱っていることから、顧問税理士に依頼して、その適正な取扱いの説明を受けるなどして、事務取扱担当者に対する適切な教育を実施できるようにする必要があるでしょう。

7 物理的安全管理措置

Q 物理的安全管理措置とは、どのようなものですか。

A 物理的安全管理措置とは、主に、特定個人情報等を取り扱う区域の管理、機器及び電子媒体等の盗難等の防止、電子媒体等を持ち出す場合の漏えい等の防止、個人番号の削除、機器及び電子媒体等の廃棄をいいます。

　事業者は、特定個人情報等の適切な取扱いのために、次に掲げる物理的安全管理措置を講じなければなりません。

1 特定個人情報等を取り扱う区域の管理

【別添安全管理措置（2Ea）】

安全管理措置（本則）
特定個人情報等の情報漏えい等を防止するために、特定個人情報ファイルを取り扱う情報システムを管理する区域（以下「管理区域」という）及び特定個人情報等を取り扱う事務を実施する区域（以下「取扱区域」という）を明確にし、物理的な安全管理措置を講ずる。
中小規模事業者における対応方法
－

　特定個人情報等の漏えい、滅失又は毀損の防止等のためには、管理区域と取扱区域を明確にすることが重要です。サーバー室があるような事業者においては、現在においても入退室管理をしている場合が一般的ですが、特定個人情報等が記録されたサーバーが置かれているサーバー室においても同様に、入退室管理や管理区域への機

器等の持ち込みの制限等により、物理的な安全管理措置を講ずることとなります。

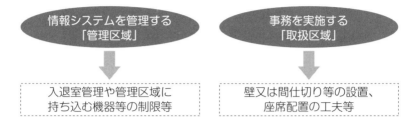

中小規模事業者においても、管理区域と取扱区域の明確化は必要です。しかし、中小規模事業者は、経理担当者のパソコン1台で給与計算業務や社会保険業務を行っている場合が多いため、取扱区域の物理的安全管理措置を講ずることが主な措置であると考えられ、例えば、そのような業務を行っている経理担当者のパソコンの画面が、むやみに来客や他の従業員等に見えないように間仕切り等を設置したり、座席配置を工夫したりするなどの措置を講ずることが考えられます。

座席配置の工夫は、例えば、事務取扱担当者以外の者の往来が少ない場所への座席配置や、後ろから覗き見される可能性が低い場所への座席配置等が考えられます（マイナンバーガイドラインQ＆A）。

2 機器及び電子媒体等の盗難等の防止

【別添安全管理措置（2 E b）】

安全管理措置（本則）
管理区域及び取扱区域における特定個人情報等を取り扱う機器、電子媒体及び書類等の盗難又は紛失等を防止するために、物理的な安全管理措置を講ずる。
中小規模事業者における対応方法
―

盗難等の防止で最も基本的な措置としては、施錠できるキャビネット等に特定個人情報等を取り扱う機器や書類等を保管することが考えられます。また、セキュリティワイヤーなどでその機器を固定することも考えられます。

3 電子媒体等を持ち出す場合の漏えい等の防止

【別添安全管理措置（2Ec）】

安全管理措置（本則）
特定個人情報等が記録された電子媒体又は書類等を持ち出す場合、容易に個人番号が判明しない措置の実施、追跡可能な移送手段の利用等、安全な方策を講ずる。 　「持出し」とは、特定個人情報等を、管理区域又は取扱区域の外へ移動させることをいい、事務所内での移動等であっても、紛失・盗難等に留意する必要がある。
中小規模事業者における対応方法
○　特定個人情報等が記録された電子媒体又は書類等を持ち出す場合、パスワードの設定、封筒に封入し鞄に入れて搬送する等、紛失・盗難等を防ぐための安全な方策を講ずる。

　特定個人情報等が記録された電子媒体等を持ち出す場合に、その中身が容易に確認できる状態であるのは問題があります。したがって、データを暗号化したり、パスワードによる保護をしたりすることが重要です。また、書類等で持ち出す場合は、封緘したり、目隠しシールを貼ったりすることが考えられます。

　中小規模事業者においても、「安全な方策」を講じることとなりますが、電子媒体で持ち出すよりも書類等で持ち出す場合が多いと考えられることから、封緘や目隠しシールによる対応や封筒に封入しカバンに入れる対応などをすればよいと考えられます。

　ただし、昨今の情報漏えい等の事案は、電車内や飲食店に大事な情報が入っているカバンを置いたまま忘れてきてしまうことにより

発生する場合も多いことから、上記のような対応をとって安心するのではなく、しっかりと手元に持っておくという初歩的なことも重要であると考えます。

なお、これらのような安全管理措置を講じた場合であっても、その電子媒体や書類等を紛失した場合等には、「情報漏えい等事案に対応する体制の整備」(本章「5　組織的安全管理措置」参照)で整備した対応を行うこととなります。

4　個人番号の削除、機器及び電子媒体等の廃棄

【別添安全管理措置（2Ed）】

安全管理措置（本則）
個人番号もしくは特定個人情報ファイルを削除した場合、又は電子媒体等を廃棄した場合には、削除又は廃棄した記録を保存する。また、これらの作業を委託する場合には、委託先が確実に削除又は廃棄したことについて、証明書等により確認する。
中小規模事業者における対応方法
○　特定個人情報等を削除・廃棄したことを、責任ある立場の者が確認する。

個人番号利用事務や個人番号関係事務を処理する必要がなくなった場合で、法令により定められている保存期間を経過した場合には、その個人番号をできるだけ速やかに削除又は廃棄しなければなりません。この削除又は廃棄したことの記録を保存し、確実に削除又は廃棄したことが確認できるようにしておくことが重要です。それは、保管していた特定個人情報等が手元に存在しない場合において、適正に削除又は廃棄されたものなのか、盗難又は紛失等によるものか把握できなくなるおそれがあるからです。

削除又は廃棄の方法として、特定個人情報等が記録された機器や電子媒体等については、専用のデータ削除ソフトウエアの利用や物理的な破壊等の方法、特定個人情報等が記載された書類等について

は、焼却又は溶解等の方法により、復元不可能な手段を採用することが考えられます。

また、シュレッダーは、復元不可能な程度に細断できるのもであれば削除又は廃棄の方法として適当と考えられます（マイナンバーガイドラインＱ＆Ａ）。

中小規模事業者においては、削除又は廃棄したことの記録を保存することまでは求められておらず、削除又は廃棄したことを確認することで足ります。しかし、説明責任の観点から、何かしらの記録を保存することが事業者のリスクを減らすと考えられます。なお、廃棄業者等に依頼して書類を廃棄する場合には、廃棄証明等を取得して保存しておくことが望ましいでしょう。

8 技術的安全管理措置

Q 技術的安全管理措置とは、どのようなものですか。

A 技術的安全管理措置とは、主に、アクセス制御、アクセス者の識別と認証、外部からの不正アクセス等の防止、情報漏えい等の防止をいいます。

　事業者は、特定個人情報等の適切な取扱いのために、次に掲げる技術的安全管理措置を講じなければなりません。

1 アクセス制御

【別添安全管理措置（2Fa）】

安全管理措置（本則）
情報システムを使用して個人番号関係事務又は個人番号利用事務を行う場合、事務取扱担当者及び当該事務で取り扱う特定個人情報ファイルの範囲を限定するために、適切なアクセス制御を行う。
中小規模事業者における対応方法
○　特定個人情報等を取り扱う機器を特定し、その機器を取り扱う事務取扱担当者を限定することが望ましい。 ○　機器に標準装備されているユーザー制御機能（ユーザーアカウント制御）により、情報システムを取り扱う事務取扱担当者を限定することが望ましい。

　事業者は、情報システムを利用してさまざまな事務を連携させて業務を行っている場合が多いですが、特定個人情報等を個人番号関係事務などと全く関係のない事務で利用できるようになっていると

特定個人情報等の漏えい等に繋がる可能性が高く、また、特定個人情報等の目的外利用にも繋がることとなります。そのため、情報システムを利用して個人番号関係事務などを行う場合には、特定個人情報等にアクセスできる者を制限するとともに、その者が取り扱う特定個人情報等の範囲を制限し、適正な範囲で利用できるようにすることが重要です。

　中小規模事業者においては、情報システムを利用して業務を行っている場合は多くありませんが、パソコンを使って業務を行っている場合は多く、特定個人情報等の検索や収集が容易に行えると考えられます。そのため、中小規模事業者においては、特定個人情報等が記録されているパソコンがどれであるかを特定して、そのパソコンを使える者を限定したり、社内において共有でパソコンを使う場合にはパソコンに標準装備されているユーザーアカウント制御機能等を利用したりするなど、特定個人情報等を取り扱うことができる者を限定的にすることが望ましいといえます。

2 アクセス者の識別と認証

【別添安全管理措置（2 F b）】

安全管理措置（本則）
　特定個人情報等を取り扱う情報システムは、事務取扱担当者が正当なアクセス権を有する者であることを、識別した結果に基づき認証する。

中小規模事業者における対応方法
○ 特定個人情報等を取り扱う機器を特定し、その機器を取り扱う事務取扱担当者を限定することが望ましい。 ○ 機器に標準装備されているユーザー制御機能（ユーザーアカウント制御）により、情報システムを取り扱う事務取扱担当者を限定することが望ましい。

　特定個人情報等を取り扱う場合には、その者が適正にアクセス権限が付与されたものかを確認する必要があります。具体的には、ユーザーIDやパスワード等で、その者が特定個人情報等に適正にアクセスできる者であるかを識別することが考えられます。

　中小規模事業者においては、上記1のとおり、特定個人情報等が記録されている機器を取り扱う者を限定したり、ユーザー制御機能等を利用したりすることが考えられます。

3 外部からの不正アクセス等の防止

【別添安全管理措置（2 F c）】

安全管理措置（本則）
情報システムを外部からの不正アクセス又は不正ソフトウエアから保護する仕組みを導入し、適切に運用する。
中小規模事業者における対応方法
－

　昨今においては、企業のサーバーに記録されている個人情報を狙った不正アクセスや不正ソフトウエアを使用した情報の抜き取り等が増加しています。そのため、特定個人情報等においても、そのような手法で情報が抜き取られないようにしなければなりません。

　中小規模事業者においても、不正アクセスや不正ソフトウエアからパソコンを保護する仕組みが必要です。特定個人情報等を取り扱う機器についてウィルス対策ソフトをいれて更新したり、パソコンに標準装備されている自動更新機能等の活用によりソフトウエア等

を最新状態にしたりするなどの方法が考えられます。

4 情報漏えい等の防止

【別添安全管理措置（2 F d）】

安全管理措置（本則）
特定個人情報等をインターネット等により外部に送信する場合、通信経路における情報漏えい等を防止するための措置を講ずる。
中小規模事業者における対応方法
－

　特定個人情報等を外部に送信する場合に、何も措置を施さずに送信すると第三者に情報を盗み取られる危険性があります。そのため、インターネット等で外部に送信する場合は、データの暗号化やパスワードによる保護等の措置を講ずる必要があります。

第Ⅵ章

マイナンバーと中小企業の実務

1　税務とマイナンバー

1　個人番号又は法人番号の記載書類等

Q どのような税務関係書類に、個人番号又は法人番号を記載するのですか。

A 平成28年1月1日の属する年分以降の申告書、平成28年1月以降の金銭等の支払い等に係る法定調書などの税務関係書類について個人番号又は法人番号を記載することになります。

　国税通則法において、国税に関する法律に基づき税務署長等に申告書、申請書、届出書、調書その他の書類を提出する者は、その書類に個人番号又は法人番号を記載することとされています（通則法124、整備法12）。そして、具体的にどの申告書等に個人番号又は法人番号を記載するかは、所得税法、法人税法、相続税法等の各規定によることとなり、そのための法令改正が順次行われています。それらの規定は、番号法附則1条4号の施行日から施行することとされています。
　番号法は、その附則1条において施行期日が規定されており、番号法の各規定が段階的に施行されることとなっています。個人番号の通知等の施行日を定める附則1条本文の施行日は、平成27年10月5日となっていますが、実際の個人番号の利用等を定める附則1条4号の施行日は、平成28年1月1日となっています。

したがって、平成28年1月1日以後の申告書等に個人番号又は法人番号を記載することとなります。なお、地方税関係も同様です。

税務関係書類への個人番号又は法人番号の記載時期は、以下のとおりとなります。

	記載対象	一般的な場合	28年中に提出される主な場合
所得税	平成28年1月1日の属する年分以降の申告書から	平成28年分の場合 ⇒平成29年2月16日から3月15日まで	○年の中途で出国 ⇒出国の時まで ○年の中途で死亡 ⇒相続開始があったことを知った日の翌日から4月を経過した日の前日まで
贈与税	平成28年1月1日の属する年分以降の申告書から	平成28年分の場合 ⇒平成29年2月1日から3月15日まで	○年の中途で死亡 ⇒相続の開始があったことを知った日の翌日から10月以内
法人税	平成28年1月1日以降に開始する事業年度に係る申告書から	平成28年12月末決算の場合 ⇒平成29年2月28日まで（延長法人は平成29年3月31日まで）	○中間申告書 ⇒事業年度開始の日以後6月を経過した日から2月以内 ○新設法人・決算期変更法人 ⇒決算の日から2月以内
消費税	平成28年1月1日以降に開始する課税期間に係る申告書から	＜個人＞ 平成28年分の場合 ⇒平成29年1月1日から3月31日まで ＜法人＞ 平成28年12月末決算の場合⇒平成29年2月28日まで	○個人事業者が年の途中で死亡 ⇒相続開始があったことを知った日の翌日から4月を経過した日の前日まで ○中間申告書 ○課税期間の特例適用

相続税	平成28年1月1日以降の相続又は遺贈に係る申告書から	平成28年1月1日に相続があったことを知った場合 ⇒平成28年11月1日まで	○住所及び居所を有しないこととなるとき ⇒住所及び居所を有しないこととなる日まで
酒税・間接諸税	平成28年1月1日以降に開始する課税期間（1月分）に係る申告書から	平成28年1月分の場合 ⇒平成28年2月1日から2月29日まで	○平成28年中から提出
法定調書	平成28年1月1日以降の金銭等の支払等に係る法定調書から（注）	（例）平成28年分給与所得の源泉徴収票、平成28年分特定口座年間取引報告書 ⇒平成29年1月31日まで （注）平成28年1月1日前に締結された「税法上告知したものとみなされる取引」に基づき、同日以降に金銭等の支払等が行われるものに係る「番号」の告知及び本人確認については、同日から同日以降3年を経過した日以後の最初の金銭等の支払いの時までの間に行うことができる。	（例） ○配当、剰余金の分配及び基金利息の支払調書は、支払の確定した日から1月以内 ○退職所得の源泉徴収票は、退職の日以後1月以内
申請書・届出書	平成28年1月1日以降に提出すべき申請書等から	各税法に規定する、提出すべき期限	○平成28年中から提出

（出典）国税庁ホームページ

なお、個人住民税及び個人事業税は所得税と同様に「平成28年1月1日の属する年分以降の申告書から」、法人住民税及び法人事業税は法人税と同様に「平成28年1月1日以後に開始する事業年度に係る申告書から」、給与支払報告書などの支払報告書は「平成28年分の支払報告書から」、個人番号又は法人番号を記載することとなります。

　税務関係書類における様式の情報提供スケジュールは以下のとおりとなっています。

番号制度に係る様式関係情報提供スケジュール

区分		26年	27年	28年	29年
番号通知／番号利用開始					確定申告
法定調書		12月5日 ← 3月末		使用開始	
年調関係	給与所得者の扶養控除等（異動）申告書／給与所得者の保険料控除申告書兼給与所得者の配偶者特別控除申告書／公的年金等の受給者の扶養親族等申告書　など	12月中旬	← 9月下旬／12月下旬	使用開始	
様式関係（申請書・届出書等）	所得税／相続税・贈与税／消費税（申告書含む）／間接諸税（申告書含む）／納税証明書交付請求書（その他の申請書等含む）／徴収関係／異議申立関係／審査請求関係／源泉所得税（マル優を除く）／法定調書関係／酒税（申告書含む）／法人税（申告書含む）／源泉所得税（マル優）		3月下旬 ← 6月／10月以降／6月以降／3月下旬	使用開始（申告書については、平成28年1月1日以後に課税期間が開始するものから使用）	
記載以外の申告書	相続税申告書／所得税申告書／贈与税申告書		12月下旬（番号部分）← 6月下旬	使用開始／12月下旬	使用開始

※1 　□　は、番号を記載する様式の一部についての事前の情報提供時期を表しています。
　　　■　は、省令又は法令解釈通達等による様式の確定時期を表しています。
※2 　このスケジュールは、税制改正その他の状況により変更となる場合があります。

（出典）国税庁ホームページ

（1）従業員等とマイナンバー

2 個人番号の記載書類（源泉徴収票等）

Q 従業員等の個人番号が記載される税務関係書類は、どのようなものがありますか。

A 従業員等の個人番号が記載される税務関係書類は、主に、扶養控除等申告書、源泉徴収票、給与支払報告書等があります。

　従業員等の個人番号が記載される税務関係書類は、主に、以下のものが挙げられます。

①	給与所得者の扶養控除等（異動）申告書 （以下「扶養控除等申告書」又は「扶養控除等（異動）申告書」といいます） （所法194、所規73）
②	従たる給与についての扶養控除等（異動）申告書 （以下「従たる給与についての扶養控除等申告書」又は「従たる給与についての扶養控除等（異動）申告書」といいます） （所法195、所規74）
③	給与所得者の配偶者特別控除申告書 （以下「配偶者特別控除申告書」といいます） （所法195の2、所規74の2）

④	給与所得者の保険料控除申告書 （以下「保険料控除申告書」といいます） （所法196、所規75）
⑤	給与所得者の（特定増改築等）住宅借入金等特別控除申告書 （以下「住宅借入金等特別控除申告書」といいます） （措法41の2の2、措規18の23）
⑥	退職所得の受給に関する申告書 （所法203、所規77）
⑦	給与所得の源泉徴収票 （所法226①、所規93）
⑧	退職所得の源泉徴収票 （所法226②、所規94）
⑨	退職手当金等受給者別支払調書 （相法59①二、相規31、第7号書式）
⑩	給与支払報告書 （地法317の6、地規10、第17号様式）
⑪	退職所得の特別徴収票 （地法50の9、328の14、地規2の5の2、第5号の14様式）

　上記①から⑥は、従業員等が自ら個人番号を記載して事業者を経由して税務署長に提出することとなります。上記⑦から⑪については、事業者が従業員等から提供を受けた個人番号を記載して、税務署長等に提出することとなります。

3 従業員等の採用

Q 従業員等を採用した場合の税務関係書類における個人番号の取扱いを教えてください。

A 従業員等を採用した場合には、事業者は、従業員等に扶養控除等申告書を記載してもらいます。記載項目には、住所や氏名のほか個人番号も含まれることから、それにより個人番号の提供を受けることとなります。扶養控除等申告書の提出ができない又は提出のない従業員等については、書面に個人番号を記載してもらうなどして提供を受けることとなります。

　また、個人番号の提供を受けた事業者は、従業員等の本人確認を行うこととなります。

　従業員等から個人番号の提供を受ける最も多い手続は、扶養控除等申告書のやりとりです。そのため、扶養控除等申告書のやりとりと個人番号の取扱いを理解しておくことは、きわめて重要なことであるといえます。また、扶養控除等申告書の提出ができない又は提出のない従業員等についても個人番号の提供を受ける必要があることから、そのような者に対する対応方法も事業者の中であらかじめ決めておくことが重要です。

　なお、この項は、従業員等を採用した場合に限らず、すでに就業している既存の従業員等の取扱いについても共通する内容であることから、既存の従業員等に対する対応方法の参考にしてください。

1 扶養控除等申告書の提出がある場合

1 扶養控除等申告書の提出

　従業員等は、給与等の支払者である事業者から毎年最初に給与等の支払いを受ける日の前日までに、扶養控除等申告書をその事業者を経由して税務署長に提出することとなります（所法194①）[*28]。

　この扶養控除等申告書の記載事項の一つとして、従業員等の個人番号を記載することとなります（所規73①一）[*29]。

　したがって、事業者は、従業員等を採用した場合には、最初の給与等の支払日の前日までに、従業員等からその従業員等の個人番号が記載された扶養控除等申告書の提出を受けることとなります[*30]。

　その後、従業員等を雇用等している間は、毎年最初の給与等の支払日の前日までに、その従業員等の個人番号が記載されたその年の扶養控除等申告書の提出を受けることとなります。これにより、扶養控除等申告書の提出を受ける従業員等からは、毎年、その従業員等の個人番号の提供を受けることとなります。

[*28] 扶養控除等申告書が、その提出の際に経由すべき給与等の支払者である事業者に受理されたときは、その申告書は、その受理された日に税務署長に提出されたものとみなされます（所法198）。そして、税務署長がその提出を求めるまでの間、その事業者が保存することとなります（所規76の3本文）。その保存期間は、扶養控除等申告書に係る提出期限の属する年の翌年1月10日の翌日から7年を経過する日までとなっています（所規76の3ただし書）。この取扱いは、下記2の従たる給与についての扶養控除等申告書も同様です。

[*29] この規定は、番号法附則1条4号の施行日（平成28年1月1日）以後に提出するものについて適用されます（整備法15③、所規附則1）。

[*30] 地方税法45条の3の2第1項及び317条の3の2第1項における「給与所得者の扶養親族申告書」は、扶養控除等申告書と統一の書式であり、みなし提出、保存義務、保存期間等も同一であることから、本項では、それらの書類は扶養控除等申告書に含まれているものとします。

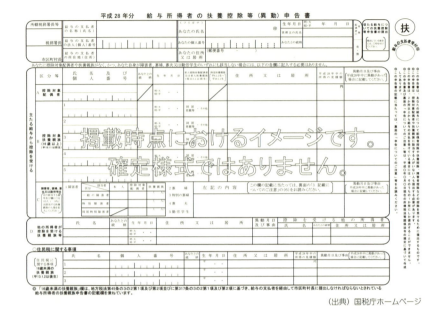

（出典）国税庁ホームページ

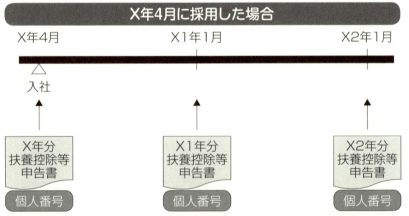

　従業員等に、次に掲げる者がいる場合は、それらの者の個人番号も記載することとなります（以下、①から③を併せて「控除対象配偶者等」といいます。所法194①三〜五、地法45の３の２①二、317の３の２二。本章「４　従業員等の扶養親族の異動」参照）。

① 　控除対象配偶者
② 　控除対象扶養親族[*31]

③ ①又は②のうちに同居特別障害者、もしくはその他の特別障害者又は特別障害者以外の障害者がある場合にはその者（以下「特別障害者等」といいます）

*31 本書では、便宜上、個人の道府県民税及び市町村民税における扶養親族（地法23①八、292①八）を含むこととします（以下同じです）。

2　扶養控除等申告書のプレプリント

　従来、実務上の対応として、翌年分の扶養控除等申告書について、従業員等から提出を受けた本年分の扶養控除等申告書の内容をそのまま記載（プレプリント）して、従業員等に配布し、その従業員等が内容を確認したうえで、その扶養控除等申告書に押印して事業者に提出するという手法（以下、便宜上「プレプリント法」といいます）が多く見られます。このプレプリント法によって事業者から従業員等の個人番号が記載された扶養控除等申告書を配布することについては、特定個人情報の提供制限（番号法19）に抵触しないか疑義のあるところです。雇用している従業員等の数が多い事業者にとっては、記載漏れや記載ミス等の対応を避けるためにプレプリント法が用いられていることが多いと思われます。

　個人番号が記載されている扶養控除等申告書について、このプレプリント法を用いることが、法的にどのような整理がされるかは今後の議論によることとなりますが、個人番号の取扱いが社会一般において定着するまでの間は、安全管理の面から、個人番号の記載欄のみを空欄とするなどして、個人番号については従業員等自らが記載することとした方が良いと考えます[32]。

*32 事業者が、プレプリント法により従業員等の個人番号が記載された扶養控除等申告書をその従業員等に配布することは、①従業員等が事業者に対して扶養控除等申告書の記載の一部について委託し、その委託に基づいて行っているという考え方、②事業者における個人番号関係事務の処理（扶養控除等申告書を税務署長に提出するための経由者としての処理）の一環として行っているという考え方などがあると考えられます。いずれにしても、実務に配慮した解釈又は運用が望まれます。

2 従たる給与についての扶養控除等申告書の提出がある場合

　従業員等が、2か所以上から給与等の支給を受けている場合で、主たる給与等の支払者である事業者から支給される給与等の総額の見積額*33が、配偶者控除等の人的所得控除の合計額*34に満たないと見込まれる場合には、その事業者以外の給与等（従たる給与）の支払者である事業者を経由して、従たる給与についての扶養控除等申告書を税務署長に提出することができます（所法195①）*35。

　この扶養控除等申告書の記載事項の一つとして、従業員等の個人番号を記載することとなります（所規74①一）*36。

　したがって、事業者は、従業員等を採用した場合で、その従業員等が従たる給与についての扶養控除等申告書を提出した場合には、それにより個人番号の提供を受けることとなります。

*33　その年中に主たる給与等の支払者から支払いを受ける給与等の総額の見積額から、給与所得控除額並びにその年中に支払う社会保険料及び小規模企業共済等掛金の控除額の見積額を控除した金額となります。
*34　障害者控除額、寡婦（寡夫）控除額、勤労学生控除額、配偶者控除額、扶養控除額及び基礎控除額の合計額となります。
*35　従たる給与についての扶養控除等申告書を提出した者についての給与所得の源泉徴収については、扶養控除等申告書を提出していない者と同様に、所得税法別表二等の乙欄に掲げる税額によることとなりますが、例えば、同表第二の月額表による場合は、従たる給与についての扶養控除等申告書により申告された扶養親族等の数に応じ、扶養親族等1人ごとに1,580円を控除した金額が徴収すべき税額となります。
*36　この規定は、番号法附則1条4号の施行日（平成28年1月1日）以後に提出するものについて適用されます（整備法15③、所規附則1）。

平成28年分　従たる給与についての扶養控除等(異動)申告書

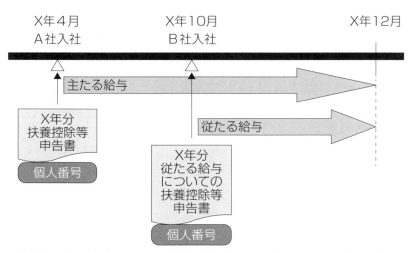

　従業員等に控除対象配偶者等(特別障害者等を除きます)がいる場合は、それらの者の個人番号も記載することとなります(所法195①二。本章「4　従業員等の扶養親族の異動」参照)。

3 事業者の番号付記

　扶養控除等申告書又は従たる給与についての扶養控除等申告書を受理した給与等の支払者である事業者は、それら申告書にその事業者の個人番号又は法人番号を付記するものとされています（所規73③、74③）*37。したがって、事業者が個人事業者であれば個人番号を、法人であれば法人番号を付記することとなります。

*37　この規定は、番号法附則1条4号の施行日（平成28年1月1日）以後に提出するものについて適用されます（所規附則37、38）。

4 扶養控除等申告書の提出がない場合

　2か所以上から給与等の支給を受けている者は、主たる給与等の支給者に対してのみ扶養控除等申告書を提出することができ、もう一方の給与等の支給者には扶養控除等申告書を提出することができません（従たる給与についての扶養控除等申告書を除きます）。また、実務上、扶養控除等申告書を提出しないで、源泉徴収税額の計算を乙欄等で行っている従業員等もいると考えられます。このような従業員等における給与所得の源泉徴収票、給与支払報告書についても、その従業員等の個人番号を記載して税務署長、市町村長に提出することとなります。

　したがって、扶養控除等申告書の提出ができない又は提出のない従業員等についても、事業者から積極的に個人番号の提供を求める必要があります。提供の受け方については、特段決まりはありませんが、書面に個人番号を記載してもらうなどの方法により提供を受けることが望ましいと考えます。

　また、扶養控除等申告書の提出を毎年受けるのと同じように、上記の従業員等から個人番号が記載された書面の提出等を毎年受ける必要があるかについては、その事業者の裁量に委ねられると考えま

す。個人番号は、漏えいして不正に用いられるおそれがあると認められるとき以外は変更できない（第Ⅰ章「5　マイナンバーの付番」参照）ものであることを考えれば、書面の提出等を毎年受ける必要はないと考えられます。ただし、個人情報保護法の適用対象である個人情報取扱事業者においては、個人データを正確かつ最新の内容に保つ努力義務が課されている（個情法19）ことから、その提供を受けた個人番号が正確かつ最新の内容のものであるか一定程度の確認作業は行った方が良いと考えられます。また、個人情報取扱事業者でない個人番号取扱事業者においても、一定程度の確認作業を行うことが望ましいと考えます。

なお、雇用契約の場合には、継続的に個人番号関係事務が発生すると認められることから、提供を受けた個人番号は継続的に保管できると考えられます。

5　個人番号を有しない者

個人番号は、市町村の住民票に記載されている者に付番されます（第Ⅰ章「5　マイナンバーの付番」参照）。例えば、外国人労働者を雇用している場合、その者の控除対象配偶者等は母国に居住したままという場合がありますが、そのような控除対象配偶者等は個人番号を有しないこととなります。このように、従業員等又はその控除対象配偶者等が個人番号を有していない場合には、扶養控除等申告書などの書類の個人番号記入欄に何も記入することはできないことから、空欄のまま事業者に提出することになると考えられます[38]（以下、本章において同じです）。

[38]　本書執筆時点では、番号法対応の確定版の扶養控除等申告書などの様式及び記載要領が未公表であるため、実際の対応については、扶養控除等申告書などの様式及び記載要領を確認のうえ対応してください。

6 個人番号の提供を拒む従業員等の対応方法

　扶養控除等申告書をはじめとする様々な書類等に個人番号を記載することは、所得税法等の法律で定められているものです。従業員等の意思や考えで個人番号の提供を拒むことはできません。

　個人番号の提供を拒む従業員等には、番号法の趣旨や個人番号を記載することは法律で定められていることなどを丁寧に説明のうえ、個人番号の提供を受ける必要があります。それでも、個人番号の提供を拒む場合には、提供を求めた経過等を記録、保存するなどし、単なる義務違反でないことを明確にしておく必要があります*39。

＊39　内閣官房ホームページFAQ（http://www.cas.go.jp/jp/seisaku/bangoseido/faq/faq4.html）、国税庁ホームページFAQ（http://www.nta.go.jp/mynumberinfo/FAQ/04kokuzeikankei.htm#a2-10）

7 本人確認

　番号法においては、個人番号利用事務実施者又は個人番号関係事務実施者が、本人又はその代理人から個人番号の提供を受ける際に、本人確認を行うこととされています（番号法16、番号令12、番号規1～4、6～11）。

　したがって、事業者が、従業員等を採用した場合で、個人番号の提供を受けたときは、番号法に基づく本人確認を行う必要があります。本人確認の主な方法としては、次に掲げる方法となります（具体的な内容は第Ⅲ章「13　本人確認」参照）。
① 　個人番号カードの提示
② 　通知カード及び身元確認書類の提示
③ 　番号確認書類及び身元確認書類の提示

　最も簡単な本人確認方法は、個人番号カードの提示を受ける方法です。個人番号カードは、表面に従業員等の基本4情報が記載され

ており顔写真も付いていることから、従業員等の身元確認が行えます。また、裏面には個人番号が記載されていることから、従業員等の番号確認が行えます。

　個人番号カードの提示を受けられない場合は、②又は③の方法により本人確認を行うこととなります。これらの方法は、通知カードやその他の書類を使って、従業員等の番号確認及び身元確認を行うというものです。

　まず、従業員等の番号確認については、初めて、その従業員等から個人番号の提供を受ける場合は、通知カード又は番号確認書類（住民票の写し等）の提示を受ける必要があります。2回目以降の個人番号の提供については、初回に本人確認の上、特定個人情報ファイルを作成している場合には、その特定個人情報ファイルで個人番号及び個人識別事項（氏名及び生年月日又は住所）が一致しているかを確認すればよいこととなっています（番号規3①三）。したがって、当年の扶養控除等申告書において個人番号の提供を受けた場合は、前年の扶養控除等申告書（適正に本人確認済みのもの）に記載されている個人番号及び個人識別事項と突合することにより、番号確認を行えばよいこととなります。

　次に、従業員本人の身元確認を行う必要があります。ただし、従業員等のように事業者と雇用関係にあり、人違いでないことが明らかであると個人番号利用事務実施者が認める場合には、従業員等の身元確認は省略できます（番号規3⑤）（第Ⅲ章「13　本人確認」参照）。

　このように、従業員等の本人確認については、初めて個人番号の提供を受ける場合に若干の手間がかかるものの、2回目以降の提供の場合には手続は軽減されます。なお、扶養控除等申告書又は従たる給与についての扶養控除等申告書の提出により、その従業員等の控除対象配偶者等に関する個人番号の提供を受けた場合には、事業者は控除対象配偶者等の本人確認を行う必要はありません（本章「4　従業員等の扶養親族の異動」参照）。

4 従業員等の扶養親族の異動

Q 従業員等が結婚等して扶養親族の異動があった場合の税務関係書類における個人番号の取扱いを教えてください。

A 従業員等の扶養控除等申告書の記載事項に異動があった場合には、事業者は、従業員等に扶養控除等（異動）申告書を記載してもらいます。記載事項には、住所や氏名のほか個人番号も含まれることから、それにより従業員等及びその従業員等の控除対象配偶者等に関する個人番号の提供を受けることとなります。

また、個人番号の提供を受けた事業者は、その従業員等の本人確認を行うこととなりますが、その控除対象配偶者等の本人確認を行う必要はありません。

1 扶養控除等（異動）申告書の提出

　扶養控除等申告書を提出した従業員等は、その年の中途において、その扶養控除等申告書に記載した事項について異動が生じた場合には、給与等の支払者である事業者からその異動を生じた日後、最初の給与等の支払いを受ける日の前日までに、扶養控除等（異動）申告書をその事業者を経由して税務署長に提出することとなります（所法194②）*40。

　この扶養控除等（異動）申告書の記載事項の一つとして、従業員

等及びその従業員等の控除対象配偶者等の個人番号を記載することとなります（所法194①三～五、194②、所規73②一）。

したがって、事業者は、従業員等が結婚等して、当初提出を受けた扶養控除等申告書の記載事項に異動があった場合には、異動後の最初の給与等の支払日の前日までに、従業員等からその従業員等及び控除対象配偶者等の個人番号が記載された扶養控除等（異動）申告書の提出を受けることとなります[*41]。なお、実務上は、当初提出を受けた扶養控除等申告書の記載事項を異動後の内容に補正するという対応が認められています[*42]。

[*40] 扶養控除等（異動）申告書におけるみなし提出（所法198）、保存義務及び保存期間（所規76の3）は、扶養控除等申告書と同様です（本章「2 従業員等の採用」）。この取扱いは、下記2の従たる給与についての扶養控除等（異動）申告書も同様です。

[*41] 地方税法45条の3の2第2項及び317条の3の2第2項における「給与所得者の扶養親族（異動）申告書」は、扶養控除等（異動）申告書と統一の書式であり、みなし提出、保存義務、保存期間等も同一であることから、本項では、それらの書類は扶養控除等（異動）申告書に含まれているものとします。

[*42] 扶養控除等申告書の裏面「1　申告についてのご注意」（2）参照

2 従たる給与についての扶養控除等（異動）申告書の提出

従たる給与についての扶養控除等申告書を提出した従業員等は、その年の中途において、その扶養控除等申告書に記載した事項について異動が生じた場合には、給与等の支払者である事業者からその異動を生じた日後最初の給与等の支払いを受ける日の前日までに、従たる給与についての扶養控除等（異動）申告書をその事業者を経由して税務署長に提出することとなります（所法195②）。

この従たる給与についての扶養控除等（異動）申告書の記載事項の1つとして、従業員等及びその従業員等の控除対象配偶者等（特別障害者等を除きます。）の個人番号を記載することとなります（所法195①二、195②、所規74②一）。

したがって、事業者は、従業員等が結婚等して、当初提出を受け

た従たる給与についての扶養控除等申告書の記載事項に異動があった場合には、異動後の最初の給与等の支払日の前日までに、従業員等からその従業員等及び控除対象配偶者等（特別障害者等を除きます。）の個人番号が記載された扶養控除等（異動）申告書の提出を受けることとなります。なお、実務上は、扶養控除等申告書と同様に、異動後の内容に補正するという対応が認められています[*43]。

[*43] 従たる給与についての扶養控除等申告書の裏面「申告についてのご注意」2参照

3 事業者の番号付記

扶養控除等（異動）申告書又は従たる給与についての扶養控除等（異動）申告書を受理した給与等の支払者である事業者は、それら申告書にその事業者の個人番号又は法人番号を付記するものとされています（所規73③、74③）[*44]。したがって、事業者が個人事業者であれば個人番号を、法人であれば法人番号を付記することとなります。

[*44] この規定は、番号法附則1条4号の施行日（平成28年1月予定）以後に提出するものについて適用されます（所規附則37、38）。

4 本人確認

1 控除対象配偶者等の本人確認

事業者は、扶養控除等（異動）申告書又は従たる給与についての扶養控除等（異動）申告書の提出により、従業員等からその従業員等の控除対象配偶者等に関する個人番号の提供を受けた場合には、その控除対象配偶者等の本人確認は行う必要はありません。これは、従業員等が、事業者とは別個の「個人番号関係事務実施者」として、事業者に対して、その控除対象配偶者等に関する個人番号を提供す

ることになるからです。

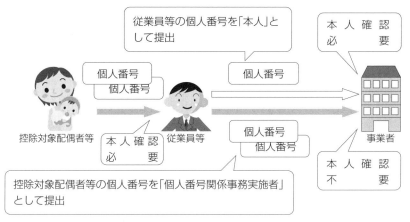

　本人確認を行う必要があるのは、個人番号利用事務実施者又は個人番号関係事務実施者が、本人又はその代理人から個人番号の提供を受けた場合のみであることから、事業者（個人番号関係事務実施者）が「個人番号関係事務実施者としての従業員等」から控除対象配偶者等に関する個人番号の提供を受けたとしても、その控除対象配偶者等の本人確認は必要ないこととなります*45。

*45　番号法上は、従業員等の控除対象配偶者等に対する本人確認は、その従業員等（個人番号関係事務実施者）が行うこととなります。

2　従業員等の本人確認

　上記❶又は❷の扶養控除等（異動）申告書を提出する際には、再度、従業員等本人の個人番号を記載することとなります（所規73②一、74②一）。そのため、事業者は、その従業員等の本人確認を再度行う必要があります。ただし、2回目以降の個人番号の提供であることから、手続としては軽減されます（本章「3　従業員等の採用」参照）。

　なお、上記で述べたとおり、実務上は、扶養控除等（異動）申告書を提出するのではなく、当初提出した扶養控除等申告書の記載事項を異動後の内容に補正するという対応方法が認められています。

この実務上の対応が、個人番号の「提供」に当たるかは疑義のあるところですが、これが提供に当たるとしても２回目以降の提供であることから、本人確認は軽減されます。ただし、当初提出した扶養控除等申告書の記載事項の異動内容が、従業員等本人の個人番号が変更されたことに伴って新たな個人番号にその内容を補正するというものである場合には、当然、個人番号の「提供」とみて、本人確認が必要になると考えられます。この場合は、初めての個人番号の提供として、本人確認を一からやり直す必要があります。

5 年末調整

Q 従業員等の年末調整を行う場合の税務関係書類における個人番号の取扱いを教えてください。

A 従業員等が年末調整において、配偶者特別控除、生命保険料等の保険料控除、住宅借入金等特別控除の適用を受けようとする場合には、事業者は、従業員等に配偶者特別控除申告書、保険料控除申告書、住宅借入金等特別控除申告書を記載してもらいます。記載項目には、住所や氏名のほか個人番号も含まれることから、それにより個人番号の提供を受けることになります。

また、通常は、年末調整の時期に、翌年分の扶養控除等申告書を記載してもらうこととなるため、それにより従業員等の個人番号の提供を受けることになります。

個人番号の提供を受けた事業者は、従業員等の本人確認を行うこととなります。

年末調整（所法190）は、通常、10月下旬から12月上旬位までかけて、従業員等に様々な書類を配布して、必要事項を記載してもらったり、保険料の控除証明書等を添付してもらったりして行うこととなります。年末調整事務を取り扱う担当者は、短い期間で大量の書類を確認することになることから、どの書類に個人番号が記載されるのか把握しておくことが重要となります。

1 配偶者特別控除申告書の提出がある場合

　従業員等は、年末調整において、配偶者特別控除の適用を受けようとする場合には、給与等の支払者（2か所以上から給与等の支給を受けている場合には、主たる給与等の支払者）である事業者からその年最後に給与等の支払いを受ける日の前日までに、配偶者特別控除申告書をその事業者を経由して税務署長に提出することとなります（所法195の2①）*46。

　この配偶者特別控除申告書の記載事項の一つとして、従業員等及びその従業員等の配偶者の個人番号を記載することとなります（所法195の2。所規74の2①一）*47。

　したがって、事業者は、従業員等が配偶者特別控除の適用を受けようとする場合には、従業員等がその年最後に給与等の支払いを受ける日の前日までに、その従業員等及び配偶者の個人番号が記載された配偶者特別控除申告書の提出を受けることとなります。

*46　配偶者特別控除申告書におけるみなし提出（所法198）、保存義務及び保存期間（所規76の3）は、扶養控除等申告書と同様です（本章「3　従業員等の採用」参照）。この取扱いは、下記2の保険料控除申告書も同様です。
*47　この規定は、番号法附則1条4号の施行日（平成28年1月1日）以後に提出するものについて適用されます（整備法15④、所規附則1）。下記「4　事業者の番号付記」についても同様です（所規附則39）。

2 保険料控除申告書の提出がある場合

　従業員等が、年末調整において、生命保険料等の保険料控除*48を受けようとする場合には、給与等の支払者（2か所以上から給与等の支給を受けている場合には、主たる給与等の支払者）である事業者からその年最後に給与等の支払いを受ける日の前日までに、保険料控除申告書*49をその事業者を経由して税務署長に提出することとなります（所法196①）。

この保険料控除申告書の記載事項の一つとして、従業員等の個人番号を記載することとなります（所規75①一）[*50]。

　したがって、事業者は、従業員等が生命保険料等の保険料控除の適用を受けようとする場合には、その従業員等がその年最後に給与等の支払いを受ける日の前日までに、従業員等の個人番号が記載された保険料控除申告書の提出を受けることとなります。

[*48] 保険料控除は、所得税法90条2号ロに規定する社会保険料、小規模企業共済等掛金、新生命保険料、旧生命保険料、介護医療保険料、新個人年金保険料、旧個人年金保険料又は地震保険料に係る控除をいいます（所法196②）。

[*49] 保険料控除の適用を受けようとする場合は、保険料の支払いをした旨を証する書類を提出し、又は提示しなければなりません（所法196②）。

[*50] 保険料控除申告書については、番号法附則1条4号の施行日（平成28年1月1日）以後に提出するものについて適用されます（所規附則40）。下記「④ 事業者の番号付記」についても同様です。

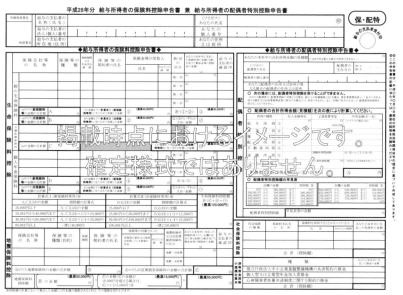

（出典）国税庁ホームページ

3 住宅借入金等特別控除申告書の提出がある場合

　住宅借入金等により住宅を取得等した場合において、住宅借入金等を有する場合の所得税額の特別控除（以下「住宅ローン控除」といいます。措法41①）の適用を受けようとする場合には、その適用を受けようとする最初の年分は確定申告をすることが必要ですが、翌年以後の年分については年末調整においてその適用を受けることができます（措法41の２の２①）。

　従業員等が、年末調整において、住宅ローン控除の適用を受けようとする場合には、給与等の支払者である事業者からその年最後に給与等の支払いを受ける日の前日までに、住宅借入金等特別控除申告書[51]をその事業者を経由して税務署長に提出することとなります（措法41の２の２①）[52]。

　この住宅借入金等特別控除申告書の記載事項の一つとして、従業員等の個人番号を記載することとなります（措規18の23①一）[53]。

　したがって、事業者は、従業員等が住宅ローン控除の適用を受けようとする場合には、その年最後に給与等の支払いを受ける日の前日までに、従業員等から従業員等の個人番号が記載された住宅借入金等特別控除申告書の提出を受けることとなります。

＊51　住宅借入金等特別控除申告書には、その従業員等の住所地の税務署長が発行した「年末調整のための（特定増改築等）住宅借入金等特別控除証明書」及び金融機関等が発行する住宅取得資金に係る借入金の年末残高等証明書の添付が必要です（措法41の２の２②）。

＊52　住宅借入金等特別控除申告書は、その提出の際に経由すべき給与等の支払者である事業者が受け取ったときは、その受け取った日に税務署長に提出されたものとみなされます（措法41の２の２③）。そして、税務署長がその提出を求めるまでの間、その事業者が保存することとなります（措規18の23⑤本文）。その保存期間は、住宅借入金等特別控除申告書に係る提出期限の属する年の翌年１月10日の翌日から７年を経過する日までとなっています（措規18の23⑤ただし書）。

＊53　住宅借入金等特別控除申告書については、番号法附則１条４号の施行日（平成28年１月１日）の属する年分以後の所得税について適用されます（措規附則36）。下記「４　事業者の番号付記」についても同様です。

4 事業者の番号付記

　配偶者特別控除申告書、保険料控除申告書又は住宅借入金等特別控除申告書を受理した給与等の支払者である事業者は、それらの申告書にその事業者の個人番号又は法人番号を付記するものとされています（所規74の2②、75②、措規18の23④）。したがって、事業者が個人事業者であれば個人番号を、法人であれば法人番号を付記することとなります。

5 中途入社の従業員等の年末調整

　年の中途で入社した従業員等がいる場合において、その従業員等がその年に他の事業者から給与等（以下「前職分の給与等」といいます）の支払いを受けている場合には、前職分の給与等と事業者が支払った給与等とを合わせて、その従業員等の年末調整を行うこととなります（所法190①）*54。

　この場合、事業者は、その従業員等に対して、前職分の給与等に関する給与所得の源泉徴収票（以下「前職分源泉徴収票」といいます）の提出を求めることとなります。この前職分源泉徴収票には、その従業員等や控除対象配偶者等の個人番号が記載されている（本章「6　給与所得の源泉徴収票及び給与支払報告書の提出」参照）ことから、「特定個人情報の提供」にあたりますが、これは、年末調整という個人番号関係事務を行うために必要な範囲内であることから、特定個人情報の提供制限には抵触しないと考えられます（第Ⅲ章「11　個人番号の提供の求めの制限、特定個人情報の提供の制限」参照）。

　なお、この前職分源泉徴収票の提出においても、事業者はその従業員等の本人確認が必要となります。通常は、当年分の扶養控除等申告書とともに提出を受けることとなるため、それと併せて本人確

認を行うことになると考えられますが、前職分源泉徴収票を年末調整事務の直前に受け取る場合等は、2回目以降の提供として、当年分の扶養控除等申告書に記載されている個人番号と突合を行う等の軽減された本人確認を行うことになると考えられます。

＊54　前職分の給与等のうち年末調整の対象となる給与等は、前職において扶養控除等申告書を提出して、源泉徴収において甲欄の適用を受けていた給与等となります（所法190一）。したがって、その従業員等が、前職において、扶養控除等申告書を提出せずに乙欄等の適用を受けていた場合は、その従業員等の前職分の給与等は年末調整の対象とはなりません。

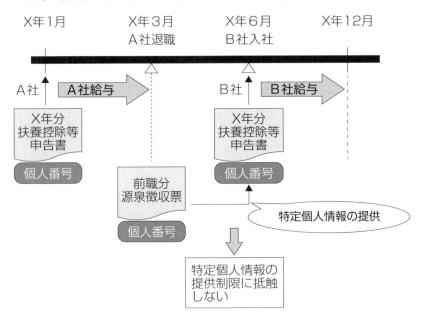

6 当年分及び翌年分の扶養控除等申告書の取扱い

1 当年分の扶養控除等申告書の取扱い

　実務上、従業員等から提出を受けた当年分の扶養控除等申告書について、当年の年末調整を行う際に、一度、従業員等に返還して、その内容に異動がないかどうかを確認させる場合があります。

　ここで問題となるのが、個人事業者の場合です。従業員等から提出を受けた当年分の扶養控除等申告書には、事業者の番号を付記（所規73③）することとされているため、その事業者が個人事業者である場合には、その事業者の個人番号が付記されることとなります。

　その事業者の個人番号が付記された扶養控除等申告書を従業員等に返還することは、特定個人情報の提供制限（番号法19）に抵触しないか疑義のあるところです[*55]。

　このような実務上の対応について、法的にどのような整理がされるかは今後の議論によることとなりますが、仮に、提供制限に抵触しないとした場合でも、その事業者の個人番号の漏えい等に繋がる恐れがあるため、別の対応方法をとるべきであると考えます。例えば、扶養控除等申告書に記載されている内容について、個人番号以外の情報を印字した別の用紙を用意して内容を確認させ、変更がある場合は、別途扶養控除等（異動）申告書を記載させるなどの対応が考えられます。また、個人番号部分を黒塗りする等して復元できない状態にすれば、従来と同様の取扱いをすることができます。ただし、再度、提出を受けたときにその個人事業者の個人番号を付記し直す必要があります。

　もっとも、本章「4　従業員等の扶養親族の異動」で解説したとおり、扶養控除等申告書に記載した事項に異動が生じた場合には、従業員等自らが「その異動を生じた日後最初の給与等の支払いを受ける日の前日まで」に、扶養控除等（異動）申告書を提出するのが

5　年末調整

本来的な取扱いであることから、特段、扶養控除等（異動）申告書の提出がない場合は、提出を受けた扶養控除等申告書の内容が正しいものとして年末調整などの作業を行うことが、あるべき姿であると考えます。

なお、事業者が法人の場合は、その法人の法人番号を付記することとなりますが、法人番号は自由に利活用されるものであるから、上記のような対応は必要ありません。

＊55　一度、事業者で受理した扶養控除等申告書を従業員等に返還することは、「従業員等の個人番号が従業員等本人に提供されるため、特定個人情報の提供制限に抵触するのではないか」という点についても疑義が生じます。この点については、本人からの「開示の求め」に応じて特定個人情報の開示を行う場合には、特定個人情報の提供が認められる（マイナンバーガイドラインＱ＆Ａ）ことから、１つの考え方として、一度受理した扶養控除等申告書を従業員等に返還する行為が「開示の求め」に応じたものと認められる場合には、提供制限には抵触しないものと考えることもできると思われます。

2　翌年分の扶養控除等申告書の取扱い

実務上、年末調整事務を行うと同時に、翌年分の扶養控除等申告書を従業員等に配布して記入してもらう場合が多いと考えられます。

ここで問題となるのは、平成28年分の扶養控除等申告書の提出についてです。現在公布されている番号法は、その附則１条で施行期日が規定されており、番号法の各規定が段階的に施行されることとなっています。個人番号の通知に関する施行期日は、平成27年10月５日となっています（番号法附則１本文）が、個人番号の利用に関する施行期日は平成28年１月１日となっています（番号法附則１四）。このことから、平成27年10月頃に従業員等が個人番号の通知を受けたとしても、平成28年１月になるまでは、事業者はその従業員等にその個人番号の提供を求めることはできないと考えられていました。

そのため、個人番号の導入後、最初の扶養控除等申告書である平成28年分の扶養控除等申告書については、平成28年１月の施行を待ってから個人番号の記入をしてもらうことになると考えられてい

ました。
　この点については、現在、内閣官房のホームページにおいて、平成28年１月前に同月から始まる個人番号関係事務のために、あらかじめ個人番号を収集することはできると公表されています。また、個人番号関係事務で利用するため、あらかじめ本人から個人番号を収集する場合には、番号法12条に基づく安全管理措置として、番号法16条による本人確認措置と同様の措置を講ずる必要があるとされています[*56]。

* 56　http://www.cas.go.jp/jp/seisaku/bangoseido/zigyou/jizenshushu.pdf

7　本人確認

　年末調整において個人番号の提供を受ける場合は、通常、２回目以降の個人番号の提供であると考えられることから、当年分の扶養控除等申告書に記載されている個人番号と突合を行う等の軽減された本人確認を行うことになると考えられます。

8　特定個人情報の継続的な保管

　一度、提供を受けた特定個人情報については、個人番号関係事務などの番号法において限定的に定められた事務を行う必要がある場合に限り、保管し続けることができます（第Ⅲ章「12　収集・保管の制限」参照）。

6 給与所得の源泉徴収票及び給与支払報告書の提出

Q 給与所得の源泉徴収票及び給与支払報告書の提出と個人番号の取扱いを教えてください。

A 給与所得の源泉徴収票は、税務署長提出用と本人交付用との2通を作成しますが、それぞれに従業員等の個人番号を記載することとなります。また、税務署長提出用には、事業者の個人番号又は法人番号も記載することとなります。給与支払報告書についても同様に、従業員等及び事業者の番号を記載することとなります。

1 給与所得の源泉徴収票の提出と本人交付

　事業者は、その年において支払いの確定した給与等について、その給与等の支払いを受ける従業員等の各人別に源泉徴収票2通を作成し、その年の翌年1月31日まで(年の中途において退職した者については、その退職の日以後1月以内)に、1通を税務署長に提出し、他の1通を従業員等本人に交付することとなります(所法226①)[*57]。

　この給与所得の源泉徴収票の記載事項の1つとして、従業員等の個人番号を記載することとなります(所規93①一)[*58]。また、その従業員等に控除対象配偶者等がいる場合には、その控除対象配偶者等の個人番号についても記載することとなります(所規93①七)。

　したがって、事業者は、従業員等や控除対象配偶者等の個人番号

について、扶養控除等申告書などから給与所得の源泉徴収票に個人番号を転記することとなります。

また、税務署長提出用の源泉徴収票については、事業者の個人番号又は法人番号を記載することとなります（所規93①二）。

*57　給与所得の源泉徴収票は、同一人に対するその年中の年末調整の適用を受けた給与等の支払金額が500万円以下である場合等一定の場合ついては、税務署長に提出することを要しません（所規93②）。また、実務上、年の中途において退職した者の源泉徴収票については、その年の退職者分を取りまとめて、翌年1月31日までに提出しても差し支えないこととされています（国税庁「給与所得の源泉徴収票等の法定調書の作成と提出の手引」参照）。

*58　この規定は、番号法附則1条4号の施行日（平成28年1月1日）以後に支払うべき給与等について適用されます（所規附則74①）。

	税務署長提出用	本人交付用
従業員等の個人番号 （控除対象配偶者等も含む）	○	○
事業者の個人番号又は法人番号	○	×

個人番号が記載される給与所得の源泉徴収票の様式は、下記のとおりとなります。紙のサイズは、Ａ6サイズがＡ5サイズに変更となり、従来の倍の大きさになります。

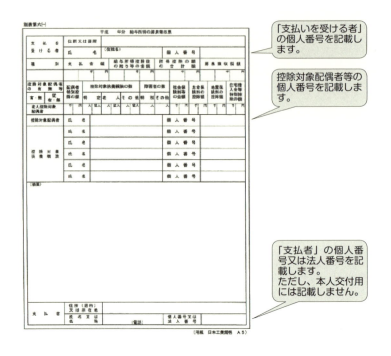

　従業員等本人に交付する給与所得の源泉徴収票については、例えば、住宅ローンを組む場合に金融機関に提出する等所得証明として使用する場合があります。このような場合に、従業員等の個人番号が記載された給与所得の源泉徴収票をそのまま提出してしまうと、特定個人情報の提供制限（番号法19。第Ⅲ章「11　個人番号の提供の求めの制限、特定個人情報の提供の制限」参照）に抵触することとなります。そのため、従業員等本人に源泉徴収票を交付するときには、「番号法において特定個人情報の提供が認められていない場合に源泉徴収票を使用する場合には、個人番号部分を黒塗りにする等の措置が必要である」旨を伝えることが望ましいと考えられます。

　なお、従業員等や控除対象配偶者等の個人番号をきちんと記載した本人交付用の源泉徴収票を本人に交付したうえで、別途、本人の要望に応じ、個人番号を記載せずに源泉徴収票の内容を印刷することについては可能であると考えられます。

2 給与支払報告書及び異動届出書の提出

1 給与支払報告書の提出

　1月1日現在において給与等の支払いをする事業者は、同月31日までに、給与等の支払いを受けている従業員等に係る前年中の給与所得の金額等を給与支払報告書に記載して、その従業員等の1月1日現在における住所地の市町村長に提出することとなります（地法317の6）[59]。

　この給与支払報告書は、給与所得の源泉徴収票と同じ書式であり、従業員等や控除対象配偶者等の個人番号、事業者の個人番号又は法人番号を記載することとなります（地規10、第17号様式）。

[59] 年の途中で退職した従業員等の給与等についても、給与支払報告書を作成して、その年の翌年1月31日までに提出することとなりますが、その給与等の総額が30万円以下である場合には提出不要です（地法317の6③）。

2 給与支払報告に係る給与所得者異動届出書の提出

　給与支払報告書の提出義務がある事業者は、市町村長に提出した給与支払報告書に記載した従業員等のうち4月1日現在において退職等により給与の支払いを受けなくなった人がいる場合には、4月15日までに、給与支払報告に係る給与所得者異動届出書をその市町村長に提出することとなります（地法317の6②、地規10、第18号様式）。

　本書執筆時点では、この異動届出書の様式に関する改正が行われていませんが、従業員等の個人番号、事業者の個人番号又は法人番号を記載することが予想されます。

7 従業員等の退職

Q 従業員等の退職に伴い退職金を支払う場合の税務関係書類についての個人番号の取扱いを教えてください。

A 従業員等に退職金などの退職手当等を支払う場合には、事業者は、従業員等に退職所得の受給に関する申告書を記載してもらいます。記載項目には、住所や氏名のほか個人番号が含まれることから、それにより個人番号の提供を受けることとなります。そして、提供を受けた個人番号について、退職所得の源泉徴収票及び特別徴収票に記載して、税務署長等に提出することとなります。
　また、個人番号の提供を受けた事業者は、従業員等の本人確認を行うこととなります。

1 退職所得の受給に関する申告書の提出がある場合

　退職金などの退職手当等の支払いを受ける従業員等は、その支払いを受ける時までに、退職所得の受給に関する申告書を、その退職手当等の支払者である事業者を経由して税務署長に提出することとなります（所法203①）*60。
　この退職所得の受給に関する申告書の記載事項の一つとして、従業員等の個人番号を記載することとなります（所規77①一）*61。
　したがって、事業者は、従業員等に退職手当等を支払う場合には、その支払いをするまでに、従業員等からその従業員等の個人番号が

記載された退職所得の受給に関する申告書の提出を受けることとなります[*62]。

* 60 退職所得の受給に関する申告書が、その提出の際に経由すべき退職手当等の支払者である事業者に受理されたときは、その申告書は、その受理された時に税務署長に提出されたものとみなされます（所法203③）。そして、税務署長がその提出を求めるまでの間、その事業者が保存することとなります（所規77③本文）。その保存期間は、退職所得の受給に関する申告書に係る提出期限の属する年の翌年1月10日の翌日から7年を経過する日までとなっています（所規77③ただし書）。
* 61 この規定は、番号法附則1条4号の施行日（平成28年1月1日）以後に提出するものについて適用されます（所規附則42）。下記「2　事業者の番号付記」についても同様です。
* 62 地方税法50条の7及び328条の7における「退職所得申告書」は、退職所得の受給に関する申告書と統一の書式であり、みなし提出、保存義務、保存期間等も同一であることから、本項では、それらの書類は退職所得の受給に関する申告書に含まれているものとします。

2 事業者の番号付記

　退職所得の受給に関する申告書を受理した退職手当等の支払者である事業者は、その申告書にその事業者の個人番号又は法人番号を付記するものとされています（所規77④）。したがって、事業者が個人事業者であれば個人番号を、法人であれば法人番号を付記することとなります。

退職所得の受給に関する申告書 / 退職所得申告書

※掲載時点におけるイメージです。確定様式ではありません。

この申告書は、国税庁ホームページに掲載されている様式のイメージです。

(出典) 国税庁ホームページ

3 退職所得の受給に関する申告書の提出がない場合

　実務上、従業員等が退職所得の受給に関する申告書を提出しないために、退職所得に係る源泉徴収税額の計算を20.42％税率（復興特別所得税含みます）で行っている場合があると考えられます。このような従業員等における退職所得の源泉徴収票及び特別徴収票（下記⑤参照）についても、その従業員等の個人番号を記載して税務署長、市町村長に提出することとなります。

　退職する従業員等については、退職するまでに給与等の支払いがあり、給与所得の源泉徴収票に記載するために個人番号の提供を受けていると考えられることから、退職所得の受給に関する申告書を提出しない従業員等については、すでに提供を受けた個人番号を利用することになると考えられます。ただし、個人情報保護法の適用対象である個人情報取扱事業者においては、個人番号の提供を受ける際に、退職所得の源泉徴収票でも利用することを利用目的として特定（例えば「源泉徴収票作成事務」等）し、本人への通知等を行っている場合に限られます。

　なお、当然、改めて個人番号の提供を求めることも可能です。その提供の受け方については、特段決まりはありませんが、書面に個人番号を記載してもらうなどの方法により提供を受けることが望ましいと考えます。

4 退職所得の源泉徴収票の提出と本人交付

　事業者は、その年において支払いの確定した退職手当等について、その退職手当等の支払いを受ける従業員等の各人別に源泉徴収票を２通作成し、その退職の日以後１月以内[63]に、１通を税務署長に提出し、他の１通を従業員等本人に交付することとなります（所法226②）[64]。

この退職所得の源泉徴収票に、従業員等の個人番号を記載することとなります（所規94①一）*65。したがって、事業者は、従業員等の個人番号について、退職所得の受給に関する申告書などから退職所得の源泉徴収票に個人番号を転記することとなります。

　また、税務署長提出用の源泉徴収票については、事業者の個人番号又は法人番号を記載することとなります（所規94①二）。

*63　実務上、その年の退職所得の源泉徴収票を取りまとめて、翌年1月31日までに提出しても差し支えないこととされています（国税庁「給与所得の源泉徴収票等の法定調書の作成と提出の手引き」参照）。
*64　退職所得の源泉徴収票は、役員（相談役、顧問その他これらに類する者を含みます。以下同じです）に対して支払う退職手当等以外の退職手当等については、税務署長に提出することを要しません（所規94②）。
*65　この規定は、番号法附則1条4号の施行日（平成28年1月1日）以後に支払うべき退職手当等について適用されます（所規附則75）。

	税務署長提出用	本人交付用
従業員等の個人番号	○	○
事業者の個人番号又は法人番号	○	×

　なお、従業員等の死亡退職により、その従業員等に支給されるべきであった退職手当金等の支給を受けた人（従業員等の相続人等）がいる場合は、その退職手当金等は、その支給を受けた人に対する「みなし相続財産」として、所得税課税ではなく相続税課税の対象となります（相法3①二）*66。したがって、事業者は、退職所得の源泉徴収票及び特別徴収票の提出ではなく、「退職手当金等受給者別支払調書」を提出することとなります（相法59①二。下記7参照）。

*66　「みなし相続財産」となる退職手当金等とは、被相続人の死亡により相続人その他の者がその被相続人に支給されるべきであった退職手当金、功労金その他これらに準ずる給与（一定の給付を含みます）で被相続人の死亡後3年以内に支給が確定したものをいいます（相法3①二）。なお、死亡後3年を経過してから支給が確定したものについては、相続人等の一時所得に該当（所得税基本通達34-2）することとなり、支払調書の提出は必要ありません。

5 退職所得の特別徴収票の提出

　退職所得の特別徴収義務者である事業者は、その年において支払いの確定した退職手当等について、その退職手当等の支払いを受ける人の各人別に特別徴収票2通を作成し、その退職の日以後1月以内に、1通を退職手当等の支払いを受けるべき日の属する年の1月1日現在におけるその従業員等の住所地の市町村長に提出し、他の1通を従業員等本人に交付することとなります（地法50の9、328の14）[*67]。

　この退職所得の特別徴収票は、退職所得の源泉徴収票と同じ書式であり、従業員等の個人番号、事業者の個人番号又は法人番号を記載することとなります（地規2の5の2、第5号の14様式）。

[*67] 退職所得の特別徴収票は、役員に対して支払う退職手当等以外の退職手当等については、市町村長に提出することを要しません（地規2の5の2①）。また、特別徴収すべき分離課税に係る所得割額がないときは、従業員等本人の請求がない限り、従業員等本人に交付することを要しません（地規2の5の2②）。

6 特別徴収に係る給与所得者異動届出書の提出

　給与所得の特別徴収義務者である事業者は、その事業者が徴収すべき給与所得に係る特別徴収税額に係る従業員等が退職等して給与等の支払いを受けないこととなった場合には、特別徴収に係る給与所得者異動届出書をその事由が発生した日の属する月の翌月10日までに、その特別徴収に係る納入金を納入すべき市町村長に提出することとなります（地法321の5③、地規9の5、10、第18号様式）。

　本書執筆時点では、この異動届出書の様式に関する改正が行われていませんが、従業員等の個人番号、事業者の個人番号又は法人番号を記載することが予想されます。

7 退職手当金等受給者別支払調書の提出

　従業員等の死亡退職により、その従業員等に支給されるべきであった退職手当金等の支給を受けた人（従業員等の相続人等）[68]がいる場合は、その退職手当金等は、その支給を受けた人に対する「みなし相続財産」となります。

　みなし相続財産に該当する退職手当金等を支給した事業者は、その支給した退職手当金等について、翌月15日までに、退職手当金等受給者別支払調書を税務署長に提出することとなります（相法59①二、相規30、31、第7号様式）[69]。

　この支払調書に、その死亡退職となった従業員等及び退職手当金等の受給者である相続人等の個人番号を記載することとなります（相規31）。また、事業者の個人番号又は法人番号も記載することとなります（相規31）[70]。

[68] 「支給されるべきであった退職手当金等の支給を受けた者」については、相続税法基本通達3－25を参照してください。
[69] 退職手当金等の金額が100万円以下である場合には、税務署長への提出は要しません（相法59①ただし書、相規30）。
[70] この規定は、番号法附則1条4号の施行日（平成28年1月1日）以後に退職手当等の支給の事実が生ずる場合について適用されます（相規附則3②）。

8 本人確認

　退職に伴って個人番号の提供を受ける場合は、通常、2回目以降の個人番号の提供であると考えられることから、当年分の扶養控除等申告書に記載されている個人番号と突合を行う等の軽減された本人確認を行うことになると考えられます。

　ただし、死亡退職の場合の「退職手当金等受給者別支払調書」のために、退職手当金等の受給者である従業員等の相続人等から個人番号の提供を受ける場合は、初めての個人番号の提供に該当する場

合があると考えられることから、本人確認を慎重に行う必要があると考えられます。なお、事業者と一定の関係にある場合で、「個人番号利用事務実施者が認める場合」には身元確認を省略することができます（第Ⅲ章「13　本人確認」参照）。

❾ 従業員等の退職と個人番号の廃棄

　従業員等から提供を受けた個人番号については、その従業員等が退職したからといって、ただちに廃棄すればよいというものではありません。例えば、扶養控除等申告書や退職所得の受給に関する申告書などは7年間の保存義務が課されていることから、その期間が過ぎるまでは個人番号を保管していなければなりません。

　したがって、退職した従業員等の個人番号については、退職を契機にただちに廃棄するのではなく、事業者として、いつまで保管しておくべきものなのか、しっかりと判断する必要があります。

8 従業員等の休職、再雇用

Q 従業員等の休職、再雇用の場合における個人番号の取扱いを教えてください。

A 従業員等が休職している場合は、提供を受けた個人番号を保管し続けることができます。また、一度、退職した従業員等を再雇用した場合には、過去に提供を受けた個人番号を利用することができます。

1 休職の場合

　従業員等が、体調不良等の理由によって長期間休職する場合があります。このような従業員等側の事由による休職の場合、その休職中は給与等が支給されない場合が多く、事業者において個人番号関係事務が発生しない場合もあると考えられます。

　番号法においては、特定個人情報の収集・保管制限（第Ⅲ章「12 収集・保管の制限」参照）があり、一度、提供を受けた特定個人情報については、個人番号関係事務などの番号法において限定的に定められた事務を行う必要がある場合に限り、保管し続けることができます。一方、個人番号関係事務などの事務を処理する必要がなくなった場合で、法令により定められている保存期間を経過した場合には、その個人番号をできるだけ速やかに廃棄又は削除しなければなりません。

　これについて、休職の場合は、事業者との雇用契約等は継続され

ており、復職した場合には、従来どおり、個人番号関係事務の発生が予想されることから、提供を受けた特定個人情報は保管し続けることができると考えられます。これは、休職している従業員等が復職するか未確定の場合であっても同様です。

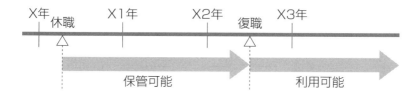

2 再雇用の場合

　定年退職を迎えた従業員等を再雇用する場合や出戻りで再雇用する場合など、一度、雇用契約を終了させて再度雇用契約を締結する場合があります。このような場合において、個人番号の再提供を受ける必要があるのかという問題があります。例えば、以前雇用していたときは、扶養控除等申告書の提出を通じて個人番号の提供を受けていたけれど、再雇用するときは扶養控除等申告書の提出を受けない場合等に、以前提供を受けた個人番号を利用することができるのかということです。

　これについては、例えば、扶養控除等申告書は7年間の保存義務が課されていることから、その期間内に再雇用した場合には、その保存している扶養控除等申告書に記載されている個人番号を再利用することはできると考えられます。すなわち、事業者において、適法に保管している個人番号であれば、再利用することは可能であると考えます。

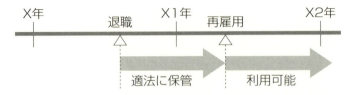

　ただし、個人情報保護法の適用対象である個人情報取扱事業者においては、以前個人番号の提供を受けた際に特定した利用目的の範囲内でのみ利用することができるという点に注意が必要です。また、正確性の確保（個情法19）も求められることから、以前提供を受けた個人番号が、正確かつ最新のものかを確認するよう努めなければなりません。

　なお、再雇用の場合であっても、改めて個人番号の提供を受け直すことはできます。そのような場合、本人確認が必要となりますが、2回目以降の個人番号の提供として軽減された本人確認を行えばよい場合が多いと考えられます。したがって、実務上の手続は、改めて個人番号の提供を受けたとしても、それほど手間がかかることはないと考えられます。

9 従業員等の出向、転籍

Q 従業員等の出向、転籍の場合における個人番号の取扱いを教えてください。

A 従業員等が出向した場合の取扱いは、ケース・バイ・ケースとなりますが、例えば、出向先でその従業員等の給与等を支払う場合は、出向先はその従業員等に個人番号の提供を求めることとなります。出向先は、出向元に個人番号の提供を求めることはできません。
　転籍の場合は、転籍先がその従業員等に個人番号の提供を求めることとなります。

1 出向の場合

グループ会社間の人事や他社との人事交流において、従業員等を出向させる場合がありますが、給与等の支給方法によって、個人番号の取扱いが異なります。

1 出向元で引き続き給与等を支払う場合

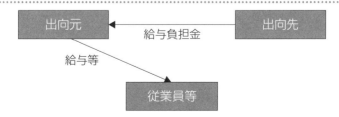

出向元で引き続き従業員等に給与等を支払う場合、出向先は、出向先が負担すべき従業員等の人件費（給与負担金）を出向元に支払うこととなります。このような場合、出向先においては、源泉徴収票や給与支払報告書などの作成がないことから、個人番号関係事務は発生しないこととなります。

したがって、出向先では、従業員等に個人番号の提供を求めることはできません（番号法15、19）。

2 出向先が給与等を支払う場合

出向先が従業員等に給与等を支払う場合は、出向先で、源泉徴収票や給与支払報告書などの作成が必要となることから、個人番号関係事務が発生することとなります。

したがって、出向先は、その従業員等に個人番号の提供を求め、その提供を受けることとなります（番号法14①、15）。そして、個人番号の提供を受けたときは、本人確認が必要となります（番号法16）。

ここで注意が必要なのは、出向先は、出向元に個人番号の提供を求めることはできないということです。番号法においては、特定個人情報の提供制限（第Ⅲ章「11 個人番号の提供の求めの制限、特定個人情報の提供の制限」参照）がありますが、出向の場合における出向元から出向先への提供は、この提供制限に抵触することとなります。そのため、出向先においては、従業員等本人（又は代理人）から個人番号の提供を受ける必要があります[71]。

なお、グループ会社間においては、人事情報を共有データベース等で管理している場合がありますが、そのような場合における特定個人情報の提供方法の一つとして、マイナンバーガイドラインに例

示がされています(マイナンバーガイドライン第4-3-(2)参照)。

*71 出向元・転籍元と出向先・転籍先との間の委託契約又は代理契約を利用した個人番号の提供スキームについては、内閣官房ホームページFAQを参照してください(http://www.cas.go.jp/jp/seisaku/bangoseido/faq/faq4.html)。

3 出向元、出向先のそれぞれが給与等を支払う場合

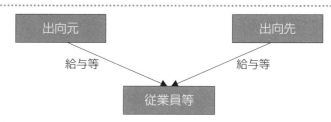

出向元と出向先とのそれぞれが従業員等に給与等を支払う場合は、出向元及び出向先で、それぞれ源泉徴収票や給与支払報告書などの作成が必要となることから、それぞれで個人番号関係事務が発生することとなります。

したがって、出向元は出向前と同様に、個人番号関係事務を行うこととなり、出向先は上記2と同様の手続を行うこととなります。

2 転籍の場合

転籍の場合は、転籍元と従業員等との間の雇用関係は終了しており、転籍先と従業員等との間に新たな雇用関係が開始することとなります。そのため、転籍先がその従業員等に給与等を支払うことになり、源泉徴収票や給与支払報告書などの作成が必要となることから、個人番号関係事務が発生することとなります。

したがって、転籍先は、その従業員等に個人番号の提供を求め、その提供を受けることとなります。そして、個人番号の提供を受けたときは、本人確認が必要となります。この場合においても、転籍先は転籍元に個人番号の提供を求めることはできません(番号法15、19)。

10 従業員等の特定個人情報と事業の承継

Q 会社の合併があった場合、従業員等の特定個人情報を存続会社が引き継ぐことはできますか。

A 存続会社は、会社の合併に伴って従業員等の特定個人情報を引き継ぐことができます。

1 特定個人情報の提供制限と事業の承継

　特定個人情報は、原則として、提供することはできませんが、一定の場合には、その提供をすることができます（番号法19。第Ⅲ章「11　個人番号の提供の求めの制限、特定個人情報の提供の制限」参照）。
　その一定の場合として、番号法19条5号に「合併その他の事由による事業の承継に伴い特定個人情報を提供するとき」が規定されています。これにより、例えば、A社とB社との間で、A社を存続会社とする吸収合併があった場合、その吸収合併に伴って消滅するB社に所属する従業員等の特定個人情報については、存続会社であるA社に提供する（引き継ぐ）ことができます。
　なお、この規定は「事業の承継」と規定していることから、合併に限らず、事業譲渡、会社分割等も含まれます。

2 利用目的による制限

　個人情報保護法の適用対象である個人情報取扱事業者は、他の個人情報取扱事業者から事業を承継することに伴って個人情報を取得した場合は、あらかじめ「本人の同意」を得ないで、承継前におけるその個人情報の利用目的の範囲を超えて、その個人情報を取り扱うことはできません（個情法16②）。これは、換言すれば、本人の同意があれば、承継前の利用目的の範囲を超えて、個人情報を取り扱うことができることを意味します。

　これに対し、番号法においては、同法29条3項により上記の規定を読み替えており「本人の同意」の有無に関係なく、「承継前」における利用目的の範囲を超えて、特定個人情報を取り扱うことはできないとしています。

　したがって、事業の承継に伴って特定個人情報を引き継いだ場合には、承継前の利用目的の範囲について注意する必要があります。

（2）支払先とマイナンバー

11 支払先の個人番号と税務関係書類（支払調書）

Q 中小企業が主に取り扱う支払調書で、支払先の個人番号が記載される支払調書は、どのようなものがありますか。

A 支払先の個人番号が記載される税務関係書類は、主に、報酬、料金、契約金及び賞金の支払調書、不動産の使用料等の支払調書、配当金、剰余金の分配及び基金利息の支払調書等があります。

1 個人番号が記載される支払調書

　事業者が行う一定の取引に対する支払いについては、支払調書の作成が義務づけられ、それを税務署長に提出することとなります（所法225等）。その支払調書の大半に、支払先の個人番号を記載することとなります。

　中小企業において実務上取り扱う支払調書で、支払先の個人番号が記載される支払調書は、主に、以下のものが挙げられます。

①	報酬、料金、契約金及び賞金の支払調書 （以下「報酬等の支払調書」といいます。） （所法225①三、所規84）
②	不動産の使用料等の支払調書 （所法225①九、所規90）
③	不動産等の譲受けの対価の支払調書 （所法225①九、所規90）
④	不動産等の売買又は貸付けのあっせん手数料の支払調書 （所法225①九、所規90）
⑤	配当金、剰余金の分配及び基金利息の支払調書 （以下「配当等の支払調書」といいます） （所法225①二、所規83）

　また、これらの支払調書には、事業者の個人番号又は法人番号を記載することとなります（所規91、別表第五（三）、（八）、（二十四）ほか）。

　なお、支払先が法人等の場合には、支払調書に支払先の法人番号を記載して税務署長に提出することとなります。法人番号は、自由に利活用されるものであり、個人番号のような厳格な保護措置がないことから、ここでは支払先の個人番号を前提として解説することとします。

報酬等の支払調書イメージ

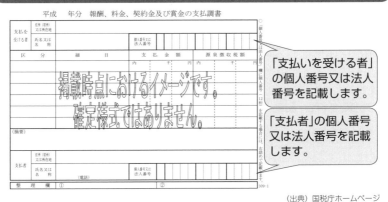

（出典）国税庁ホームページ

2 支払調書の写しの本人への交付

　支払調書は、一定の取引をしたときに作成して税務署長に提出するものであり、給与所得の源泉徴収票などとは異なり、支払先にその支払調書を交付すべき義務はありません。しかしながら、実務上、支払先にその支払調書の写しを交付している場合が多く、それを受け取った支払先はその支払調書の写しを基に所得税の確定申告等を行っています。この支払調書の写しの本人への交付については、以下の2点について注意が必要です。

1　事業者（支払者）が個人事業者の場合の注意点

　事業者が個人事業者である場合、支払調書の「支払者」欄にその事業者の個人番号が記載されることとなります。番号法においては、特定個人情報の提供制限（第Ⅲ章「11　個人番号の提供の求めの制限、特定個人情報の提供の制限」参照）がありますが、事業者の個人番号が記載された支払調書の写しを事業者から支払先へ交付することは提供制限に抵触することとなります。

　したがって、支払調書の写しを支払先に交付する場合には、事業者の個人番号を記載しない又は復元できない程度にマスキングするなどの措置をして、支払先に事業者の個人番号が渡らないようにする必要があります。

　なお、事業者が法人等の場合には、支払調書の「支払者」欄に法人番号が記載されることになりますが、法人番号は自由に利活用されるものであることから、上記のような措置は必要ありません。

2　支払先（支払いを受ける者）が個人である場合

　支払先が個人である場合、支払調書の「支払いを受ける者」欄にその支払先の個人番号が記載されます。支払先（本人）の個人番号が記載された支払調書の写しを支払先（本人）に交付する場合につ

いても、原則として、特定個人情報の提供制限に抵触することとなります。

ただし、個人情報保護法25条においては、本人から事業者に対する保有個人データの開示の求めが認められており、この求めに応じて、本人に特定個人情報を提供することは、番号法で認められた「特定個人情報を提供できる場合」に該当しないものの法の解釈上当然に認められるものとされています（マイナンバーガイドライン第4－3－(2)参照）。したがって、この求めに応じて、支払調書の写しを支払先に交付することは、特定個人情報の提供制限に抵触しないこととなります。

個人情報取扱事業者でない個人番号取扱事業者は、個人情報保護法25条の適用はありませんが、求めに応じる事業者が個人情報取扱事業者か否かで、支払先が支払調書の写しの交付を受けられるかどうかが変わるという合理的な理由はないと考えられます。したがって、個人情報取扱事業者でない個人番号取扱事業者が、支払先による開示の求めに応じて、支払調書の写しを支払先に交付することは認められると考えられます。

なお、支払調書の写しを支払先に交付することは、法律上の義務ではなく、その記載内容は事業者の裁量によることから、支払先の個人番号を記載しないで支払調書の写しを交付することは可能です。

以上のような2つの注意点を考慮すると、従来のように、事業者から率先して支払先に支払調書の写しを交付しようとする場合には、事業者（支払者）及び支払先（支払いを受ける者）の両方の個人番号を記載しない又は復元できない程度にマスキングすれば、番号法の特定個人情報の提供制限の適用を受けないことから、開示の求めによらず、交付することができます（マイナンバーガイドラインQ&A）。

12 報酬等の支払調書

Q 税理士の報酬や講師の講演料等の支払いをする場合の個人番号の取扱いを教えてください。

A 税理士の報酬や講師の講演料等の支払いをする場合には、事業者は、その支払先に個人番号の提供を求め、提供を受けた個人番号を報酬等の支払調書に記載することとなります。

　また、個人番号の提供を受けた事業者は、その支払先の本人確認を行うこととなります。

1 報酬等の支払調書

　税理士の報酬や講師の講演料等（所法204①各号）の支払いをする事業者は、その支払いに関する報酬等の支払調書を、その支払いの確定した日の属する年の翌年1月31日までに税務署長に提出することとなります（所法225①三）*72。

　この報酬等の支払調書の記載事項の1つとして、支払いを受ける者の個人番号を記載することとなります（所規84①一）*73。

　したがって、事業者は、税理士の報酬や講師の講演料等の支払いをする場合には、支払調書の提出期限までに、その支払先に個人番号の提供を求め、その提供を受けることとなります。

　提供の受け方については、特段決まりはありませんが、書面に個人番号を記載してもらうなどの方法により提供を受けることが望ま

しいと考えます。
* 72　同一人に対するその年中の報酬等の支払金額が5万円以下である場合等一定の場合ついては、税務署長に提出することを要しません（所規84②）。
* 73　この規定は、番号法附則1条4号の施行日（平成28年1月1日）以後に支払いの確定する報酬等について適用されます（所規附則61）。

2　個人番号の提供を求める時期

　個人番号の提供の求める時期について、個人番号関係事務の場合、原則としては、「個人番号関係事務が発生した時点」で個人番号の提供を受けることになりますが、本人との法律関係等に基づいて、個人番号関係事務の発生が予想される場合には、契約を締結した時点等の当該事務の発生が予想できた時点で個人番号の提供を求めることができます（第Ⅲ章「10　個人番号の提供の要求」参照）。なお、契約内容等から個人番号関係事務が明らかに発生しないと認められる場合には、個人番号の提供を求めることはできません。

　例えば、税理士と税務顧問契約を締結した場合には、通常、その契約内容により支払調書の提出が必要かどうか判断できます。支払調書の提出が必要となる場合には、税務顧問契約を締結した時点で、事業者は税理士に個人番号の提供を求めることができると考えられます。

　また、講演や執筆を依頼した場合の講演料や原稿料については、その年の最初の依頼に関する支払金額が支払調書の提出を要しない金額である場合において、その後、同一年中に別の依頼をすれば支払調書の提出が必要となる可能性はあるが、依頼をするかどうかは未定であるといった場合が考えられます。そのような場合には、「契約内容等から個人番号関係事務が明らかに発生しないと認められる場合」には該当しないと考えられることから、最初の依頼に関する契約締結時に個人番号の提供を求めることができると考えられます。ただし、支払調書の提出など個人番号関係事務が発生しないことが明らかになった場合には、その提供を受けた個人番号をできるだけ

速やかに廃棄又は削除しなければなりません。

3 翌年以降の対応

　報酬等の支払調書の対象となる取引については、その年だけではなく翌年以降も継続して支払調書作成事務が発生するものもあると考えられます。

　例えば、税理士と税務顧問契約を締結した場合には、通常、複数年に渡って契約が継続されていくことになると考えられます。そのような場合は、支払調書作成事務のために継続的に個人番号を利用する必要があると認められることから、その提供を受けた個人番号を継続して保管して翌年以降も利用することができます。したがって、そのような取引の場合には、毎年個人番号の提供を受ける必要はありません。

　ただし、個人情報保護法の適用対象である個人情報取扱事業者においては、個人データを正確かつ最新の内容に保つ努力義務が課されている（個情法19）ことから、その提供を受けた個人番号が正確かつ最新の内容のものであるか一定程度の確認作業は行った方がよいと考えられます。また、個人情報取扱事業者でない個人番号取扱事業者においても、一定程度の確認作業を行うことが望ましいと考えます。

　なお、翌年以降も継続して支払調書作成事務が発生する取引でなかったとしても、適法に保管されている個人番号については、その保管中に新たな支払調書作成事務が発生した場合には、その保管中の個人番号を利用することができます（第Ⅲ章「5　個人番号の利用範囲②（個人番号関係事務）」参照）。

4 本人確認

　報酬等の支払いをする事業者は、支払先から個人番号の提供を受

けた場合には、支払先の本人確認を行う必要があります。本人確認は、原則どおり、「番号確認」と「身元確認」を行うことになります。

「身元確認」については、「継続取引を行っている者から個人番号の提供を受ける場合で、その者を対面で確認することによって本人であることが確認できる場合」(第Ⅲ章「13　本人確認」①2参照)に該当するときは、省略することができます。「番号確認」については、個人番号の提供を受けるのが２回目以降である場合において、過去に本人確認のうえ、特定個人情報ファイルを作成しているときには、その特定個人情報ファイルに記録されている個人番号及び個人識別事項を確認することにより行えばよいこととなります。

また、報酬等を支払う事業者は、その支払先との取引関係から本人確認をお願いし難いといった状況もあり得ますが、個人番号の提供を受けた際の本人確認は番号法の義務であるため、その旨を説明して適切に本人確認を行う必要があります。

なお、上記の本人確認は番号法における本人確認であり、他の法令を根拠とする本人確認が必要な場合は、それぞれの法令に従って適切に行うこととなります。

13 不動産所得等の支払調書

Q 地主に地代等の支払いをする場合や、不動産の譲渡に係る対価の支払いをする場合の個人番号の取扱いを教えてください。

A 不動産の貸付け又は譲渡に係る対価の支払いをする場合には、事業者は、その支払先に個人番号の提供を求め、提供を受けた個人番号を不動産の使用料等の支払調書又は不動産等の譲受けの対価の支払調書に記載することとなります。また、不動産等の売買又は貸付けのあっせんに係る手数料の支払いをする場合も同様です。
　また、個人番号の提供を受けた事業者は、その支払先の本人確認を行うこととなります。

1 不動産所得等の支払調書

　不動産、不動産の上に存する権利、船舶や航空機（以下「不動産等」といいます）の以下の対価又は手数料の支払いをする事業者（法人又は不動産業者である個人に限ります）は、その支払いに関する以下の支払調書を、その支払いの確定した日の属する年の翌年1月31日までに税務署長に提出することとなります（所法225①九、所規90①）*74。

①	不動産の貸付けに係る対価の支払い ⇒　不動産の使用料等の支払調書
②	不動産等の譲渡に係る対価の支払い ⇒　不動産等の譲受けの対価の支払調書
③	不動産等の売買又は貸付けのあっせんに係る手数料の支払い ⇒　不動産等の売買又は貸付けのあっせん手数料の支払調書

（注）以下、便宜上、これらの支払調書をまとめて「不動産所得等の支払調書」といいます。

　この不動産所得等の支払調書の記載事項の一つとして、支払いを受ける者の個人番号を記載することとなります（所規90①一）[75]。

　したがって、事業者は、上記の支払いをする場合には、支払調書の提出期限までに、その支払先に個人番号の提供を求め、その提供を受けることとなります。

　提供の受け方については、特段決まりはありませんが、書面に個人番号を記載してもらう等の方法により提供を受けることが望ましいと考えます。なお、不動産に関する契約書は、さまざまな業務で閲覧する場合が多く、また、契約当事者間の紛争等で使用する場合も考えられることから、個人番号の安全管理の観点からは、契約書とは別の書面に個人番号を記載してもらう方がよいと考えられます。

[74]　同一に対するその年中の不動産の譲渡に係る対価の支払金額が100万円以下、それ以外の対価又は手数料の支払金額が15万円以下の場合については、税務署長に提出することを要しません（所規90③）。

[75]　この規定は、番号法附則１条４号の施行日（平成28年１月１日）以後に支払の確定する不動産等の一定の対価又は手数料について適用されます（所規附則68）。

2　個人番号の提供を求める時期

　個人番号の提供の求める時期について、本章「12　報酬等の支払調書」で説明した場合と同様です。

ただし、不動産の貸付けに係る対価の支払いについては、通常、不動産に関する賃貸借契約において、年間の支払金額が明確となっており、契約締結時点で支払調書の提出の要否が明らかであると考えられます。契約内容等から個人番号関係事務が明らかに発生しないと認められる場合には、個人番号の提供を求めることはできないため注意が必要です。これは、不動産等の譲渡に係る対価の支払いの場合も同様であり、契約締結時点で個人番号の提供を求めることができるのか慎重に判断する必要があります。

3　翌年以降の対応

　不動産所得等の支払調書のうち「不動産の使用料等の支払調書」の対象となる取引については、通常、契約期間が複数年に渡ることとなり、その年だけではなく翌年以降も継続して支払調書作成事務が発生すると考えられます。そのよう場合は、支払調書作成事務のために継続的に個人番号を利用する必要があると認められることから、その提供を受けた個人番号を継続して保管して翌年以降も利用することができます。したがって、そのような取引の場合には、毎年個人番号の提供を受ける必要はありません。

　その他は、本章「12　報酬等の支払調書」と同様です。

4　本人確認

　不動産所得等に係る対価又は手数料の支払いをする事業者は、支払先から個人番号の提供を受けた場合には、支払先の本人確認を行う必要があります。本人確認は、原則どおり、「番号確認」と「身元確認」を行うことになります（本章「12　報酬等の支払調書」と同様です）。

　不動産所得等の支払調書の対象となる取引については、一般的に、契約当事者の双方が顔を合わせる場面は少なく、不動産仲介業者と

の間で取引が進められることが多いことから、本人確認を行うタイミングに注意する必要があります。なお、不動産仲介業者が本人の代理人として、事業者に対して、その本人の個人番号を提供した場合には、事業者は代理人から提供を受けた場合の本人確認を行うこととなります（第Ⅲ章「13　本人確認」参照）。また、逆に、事業者が不動産仲介業者を代理人として、本人から個人番号の提供を受けさせる場合には、その不動産仲介業者が本人確認を行うこととなります。

　なお、上記の本人確認は番号法における本人確認であり、他の法令を根拠とする本人確認が必要な場合は、それぞれの法令に従って適切に行うこととなります。

14 配当等の支払調書

Q 配当等の支払いをした場合の個人番号の取扱いを教えてください。

A 配当等の支払いをする場合には、事業者は、その配当等の支払いを受ける株主等に個人番号の提供を求め、その提供を受けた個人番号を配当等の支払調書に記載することとなります。

また、個人番号の提供を受けた事業者は、その株主等の本人確認を行うこととなります。

　配当等の支払調書の対象となる取引は、所得税法における配当所得（所法24①）に該当するものが対象となりますが、本書の対象は、民間の事業者である中小企業を対象としているものであるため、非上場会社における剰余金の配当等を前提として解説していきます。

1 配当等の支払調書

　配当等の支払いをする事業者は、その支払いに関する配当等の支払調書を、その支払いの確定した日から1月以内に税務署長に提出することとなります（所法225①二）[76]。

　この配当等の支払調書の記載事項の一つとして、支払いを受ける者の個人番号を記載することとなります（所規83①一イ）[77]。

[76] 配当等で1回に支払うべき金額が1万5,000円（その配当等の計算の基礎となった期間が1年以上である場合には、3万円）以下である場合等一

定の場合については、税務署長に提出することを要しません（所規83②）。
*77 この規定は、配当等の支払の確定した日が番号法附則1条4号の施行日（平成28年1月1日）以後である配当等について適用されます（所規附則60①）。

2 告知義務と書類の提示・確認

1 告知義務

(1) 都度告知

配当等の支払いを受ける株主等は、その配当等の支払いの確定する日までに、その確定の都度、その者の氏名、住所、個人番号等を、その配当等の支払いをする事業者に告知しなければなりません（所法224①、所令336①）*78。

したがって、事業者は、配当等の支払いをする場合には、その配当等の支払いの確定する日までに、その確定の都度、その配当等の支払いを受ける株主等に個人番号の提供を求め、その提供を受けることとなります。

(2) みなし告知

配当等の支払いを受ける株主等が一定の場合に該当するときは、その者は、その支払いを受ける配当等について上記(1)の告知をしたものとみなされます（所令336②）*79。

この場合における「一定の場合」で、中小企業に関係のあるものとしては、以下の場合が考えられます。

【所得税法施行令336条2項6号】
　配当等について支払いを受ける者が、その配当等を生ずべき株式等を払込みにより取得した場合又は株式等を購入若しくは相続その他の方法により取得した場合において、その払込みにより取得をする際又はその株式等の名義の変更若しくは書換えの請求をする際、その者の氏名、住所、個人番号等を、その株式等に係る配当等の支払事務取扱

> 者に告知しているとき

　したがって、事業者は、このみなし告知の適用を受ける株主等については、その配当等の支払いの確定する日までに、その確定の都度、個人番号の提供を求める必要はなく、上記の場合に告知を受けた個人番号を利用することとなります。

　なお、配当等の支払いを受ける株主等が、上記の告知をした後に、以下のいずれかに該当することとなった場合には、その者は、その該当することとなった日以後最初に配当等の支払いの確定する日までに、以下の事項を、その配当等に係る事業者に告知しなければなりません（所令336③）*80。

① 　その者の氏名、住所、個人番号等の変更をした場合
　　その者の変更をした後の氏名、住所、個人番号等
② 　個人番号等が初めて通知された場合
　　その者のその通知を受けた後の氏名、住所、個人番号等

（3）経過措置

　番号法附則1条4号の施行日（平成28年1月1日）前にみなし告知（旧所令336②各号の告知）をした株主等（以下「施行日前告知株主等」といいます）で、その施行日以後に配当等の支払いを受けるものは、施行日から3年を経過した日（以下「3年経過日」といいます）以後最初にその株式等の配当等の支払いを受ける日（同日において個人番号等を有しない者は、同日以後に個人番号等が初めて通知された日から1月を経過する日）までに、支払事務取扱者である事業者に、個人番号カードその他の一定の確認書類を提示して個人番号等を告知しなければなりません（財整令16⑤、所規附則48）。この場合において、その配当等の支払いを受ける者が、支払日までにその告知をしないときは、その支払日以後に支払いを受けるべき配当等については、上記（1）の都度告知の規定が適用されます。

したがって、事業者は、施行日前告知株主等についても、3年経過日以後最初に配当等の支払いをする日までに、その株主等に個人番号の提供を求めることとなります。

　なお、施行日前告知株主等に対して配当等の支払いをする事業者が提出する配当等の支払調書のうち、その施行日前告知株主等が上記の経過措置による告知をする日（その者が支払日までにその告知をしないときは、その支払日）までに支払いの確定する配当等の支払調書については、その施行日前告知株主等の個人番号は記載しないでよいこととされています（所規附則60②）。

＊78　この規定は、番号法附則1条4号の施行日（平成28年1月1日）以後に支払の確定する配当等について適用されます（整備法15⑥、財整令附則）。
＊79　この規定は、番号法附則1条4号の施行日（平成28年1月1日）以後に告知をする場合について適用されます（財整令16③）。
＊80　この規定は、番号法附則1条4号の施行日（平成28年1月1日）以後に支払いを受けるべき配当等について適用されます（財整令16④）。

2　書類の提示・確認

　配当等の支払いを受ける株主等が、上記1の告知をする場合において、その株主等は、その支払いをする事業者にその者の住民票の写し等の書類を提示しなければなりません。また、その配当等の支払いをする事業者は、その告知された氏名、住所、個人番号等をその書類により確認しなければなりません（所法224①、所令337、所規81の6等）。

3　個人番号の提供を求める時期

　個人番号の提供の求める時期について、本章「12　報酬等の支払調書」で説明した場合と同様です。

4 翌年以降の対応

　配当等については、原則として、都度告知が義務づけられていることから、翌年以降に配当等を支払う場合においても、その都度、提供を受けた個人番号を利用することとなります。
　みなし告知の適用を受けている株主等の個人番号については、上記②1（2）の一定の場合における告知のときに提供を受けた個人番号を利用することとなります。

5 本人確認

　配当等の支払いをする事業者は、株主等から個人番号の提供を受けた場合には、株主等の本人確認を行う必要があります。本人確認は、原則どおり、「番号確認」と「身元確認」を行うことになります。
　都度告知の場合における2回目以降の告知の場合は、初回に行った本人確認書類などに記載されている個人番号と突合を行う等の軽減された本人確認を行うことになると考えられます。
　みなし告知の場合は、株主等から上記②1（2）の一定の場合における告知を受けた時に本人確認を行うことになると考えられます。その後、告知されたものとみなされたときにおける本人確認が必要かどうかは必ずしも明らかではありません。みなし告知は、その都度行うべき告知を「したものとみなす」とされるものですが、実際にその都度個人番号の提供を受けているわけではないことから、告知をしたものとみなされているものについて本人確認は不要であると考えます。仮に、本人確認が必要であったとしても、2回目以降の告知の場合は、軽減された本人確認を行うことになると考えられます。
　なお、上記の本人確認は番号法における本人確認であり、他の法令を根拠とする本人確認が必要な場合は、それぞれの法令に従って適切に行うこととなります。

(3) 個人事業者とマイナンバー

15 個人事業者の個人番号と税務関係書類

Q 個人事業者本人の個人番号は、所得税の確定申告書などに記載することになりますか。

A 個人事業者本人の個人番号は、所得税の確定申告書などの各種申告書、申請書、届出書、調書等に記載することとなります。

1 個人番号の記載書類

事業者が個人事業者である場合には、その事業者本人の個人番号は所得税の確定申告書などの各種申告書、申請書、届出書、調書等に記載することとなります（通則法124①）。

事業者本人の個人番号が記載される税務関係書類は多岐にわたり、ここですべてを紹介するのは困難ですが、例えば、所得税関係のごく一部を紹介すると、以下のものが挙げられます。

①	所得税の確定申告書（還付申告書、損失申告書、準確定申告書を含みます） （所法120、所規47一、所規附則28等）
②	青色事業専従者給与に関する届出書 （所法57②、所規36の4①一、所規附則22）

③ 予定納税額の減額の承認申請書
 　（所法112①、所規46一、所規附則27）

④ 純損失の金額の繰戻しによる所得税の還付請求書
 　（所法142①、所規54①一、所規附則34）

⑤ 所得税の青色申告承認申請書
 　（所法144、所規55一、所規附則35）

2 本人確認

　事業者が、事業者本人の個人番号が記載された各種申告書、申請書、届出書、調書等を税務署長に提出した場合には、本人確認が行われることとなります。

　したがって、事業者は、事業者本人の個人番号が記載された書類を提出する場合には、その事業者本人に関する本人確認書類も併せて提示又は提出することとなります。また、税理士が、その事業者の税務代理を行っている場合において、その税理士が事業者本人の個人番号が記載された書類を提出する場合には、税理士に対して、代理人に対する本人確認が行われることとなります（第Ⅲ章「13 本人確認」参照）。

2　社会保険とマイナンバー

16　個人番号又は法人番号の記載書類等

Q どのような社会保険関係書類に個人番号又は法人番号を記載するのですか。

A 健康保険・厚生年金保険被保険者資格取得届、国民年金第3号被保険者に関する届出、雇用保険被保険者資格取得届などの社会保険関係書類について個人番号又は法人番号を記載することになります。

　社会保険関係書類[81]については、健康保険・厚生年金保険被保険者資格取得届、国民年金第3号被保険者に関する届出、雇用保険被保険者資格取得届などに個人番号又は法人番号を記載することが予定されています。ただし、本書執筆時点においては、社会保険関係書類に関する各種法律及び政省令等が改正されておらず、どの書類に、いつから記載していくのかが明らかではありません。したがって、本書においては、厚生労働省等の関係省庁が公表している資料[82]を基に解説することとします[83]。
　本書執筆時点において、個人番号又は法人番号の記載が予定されている書類は以下のものが挙げられます。

①	健康保険・厚生年金保険被保険者資格取得届 （健法48、健規24、厚法27、厚規15）
②	健康保険・厚生年金保険被保険者資格喪失届 （健法48、健規29、厚法27、厚規22）
③	健康保険被扶養者（異動）届 （健規38）
④	国民年金第3号被保険者に関する届出（資格取得・資格喪失等） （国法12⑤～⑨）
⑤	雇用保険被保険者資格取得届 （雇法7、雇規6）
⑥	雇用保険被保険者資格喪失届 （雇法7、雇規7）

　上記③は、従業員等が自ら個人番号を記載して事業者を経由して日本年金機構に提出することとなります。上記④は、第3号被保険者となる従業員等の配偶者が自ら個人番号を記載して従業員等を雇用している事業者を経由して日本年金機構に提出することとなります。上記①、②、⑤、⑥については、事業者が従業員等から提供を受けた個人番号を記載して、日本年金機構等に提出することとなります。

　なお、健康保険・厚生年金保険は、平成29年1月1日以降に提出する届出、雇用保険は平成28年1月1日以降に提出する届出から個人番号又は法人番号を記載することになる予定です。このほか既存の従業員・被扶養者分の個人番号について、平成28年1月以降いずれかの時期に、健康保険組合・ハローワークに報告のお願いをする予定とされています[84]。

　*81　本書では、便宜上、「社会保険」として「健康保険」、「厚生年金保険」の他、「雇用保険」も含めることとし、それらに関する書類を「社会保険関係

書類」といいます。

*82 厚生労働省作成の資料は、同省ホームページに公表されています（http://www.mhlw.go.jp/stf/seisakunitsuite/bunya/0000062603.html）。
*83 本書においては、健康保険における各種手続について全国健康保険協会（協会けんぽ）管掌健康保険の場合を前提として解説します。
*84 厚生労働省資料「社会保障・税番号制度の導入に向けて（社会保障分野）〜事業主の皆様へ〜」（平成26年12月）9頁

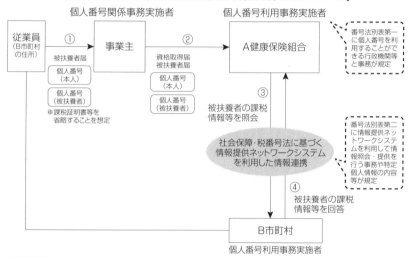

（出典）厚生労働省資料を基に作成

17 従業員等の採用

Q 従業員等を採用した場合の社会保険関係書類における個人番号の取扱いを教えてください。

A 従業員等を採用した場合には、事業者は、従業員等から提供を受けた個人番号を健康保険・厚生年金保険被保険者資格取得届、雇用保険被保険者資格取得届に記載して、日本年金機構等に提出することとなります。
　また、個人番号の提供を受けた事業者は、従業員等の本人確認を行うこととなります。

1 健康保険・厚生年金保険被保険者資格取得届

　事業者は、従業員等を採用した場合で新たに健康保険・厚生年金保険に加入すべき者が生じた場合には、その事実があった日から5日以内に、健康保険・厚生年金保険被保険者資格取得届を日本年金機構に提出することとなります（健法48、健規24、厚法27、厚規15）。
　この資格取得届の記載事項の一つとして、従業員等の個人番号を記載することが予定されています。
　したがって、事業者は、従業員等を採用した場合には、この資格取得届に従業員等の個人番号を記載するために、従業員等から個人番号の提供を受けることとなります（下記③参照）。

2 雇用保険被保険者資格取得届

　事業者は、従業員等を採用した場合で新たに雇用保険に加入すべき者が生じた場合には、その事実のあった日の属する月の翌月10日までに、雇用保険被保険者資格取得届をその事業所の所在地を管轄する公共職業安定所長に提出することとなります（雇法7、雇規6）。

　この資格取得届の記載事項の一つとして、従業員等の個人番号を記載することが予定されています。

　したがって、事業者は、従業員等を採用した場合には、この資格取得届に従業員等の個人番号を記載するために、従業員等から個人番号の提供を受けることとなります（下記3参照）。

3 社会保険関係書類と税務関係書類での個人番号の利用

　従業員等を採用した場合には、上記の社会保険関係書類にその従業員等の個人番号を記載することの他、本章「1　税務とマイナンバー」で確認したとおり、税務関係書類にも記載することとなります。事業者は、通常、従業員等から税務関係書類である扶養控除等申告書の提出を受けることとなり、その申告書に従業員等の個人番号が記載されていることから、その記載されている個人番号を上記の社会保険関係書類に記載することになると考えられます。

　ただし、個人情報保護法の適用対象である個人情報取扱事業者は、その提供を受ける際に特定した利用目的の範囲内でのみ個人番号を利用することとなるため注意が必要です。例えば、従業員等から個人番号の提供を受ける際、源泉徴収票作成事務を利用目的として特定して、本人への通知等を行っている場合には、その提供を受けた個人番号を健康保険・厚生年金保険被保険者資格取得届の作成のために利用することはできません。

したがって、従業員等の源泉徴収票作成事務のほか、健康保険・厚生年金保険届出事務等を行う場合には、従業員等から個人番号の提供を受ける際、それらの事務のすべてを利用目的として特定して、本人への通知等を行うことになると考えられます。そのように利用目的を特定しておくことにより、事務を効率的に行うことができます。

　なお、従業員等の源泉徴収票作成事務のために提供を受けていた個人番号について、後日、従業員等の健康保険・厚生年金保険届出事務等のために利用する必要が生じた場合には、当初の利用目的と相当の関連性を有すると合理的に認められることから、健康保険・厚生年金保険届出事務等を利用目的に追加する利用目的の変更をして、本人への通知等を行うことにより、その源泉徴収票作成事務のために提供を受けた個人番号を健康保険・厚生年金保険届出事務等のために利用することができると考えられます（個情法15②、18③）。

4 本人確認

　事業者は、従業員等を採用した場合で、個人番号の提供を受けたときは、番号法に基づく本人確認を行う必要があります（第Ⅲ章「13 本人確認」参照）。

18 従業員等の被扶養者の異動

Q 従業員等が結婚等して被扶養者を有することとなった場合の社会保険関係書類における個人番号の取扱いを教えてください。

A 従業員等が被扶養者を有するときや有するに至ったときは、事業者は、従業員等に健康保険被扶養者（異動）届を記載してもらいます。記載項目には、住所や氏名のほか個人番号も含まれることから、それにより従業員等及び被扶養者に関する個人番号の提供を受けることとなります。また、その被扶養者が国民年金法の第3号被保険者に該当する場合には、事業者は、その被扶養者に国民年金第3号被保険者資格取得届を記載してもらいます。記載項目には、住所や氏名のほか個人番号も含まれることから、それにより被扶養者の個人番号の提供を受けることとなります。

個人番号の提供を受けた事業者は、その従業員等及び被扶養者の本人確認を行うこととなります。

1 健康保険被扶養者（異動）届

被保険者である従業員等は、被扶養者を有するときや有するに至ったときは、5日以内に、一定の事項を記載した健康保険被扶養者（異動）届を、事業者を経由して日本年金機構に提出することとなります（健規38①）。

この被扶養者（異動）届の記載事項の一つとして、従業員等及びその従業員等の被扶養者の個人番号を記載することが予定されています。
　したがって、事業者は、従業員等が結婚等して、被扶養者に有するときや有するに至った場合には、5日以内に従業員等からその従業員等及び被扶養者の個人番号が記載された被扶養者（異動）届の提出を受けることとなります。
　なお、届出事項に変更があったときは、その都度、一定の事項を記載した健康保険被扶養者（異動）届を、事業者を経由して日本年金機構に提出することとなります（健規38②）。

2 国民年金第3号被保険者資格取得届

　国民年金法における第3号被保険者に該当する人は、その事実があった日から14日以内に、一定の事項を記載した国民年金第3号被保険者資格取得届を、その被保険者である従業員等を使用する事業者を経由して日本年金機構に提出することとなります（国法12⑤〜⑨、国規1の2②）。
　この第3号被保険者資格取得届の記載事項の一つとして、従業員等の被扶養者の個人番号を記載することが予定されています。
　したがって、事業者は、その従業員等の被扶養者が国民年金法における第3号被保険者に該当する場合には、14日以内に被扶養者からその被扶養者の個人番号が記載された第3号被保険者資格取得届の提出を受けることとなります。通常、被扶養者が事業者に直接提出することは稀であり、従業員等が被扶養者の代理人として事業者に提出することが多いと考えられます。
　なお、国民年金法における第3号被保険者に該当しなくなった人は、その事実があった日から14日以内に、一定の事項を記載した国民年金第3号被保険者資格喪失届を、その被保険者である従業員等を使用する事業者を経由して日本年金機構に提出することとなり

ます（国法12⑤～⑨、国規3②）。

3 本人確認

　事業者は、従業員等が被扶養者を有することとなった場合で、個人番号の提供を受けたときは、番号法に基づく本人確認を行う必要があります（第Ⅲ章「13　本人確認」参照）。
　しかしながら、上記❶及び❷の場合における本人確認については、それぞれの届出を提出すべき者（提出主体）が異なることから、行うべき本人確認の手続が異なることとなるため注意が必要です。

1　健康保険被扶養者（異動）届の場合

　健康保険被扶養者（異動）届は、被保険者である「従業員等」が事業者を経由して、日本年金機構に提出するものです。したがって、事業者は、健康保険被扶養者（異動）届により従業員等から個人番号の提供を受けたときは、その従業員等の本人確認を行うこととなり、その従業員等の被扶養者の本人確認を行う必要はありません[85]。
　なお、健康保険被扶養者（異動）届の提出によって、その従業員等の個人番号の提供を受ける場合において、それが2回目以降の個人番号の提供である場合には、軽減された本人確認を行うことになると考えられます。

＊85　この場合における被扶養者の本人確認は、扶養控除等申告書と同様に、従業員等が個人番号関係事務実施者として行うこととなります。

2　国民年金第3号被保険者資格取得届の場合

　国民年金第3号被保険者資格取得届は、従業員等の「被扶養者」が事業主を経由して、日本年金機構に提出するものです。したがって、事業者は、国民年金第3号被保険者資格取得届により従業員等の被扶養者から個人番号の提供を受けたときは、その被扶養者の本人確認を行うこととなります。

なお、通常、国民年金第3号被保険者資格取得届は、従業員等がその被扶養者の「代理人」として、事業者に提出している場合が多いと考えられます。そのような場合には、事業者は、代理人からの個人番号の提供として、従業員等に対して、代理人に対する本人確認を行うこととなり、被扶養者に対して直接本人確認を行う必要はありません。

19 従業員等の退職

Q 従業員等が退職した場合の社会保険関係書類における個人番号の取扱いを教えてください。

A 従業員等が退職した場合には、事業者は、その従業員等から提供を受けた個人番号を健康保険・厚生年金保険被保険者資格喪失届、雇用保険被保険者資格喪失届に記載して、日本年金機構等に提出することとなります。
また、個人番号の提供を受けた事業者は、従業員等の本人確認を行うこととなります。

1 健康保険・厚生年金保険被保険者資格喪失届

　事業者は、従業員等が退職して健康保険・厚生年金保険の被保険者としての資格を喪失した場合には、その事実があった日から5日以内に、健康保険・厚生年金保険被保険者資格喪失届を日本年金機構に提出することとなります（健法48、健規29、厚法27、厚規22）。
　この資格喪失届の記載事項の一つとして、従業員等の個人番号を記載することが予定されています。
　したがって、事業者は、従業員等が退職した場合には、この資格喪失届に従業員等の個人番号を記載することとなります。この場合、すでに従業員等から提供を受けている個人番号を記載することになると考えられます。ただし、個人情報保護法の適用対象である個人

情報取扱事業者においては、個人データを正確かつ最新の内容に保つ努力義務が課されている（個情法19）ことから、提供を受けた個人番号が正確かつ最新の内容のものであるか一定程度の確認作業は行った方がよいと考えられます。また、個人情報取扱事業者でない個人番号取扱事業者においても、一定程度の確認作業を行うことが望ましいと考えます。これらについては、下記❷においても同様です。

❷ 雇用保険被保険者資格喪失届

　事業者は、従業員等が退職して雇用保険の被保険者としての資格を喪失した場合には、その事実のあった日の翌日から起算して10日以内に、雇用保険被保険者資格喪失届をその事業所の所在地を管轄する公共職業安定所長に提出することとなります（雇法7、雇規7）。

　この資格喪失届の記載事項の一つとして、従業員等の個人番号を記載することが予定されています。

　したがって、事業者は、従業員等が退職した場合には、この資格喪失届に従業員等の個人番号を記載することとなります。

第VII章
マイナンバー制度の今後の展開

マイナンバー制度の今後の利活用

Q マイナンバー制度は、今後の利活用として、どのような検討がされているのでしょうか。

A マイナンバー制度は、IT総合戦略本部新戦略推進専門調査会マイナンバー等分科会において、①個人番号カードの利活用の推進、②マイナポータル／マイガバメントの在り方、③個人番号・法人番号の利活用を中心に、今後の検討をしています。

1 世界最先端IT国家創造宣言

　平成13年1月に、高度情報通信ネットワーク社会形成基本法25条を根拠として、内閣に「高度情報通信ネットワーク社会推進戦略本部」(以下「IT総合戦略本部」といいます) が設置されました。IT総合戦略本部の設置の目的は、情報通信技術 (IT) の活用により世界的規模で生じている急激かつ大幅な社会経済構造の変化に適確に対応することの緊要性にかんがみ、高度情報通信ネットワーク社会の形成に関する施策を迅速かつ重点的に推進することです[86]。

　このIT総合戦略本部において、平成25年6月14日に「世界最先端IT国家創造宣言」(平成25年6月閣議決定) [87]が策定され、以下の事項が規定されています。

> 【世界最先端IT国家創造宣言（抜粋）】
> 　社会保障・税番号制度（以下「番号制度」という。）の導入を見据え、業務改革を計画的に進め、利用者が望むワンストップサービスやモバイルを通じたカスタマイズ可能なサービスなど利便性の高いオンラインサービスを提供するとともに、効率的な行政運営を実現する。
> 　また、個人番号カードの活用も視野に入れつつ、今後整備される「マイポータル（仮称）」を活用した個人向けサービスを展開し、行政のコンシェルジュサービスともいえる利用者一人一人のニーズに合わせたワンストップ・プッシュ型サービス等、利便性の高いオンラインサービスをパソコンや携帯端末など多様なチャネルで利用可能とする「マイガバメント」を実現する。

　これを受け、平成26年2月に、必要な専門的調査・審議等を行うことを目的として、IT総合戦略本部新戦略推進専門調査会マイナンバー等分科会（以下「マイナンバー等分科会」といいます）が設置されました。

＊86　首相官邸ホームページ（http://www.kantei.go.jp/jp/singi/it2/）
＊87　平成26年6月24日付けで改訂（平成26年6月閣議決定）されています。

2 マイナンバー等分科会による検討

　現行のマイナンバー制度では、法人番号は自由に利活用できることとされていますが、個人番号は社会保障、税及び災害対策等事務でのみ利用できることとされています。これについて、マイナンバー等分科会においては、現行制度で実施可能な事項に止まらず、現行制度の見直しを要する事項についても積極的に議論を進めています。

　そして、平成26年5月16日に、マイナンバー等分科会の各構成員から出された意見等に基づいて論点を整理し、今後の検討の方向性等について取りまとめを行い、「中間取りまとめ」として公表しています。この中間取りまとめにおいて、マイナンバー制度の導入

により実現されるべき社会は、以下のとおり整理できるとしています。

① 誰もがより安全・安心にインターネットを利用できる基盤を持つ社会
② 誰もが必要な時に自身の情報にアクセスし、利活用でき、サービスへの満足度が向上する社会
③ 国・地方・民間の様々な手続き・サービスが、シームレスかつ効率的に連携し、広く電子的に完結できる社会

この考えを前提に、中間取りまとめにおいては、具体的に必要と考える取組み等として、以下の事項が示されています。

個人番号カード 誰もが取得できる実社会・オンラインの本人確認手段	○暮らしに係る公的サービスに係るカード類（健康保険証、印鑑登録カード等）や、広く保有される資格の証明書類（国家資格等の資格の証明書、国家公務員身分証明書等）等の、個人番号カードへの一元化／一体化 ○窓口外、時間外の利用が可能なコンビニ交付等、個人番号カードを利用した利便性の高いサービスの拡大 ○官民の様々な本人確認を要する手続での利用に向けた調整・周知 ○オンライン本人確認手段である公的個人認証サービスの行政・民間利用の拡大 ○取得に係る本人負担の軽減 等
マイナポータル／マイガバメント（注）	○利用者に係る特定個人情報や医療・介護・健康等に係る自己情報を、マイナポータルや公的個人認証を利用して、わかりやすく、タイムリーに閲覧 ○利用者の利益になる情報を提供するプッシュ型サービス

暮らしに係る利便性の高い官民オンラインサービスの提供	○引越しや死亡等のライフイベントに係るワンストップサービス ○電子的に完結するよう、サービスに必要な情報をデータで入手・利用できる仕組み（マイナポータル／電子私書箱） ⇒例：生命保険料控除証明書等をデータで受信し、そのままe-taxによる確定申告等に利用等 ○シームレスなサービス利用に向けた本人確認に係る官民連携基盤 ○スマートフォンやCATV等、利用チャンネルや認証手段の拡大 ○高齢者等が安心して利用できるサポート体制や代理利用の環境整備
個人番号／法人番号 名寄せ・突合による情報の正確で迅速な確認	○行政における個人番号を利用した業務・システム見直し ○行政が保有する法人に係る公開情報への法人番号の付与の徹底 ○法人番号を利用した法人ポータルの構築

（注）マイガバメントとは、マイナポータルを活用し、利便性の高いオンラインサービスをパソコンや携帯端末など多様なチャンネルで利用可能とするものです。

（出典）マイナンバー等分科会資料を基に筆者が一部加工

　また、上記に近接し、更なるメリットが期待できる分野（①戸籍事務、②旅券事務、③預貯金付番、④医療・介護・健康情報の管理・連携、⑤自動車登録事務）について、制度の趣旨や個人情報の保護等に配慮しつつ、個人番号の利用範囲の拡大等が検討されることとなっています。

3 事業者に対する影響

　上記2で確認したとおり、今後、個人番号カードを保有することのメリットが拡大していき、その普及を図っていくこととなります。事業者にとっては、個人番号カードの普及が進むことにより、個人番号の提供を受けた際の本人確認が非常にスムーズに行えるようになると考えられます。

　また、マイナポータル/マイガバメントが実現することにより、個人事業者は、所得税の確定申告などにおいて必要な書類（生命保険控除証明書等）を電子データで受け取ることができ、それをそのまま電子申告（e-tax）で利用することができることから、煩わしい書類整理の手間が軽減されることとなります。

　このような便利な世の中を作り上げていくためには、国民一人ひとりがマイナンバー制度について、しっかりとした知識を持ち、また、他人の個人番号を取り扱う事業者においては、個人番号や特定個人情報の漏えい事案等を起こさないよう必要かつ適切な安全管理措置を講ずることが大前提になると考えます。

＜参考資料１＞
特定個人情報の適正な取扱いに関するガイドライン
（事業者編）

平成26年12月11日
特定個人情報保護委員会

目次

第1	はじめに	294
第2	用語の定義等	295
第3	総論	298
第3－1	目的	298
第3－2	本ガイドラインの適用対象等	298
第3－3	本ガイドラインの位置付け等	299
第3－4	番号法の特定個人情報に関する保護措置	300
第3－5	特定個人情報保護のための主体的な取組について	303
第3－6	特定個人情報の漏えい事案等が発生した場合の対応	304
第3－7	個人情報取扱事業者でない個人番号取扱事業者における特定個人情報の取扱い	304
第3－8	本ガイドラインの見直しについて	304
第4	各論	304
第4－1	特定個人情報の利用制限	304
第4－1－(1)	個人番号の利用制限	304
第4－1－(2)	特定個人情報ファイルの作成の制限	309
第4－2	特定個人情報の安全管理措置等	309
第4－2－(1)	委託の取扱い	309
第4－2－(2)	安全管理措置	312
第4－3	特定個人情報の提供制限等	312
第4－3－(1)	個人番号の提供の要求	312
第4－3－(2)	個人番号の提供の求めの制限、特定個人情報の提供制限	314
第4－3－(3)	収集・保管制限	318
第4－3－(4)	本人確認	320
第4－4	第三者提供の停止に関する取扱い	322
第4－5	特定個人情報保護評価	323

第4-6	個人情報保護法の主な規定 ·································	323
第4-7	個人番号利用事務実施者である健康保険組合等における措置等 ·································	328
（別　添）	特定個人情報に関する安全管理措置（事業者編） ··········	332
（巻末資料）	個人番号の取得から廃棄までのプロセスにおける本ガイドラインの適用（大要） ·································	343

第1　はじめに

「行政手続における特定の個人を識別するための番号の利用等に関する法律」（平成25年法律第27号。以下「番号法」という。）に基づく社会保障・税番号制度（以下「番号制度」という。）は、社会保障、税及び災害対策の分野における行政運営の効率化を図り、国民にとって利便性の高い、公平・公正な社会を実現するための社会基盤として導入されるものである。

一方で、番号制度の導入に伴い、国家による個人情報の一元管理、特定個人情報の不正追跡・突合、財産その他の被害等への懸念が示されてきた。

個人情報の適正な取扱いという観点からは、個人情報の保護に関する一般法として、「個人情報の保護に関する法律」（平成15年法律第57号。以下「個人情報保護法」という。）、「行政機関の保有する個人情報の保護に関する法律」（平成15年法律第58号）及び「独立行政法人等の保有する個人情報の保護に関する法律」（平成15年法律第59号。以下「独立行政法人等個人情報保護法」という。）の三つの法律があり、また、地方公共団体では個人情報の保護に関する条例等において各種保護措置が定められている。

番号法においては、一般法に定められる措置の特例として、個人番号をその内容に含む個人情報（以下「特定個人情報」という。）の利用範囲を限定する等、より厳格な保護措置を定めている。

本ガイドラインは、個人番号を取り扱う事業者（独立行政法人等個人情報保護法第2条第1項に規定する独立行政法人等及び「地方独立行政法人法」（平成15年法律第118号）第2条第1項に規定する地方独立行政法人を除く。以下「事業者」という。）が特定個人情報の適正な取扱いを確保するための具体的な指針を定めるものである。

本ガイドラインの中で、「しなければならない」及び「してはならない」と記述している事項については、これらに従わなかった場合、法令違反と判断される可能性がある。一方、「望ましい」と記述している事項については、これに従わなかったことをもって直ちに法令違反と判断されることはないが、番号法の趣旨を踏まえ、事業者の特性や規模に応じ可能な限り対応することが望まれるものである。

以下、本ガイドラインの構成は、次のとおりとなっている。
「第2　用語の定義等」においては、本ガイドラインで使用する用語の定義等を記載している。
「第3　総論」においては、本ガイドラインの位置付け、特定個人情報に関する番号法上の保護措置の概略等について解説している。
「第4　各論」においては、各項目に要点を枠囲みにして示すとともに、番号法上の保護措置及び安全管理措置について解説している。また、実務上の指針及び具体例を記述しているほか、留意すべきルールとなる部分についてはアンダーラインを付している。
＊印は、事業者の実際の事務に即した具体的な事例を記述したものである。なお、事例の記述は、理解を助けることを目的として典型的な例を示したものであり、全ての事案を網羅することを目的とするものではない。

第2　用語の定義等

本ガイドラインで使用する用語の定義等については、法令上の定義等に従い、次の表のとおりとする。

項番	用語	定義等
①	個人情報	生存する個人に関する情報であって、当該情報に含まれる氏名、生年月日その他の記述等により特定の個人を識別することができるもの（他の情報と容易に照合することができ、それにより特定の個人を識別することができることとなるものを含む。）をいう。【番号法第2条第3項、個人情報保護法第2条第1項】

項番	用語	定義等
②	個人番号	番号法第7条第1項又は第2項の規定により、住民票コードを変換して得られる番号であって、当該住民票コードが記載された住民票に係る者を識別するために指定されるものをいう(番号法第2条第6項及び第7項、第8条並びに第67条並びに附則第3条第1項から第3項まで及び第5項における個人番号)。 【番号法第2条第5項】
③	特定個人情報	個人番号(個人番号に対応し、当該個人番号に代わって用いられる番号、記号その他の符号であって、住民票コード以外のものを含む。番号法第7条第1項及び第2項、第8条並びに第67条並びに附則第3条第1項から第3項まで及び第5項を除く。)をその内容に含む個人情報をいう。 【番号法第2条第8項】 ※ 生存する個人の個人番号についても、特定個人情報に該当する(番号法第37条参照)。
④	個人情報データベース等	個人情報を含む情報の集合物であって、特定の個人情報について電子計算機を用いて検索することができるように体系的に構成したもののほか、特定の個人情報を容易に検索することができるように体系的に構成したものとして「個人情報の保護に関する法律施行令」(平成15年政令第507号。以下「個人情報保護法施行令」という。)で定めるものをいう。 【個人情報保護法第2条第2項、個人情報保護法施行令第1条】
⑤	個人情報ファイル	個人情報データベース等であって、行政機関及び独立行政法人等以外の者が保有するものをいう。 【番号法第2条第4項】
⑥	特定個人情報ファイル	個人番号をその内容に含む個人情報ファイルをいう。 【番号法第2条第9項】
⑦	個人データ	個人情報データベース等を構成する個人情報をいう。 【個人情報保護法第2条第4項】

項番	用語	定義等
⑧	保有個人データ	個人情報取扱事業者（項番⑭）が、開示、内容の訂正、追加又は削除、利用の停止、消去及び第三者への提供の停止を行うことのできる権限を有する個人データであって、その存否が明らかになることにより公益その他の利益が害されるものとして個人情報保護法施行令で定めるもの又は6か月以内に消去することとなるもの以外のものをいう。 【個人情報保護法第2条第5項、個人情報保護法施行令第3条、第4条】
⑨	情報提供等の記録	総務大臣、情報照会者及び情報提供者は、番号法第19条第7号の規定により情報提供ネットワークシステムを使用して特定個人情報の提供の求め又は提供があった場合には、情報提供ネットワークシステムに接続されたその者の使用する電子計算機（総務大臣においては情報提供ネットワークシステム）に、情報照会者及び情報提供者の名称、提供の求め及び提供の日時、特定個人情報の項目等を記録することとされており、当該記録をいう（→第4－7②B）。 【番号法第23条】
⑩	個人番号利用事務	行政機関、地方公共団体、独立行政法人等その他の行政事務を処理する者が番号法第9条第1項又は第2項の規定によりその保有する特定個人情報ファイルにおいて個人情報を効率的に検索し、及び管理するために必要な限度で個人番号を利用して処理する事務をいう（→第4－1－⑴1Aa）。 【番号法第2条第10項】
⑪	個人番号関係事務	番号法第9条第3項の規定により個人番号利用事務に関して行われる他人の個人番号を必要な限度で利用して行う事務をいう（→第4－1－⑴①Ab）。 【番号法第2条第11項】
⑫	個人番号利用事務実施者	個人番号利用事務を処理する者及び個人番号利用事務の全部又は一部の委託を受けた者をいう。 【番号法第2条第12項】
⑬	個人番号関係事務実施者	個人番号関係事務を処理する者及び個人番号関係事務の全部又は一部の委託を受けた者をいう。 【番号法第2条第13項】

項番	用語	定義等
⑭	個人情報取扱事業者	個人情報データベース等を事業の用に供している者（国の機関、地方公共団体、独立行政法人等及び地方独立行政法人を除く。）であって、個人情報データベース等を構成する個人情報によって識別される特定の個人の数（個人情報保護法施行令で定める者を除く。）の合計が過去6か月以内のいずれの日においても5,000を超えない者以外の者をいう。 【個人情報保護法第2条第3項、個人情報保護法施行令第2条】
⑮	個人情報取扱事業者でない個人番号取扱事業者	特定個人情報ファイルを事業の用に供している個人番号関係事務実施者又は個人番号利用事務実施者であって、国の機関、地方公共団体の機関、独立行政法人等及び地方独立行政法人以外のもの（番号法第31条）から、⑭の個人情報取扱事業者を除いた者をいう。 【番号法第32条から第35条まで】

第3 総論

第3-1 目的

　特定個人情報保護委員会（以下「委員会」という。）は、番号法第37条に基づき、国民生活にとっての個人番号その他の特定個人情報の有用性に配慮しつつ、その適正な取扱いを確保するために必要な措置を講ずることを任務としている。本ガイドラインは、同法第4条及び第37条に基づき、事業者が特定個人情報の適正な取扱いを確保するための具体的な指針を定めるものである。

第3-2 本ガイドラインの適用対象等

(1) 本ガイドラインの適用対象

　番号法は、行政機関等（行政機関、地方公共団体、独立行政法人等又は地方独立行政法人をいう。以下同じ。）又は事業者の別を問わず、個人番号を取り扱う全ての者に適用される。また、個人情報保護法が適用の対象を一定の範囲の者[注]に限定しているのに対し、番号法は全ての事業者を適用の対象としており、本ガイドラインは、番号法の適用を受ける者のうち事業者を対象とするものである。

　なお、事業者のうち金融機関が行う金融業務に関しては、「第4　各論」に相当する部分について、「（別冊）金融業務における特定個人情報の適正な取扱

いに関するガイドライン」を適用するものとする。

（注）個人情報保護法においては、同法の適用の対象者である個人情報取扱事業者の範囲について、個人情報データベース等を事業の用に供している者（国の機関、地方公共団体、独立行政法人等及び地方独立行政法人を除く。）であって、個人情報データベース等を構成する個人情報によって識別される特定の個人の数（同法施行令で定める者を除く。）の合計が過去6か月以内のいずれの日においても5,000を超えない者以外の者としている。

⑵　**事業者が番号法の適用を受ける場面**

全ての事業者は、個人番号の提供の求めの制限（番号法第15条）並びに特定個人情報の提供の制限（同法第19条）及び収集等の制限（同法第20条）の規定の適用を受ける。また、事業者が番号法の規定の適用を受ける主な事務は、次のとおりである。

・　事業者が従業員等から個人番号の提供を受けて、これを給与所得の源泉徴収票、給与支払報告書、健康保険・厚生年金保険被保険者資格取得届等の必要な書類に記載して、税務署長、市区町村長、日本年金機構等に提出する事務（同法第9条第3項）
・　金融機関が顧客から個人番号の提供を受けて、これを配当等の支払調書に記載して税務署長に提出する事務（同法第9条第3項）
・　健康保険組合、全国健康保険協会等（以下「健康保険組合等」という。）が個人番号を利用して個人情報を検索、管理する事務（同法第9条第1項）
・　激甚災害が発生したとき等において、金融機関が個人番号を利用して金銭を支払う事務（同法第9条第4項）

さらに、事業者が、行政機関等又は他の事業者から個人番号を取り扱う事務の委託を受けた場合も、番号法の適用を受ける。

第3－3　**本ガイドラインの位置付け等**

⑴　**番号法と個人情報保護法との関係**

全ての事業者は、番号法が特定個人情報について規定している部分の適用を受ける。

個人情報取扱事業者は、番号法第29条により適用除外となる部分を除き、特定個人情報について、一般法である個人情報保護法の規定の適用も受ける。

また、番号法においては、個人情報取扱事業者でない個人番号取扱事業者に対しても、特定個人情報に関しては、個人情報保護法に規定されている重要な保護措置に相当する規定を設けていることに留意する必要がある。具体的には、特定個人情報の目的外利用の制限（番号法第32条）、安全管理措置（同法第33条

及び特定個人情報を取り扱う従業者に対する監督義務（同法第34条）である。ただし、これらの規定は、番号法第35条各号に掲げる者については、その特定個人情報を取り扱う目的の全部又は一部が当該各号に定める特定の目的であるときには、適用されない。

(2) 本ガイドラインの位置付け

本ガイドラインは、特定個人情報の適正な取扱いについての具体的な指針を定めるものである。

また、特定個人情報に関し、番号法に特段の規定がなく個人情報保護法が適用される部分については、個人情報保護法上の主務大臣が定めるガイドライン・指針等（以下「主務大臣のガイドライン等」という。）を遵守することを前提としている。

第3-4 番号法の特定個人情報に関する保護措置

(1) 保護措置の概要

個人番号は、社会保障、税及び災害対策の分野において、個人情報を複数の機関の間で紐付けるものであり、住民票を有する全ての者に一人一番号で重複のないように、住民票コードを変換して得られる番号である。したがって、個人番号が悪用され、又は漏えいした場合、個人情報の不正な追跡・突合が行われ、個人の権利利益の侵害を招きかねない。

そこで、番号法においては、特定個人情報について、個人情報保護法よりも厳格な各種の保護措置を設けている。この保護措置は、「特定個人情報の利用制限」、「特定個人情報の安全管理措置等」及び「特定個人情報の提供制限等」の三つに大別される。

　ア　特定個人情報の利用制限

個人情報保護法は、個人情報の利用目的についてできる限り特定（個人情報保護法第15条）した上で、原則として当該利用目的の範囲内でのみ利用することができるとしている（同法第16条）が、個人情報を利用することができる事務の範囲については特段制限していない。

これに対し、番号法においては、個人番号を利用することができる範囲について、社会保障、税及び災害対策に関する特定の事務に限定している（番号法第9条）。また、本来の利用目的を超えて例外的に特定個人情報を利用することができる範囲について、個人情報保護法における個人情報の利用の場合よりも限定的に定めている（番号法第29条第3項、第32条）。さらに、必要な範囲を超えた特定個人情報ファイルの作成を禁止している（同法第28条）。

　イ　特定個人情報の安全管理措置等

個人情報保護法は、個人情報取扱事業者に対して、個人データに関する安全管理措置を講ずることとし（個人情報保護法第20条）、従業者の監督義務及び委託先の監督義務を課している（同法第21条、第22条）。

番号法においては、これらに加え、全ての事業者に対して、個人番号（生存する個人のものだけでなく死者のものも含む。）について安全管理措置を講ずることとされている（番号法第12条）。

また、個人番号関係事務又は個人番号利用事務を再委託する場合には委託者による再委託の許諾を要件とする（同法第10条）とともに、委託者の委託先に対する監督義務を課している（同法第11条）。

　　ウ　特定個人情報の提供制限等

個人情報保護法は、個人情報取扱事業者に対し、個人データについて、法令の規定に基づく場合等を除くほか、本人の同意を得ないで、第三者に提供することを認めていない（個人情報保護法第23条）。

番号法においては、特定個人情報の提供について、個人番号の利用制限と同様に、個人情報保護法における個人情報の提供の場合よりも限定的に定めている（番号法第19条）。また、何人も、特定個人情報の提供を受けることが認められている場合を除き、他人（自己と同一の世帯に属する者以外の者をいう。同法第20条において同じ。）に対し、個人番号の提供を求めてはならない（同法第15条）。

さらに、特定個人情報の収集又は保管についても同様の制限を定めている（同法第20条）。

なお、本人から個人番号の提供を受ける場合には、本人確認を義務付けている（同法第16条）。

(2)　委員会による監視・監督

委員会は、特定個人情報の取扱いに関する監視・監督を行うため、次に掲げる権限を有している。

・　個人番号関係事務実施者又は個人番号利用事務実施者に対し、特定個人情報の取扱いに関し、必要な指導及び助言をすることができる。この場合において、特定個人情報の適正な取扱いを確保するために必要があると認めるときは、当該特定個人情報と共に管理されている特定個人情報以外の個人情報の取扱いに関し、併せて指導及び助言をすることができる（番号法第50条）。
・　特定個人情報の取扱いに関して法令違反行為が行われた場合において、その適正な取扱いの確保のために必要があると認めるときには、当該違反行為をした者に対し、期限を定めて、当該違反行為の中止その他違反を是正する

ために必要な措置をとるべき旨を勧告することができる（同法第51条第1項）。
- 勧告を受けた者が正当な理由なく勧告に係る措置をとらなかったときには、その者に対し、期限を定めて、勧告に係る措置をとるべきことを命ずることができる（同条第2項）。
- さらに、特定個人情報の取扱いに関して法令違反行為が行われた場合において、個人の重大な権利利益を害する事実があるため緊急に措置をとる必要があると認めるときは、当該違反行為をした者に対し、期限を定めて、当該違反行為の中止その他違反を是正するために必要な措置をとるべき旨を命ずることができる（同条第3項）。
- 特定個人情報を取り扱う者その他の関係者に対し、特定個人情報の取扱いに関し、必要な報告若しくは資料の提出を求めること又は立入検査を行うことができる（同法第52条）。

(3) 罰則の強化

個人情報保護法における個人情報取扱事業者に対する罰則の適用は、主務大臣からの是正命令に違反した場合、虚偽報告を行った場合等に限られている。一方、番号法においては、類似の刑の上限が引き上げられているほか、正当な理由なく特定個人情報ファイルを提供したとき、不正な利益を図る目的で個人番号を提供、盗用したとき、人を欺く等して個人番号を取得したときの罰則を新設する等罰則が強化されている（番号法第67条から第75条まで）。

なお、次表①から⑥までは、日本国外においてこれらの罪を犯した者にも適用される（同法第76条）。また、法人（法人でない団体で代表者又は管理人の定めのあるものを含む。以下この項目において同じ。）の代表者若しくは管理人又は法人若しくは人の代理人、使用人その他の従業者が、その法人又は人の業務に関して、次表①、②、④又は⑦から⑨までの違反行為をしたときは、その行為者を罰するほか、その法人又は人に対しても、罰金刑が科される（同法第77条第1項）。

項番	行為	番号法	個人情報保護法の類似規定
①	個人番号関係事務又は個人番号利用事務に従事する者又は従事していた者が、正当な理由なく、特定個人情報ファイルを提供	4年以下の懲役若しくは200万円以下の罰金又は併科（第67条）	－

項番	行為	番号法	個人情報保護法の類似規定
②	上記の者が、不正な利益を図る目的で、個人番号を提供又は盗用	3年以下の懲役若しくは150万円以下の罰金又は併科（第68条）	－
③	情報提供ネットワークシステムの事務に従事する者又は従事していた者が、情報提供ネットワークシステムに関する秘密を漏えい又は盗用	同上（第69条）	－
④	人を欺き、人に暴行を加え、人を脅迫し、又は、財物の窃取、施設への侵入、不正アクセス等により個人番号を取得	3年以下の懲役又は150万円以下の罰金（第70条）	－
⑤	国の機関の職員等が、職権を濫用して、専らその職務の用以外の用に供する目的で、特定個人情報が記録された文書等を収集	2年以下の懲役又は100万円以下の罰金（第71条）	－
⑥	委員会の委員等が、職務上知り得た秘密を漏えい又は盗用	同上（第72条）	－
⑦	委員会から命令を受けた者が、委員会の命令に違反	2年以下の懲役又は50万円以下の罰金（第73条）	6月以下の懲役又は30万円以下の罰金（第56条）
⑧	委員会に対する、虚偽の報告、虚偽の資料提出、検査拒否等	1年以下の懲役又は50万円以下の罰金（第74条）	30万円以下の罰金（第57条）
⑨	偽りその他不正の手段により個人番号カード等を取得	6月以下の懲役又は50万円以下の罰金（第75条）	－

第3-5 特定個人情報保護のための主体的な取組について

　事業者が特定個人情報の適正な取扱いを確保するためには、経営者自らが特定個人情報に対する保護措置の重要性について十分な認識を持って適切な経営管理を行うことが重要である。その上で、事業者は、番号法等関係法令並びに本ガイドライン及び主務大臣のガイドライン等に従い、特定個人情報の適正な

取扱いを確保するための具体的な方策について検討し、実践するとともに、業務の実態、技術の進歩等を踏まえ、点検・見直しを継続的に行う体制を主体的に構築することが重要である。

　なお、番号法第6条において、個人番号を利用する事業者は、基本理念にのっとり、国及び地方公共団体が個人番号の利用に関し実施する施策に協力するよう努めるものとするとされている。

第3-6　特定個人情報の漏えい事案等が発生した場合の対応

　個人情報の漏えい事案の発生等個人情報保護法違反又は同法違反のおそれが発覚した場合、個人情報取扱事業者は主務大臣のガイドライン等に基づき報告が求められているところであるが、事業者の特定個人情報の漏えい事案等が発生した場合の対応については、関係省庁等と連携を図ることとし、別に定める。

第3-7　個人情報取扱事業者でない個人番号取扱事業者における特定個人情報の取扱い

　個人情報取扱事業者でない個人番号取扱事業者においても、特定個人情報について、個人情報保護法における個人情報より厳格な保護措置を求めている番号法の趣旨に鑑み、番号法に特段の規定が置かれていない事項については、個人情報保護法における個人情報の保護措置に関する規定及び当該部分に係る主務大臣のガイドライン等に従い、適切に取り扱うことが望ましい。

第3-8　本ガイドラインの見直しについて

　本ガイドラインについては、社会情勢の変化、国民の意識の変化、技術動向の変化等諸環境の変化を踏まえ、必要に応じ見直しを行うものとする。

第4　各論

第4-1　特定個人情報の利用制限

第4-1-(1)　個人番号の利用制限

> 要点
> ○ 個人番号を利用できる事務については、番号法によって限定的に定められており、事業者が個人番号を利用するのは、主として、源泉徴収票及び社会保障の手続書類に従業員等の個人番号を記載して行政機関等及び健康保険組合等に提出する場合である。→1
> ○ また、例外的な利用について、番号法は個人情報保護法に比べ、より限定的に定めている。事業者の場合、利用目的を超えて個人番号を利用することができるのは、①激甚災害が発生したとき等に金融機関が金銭の支払をするために個人番号を利用する場合及び②人の生命、身体又は財産の保護のために個人番号を利用する必要がある場合である。→2
> (関係条文)
> ・番号法　第9条、第29条第3項、第32条
> ・個人情報保護法　第16条

1 個人番号の原則的な取扱い

個人番号^(注)は、番号法があらかじめ限定的に定めた事務の範囲の中から、具体的な利用目的を特定した上で、利用するのが原則である。

事業者が個人番号を利用するのは、個人番号利用事務及び個人番号関係事務の二つの事務である。このうち、健康保険組合等以外の事業者が個人番号を利用するのは、個人番号関係事務として個人番号を利用する場合である。なお、行政機関等又は健康保険組合等から個人番号利用事務の委託を受けた場合には、個人番号利用事務として個人番号を利用することとなる。

事業者は、個人情報保護法とは異なり、<u>本人の同意があったとしても、例外として認められる場合を除き</u>（2参照）、<u>これらの事務以外で個人番号を利用してはならない</u>。

＊　事業者は、社員の管理のために、個人番号を社員番号として利用してはならない。

(注)「個人番号」には、個人番号に対応して、当該個人番号に代わって用いられる番号等も含まれる（番号法第2条第8項）。例えば、数字をアルファベットに読み替えるという法則に従って、個人番号をアルファベットに置き換えた場合であっても、当該アルファベットは「個人番号」に該当することとなる。一方、事業者が、社員を管理するために付している社員番号等（当該社員の個人番号を一定の法則に従って変換したものではないもの）は、「個人番号」には該当しない。

A　個人番号を利用することができる事務の範囲
　　a　個人番号利用事務（番号法第9条第1項及び第2項）
　個人番号利用事務とは、主として、行政機関等が、社会保障、税及び災害対策に関する特定の事務において、保有している個人情報の検索、管理のために個人番号を利用することをいう。事業者においては、健康保険組合等の一部の事業者が法令に基づきこの事務を行う。
　なお、個人番号利用事務の委託を受けた事業者は、個人番号利用事務を行うことができる。この場合において、行政機関等から委託を受けたときは、委託に関する契約の内容に応じて、「特定個人情報の適正な取扱いに関するガイドライン（行政機関等・地方公共団体等編）」が適用されることとなる。
　　b　個人番号関係事務（番号法第9条第3項）
　およそ従業員等を有する全ての事業者が個人番号を取り扱うこととなるのが個人番号関係事務である。具体的には、事業者が、法令に基づき、従業員等の個人番号を給与所得の源泉徴収票、支払調書、健康保険・厚生年金保険被保険者資格取得届等の書類に記載して、行政機関等及び健康保険組合等に提出する事務である。行政機関等及び健康保険組合等の個人番号利用事務実施者は、このようにして提出された書類等に記載されている特定個人情報を利用して、社会保障、税及び災害対策に関する特定の事務を行うこととなる。
　なお、個人番号関係事務の委託を受けた事業者は、個人番号関係事務を行うことができる。
＊　事業者が、講師に対して講演料を支払った場合において、所得税法第225条第1項の規定に従って、講師の個人番号を報酬、料金、契約金及び賞金の支払調書に記載して、税務署長に提出することは個人番号関係事務に当たる。
＊　従業員等が、所得税法第194条第1項の規定に従って、扶養親族の個人番号を扶養控除等申告書に記載して、勤務先である事業者に提出することも個人番号関係事務に当たる。
B　利用目的を超えた個人番号の利用禁止
　　a　利用目的を超えた個人番号の利用禁止（番号法第29条第3項により読み替えて適用される個人情報保護法第16条第1項、番号法第32条）
　事業者は、個人番号の利用目的をできる限り特定しなければならない（個人情報保護法第15条第1項）が、その特定の程度としては、本人が、自らの個人番号がどのような目的で利用されるのかを一般的かつ合理的に予想できる程度に具体的に特定する必要がある。

* 個人番号関係事務の場合、「源泉徴収票作成事務」、「健康保険・厚生年金保険届出事務」のように特定することが考えられる。

　番号法は、個人情報保護法とは異なり、<u>本人の同意があったとしても、利用目的を超えて特定個人情報を利用してはならない</u>と定めている。
　したがって、個人番号についても利用目的（個人番号を利用できる事務の範囲で特定した利用目的）の範囲内でのみ利用することができる。利用目的を超えて個人番号を利用する必要が生じた場合には、当初の利用目的と相当の関連性を有すると合理的に認められる範囲内で利用目的を変更して、本人への通知等を行うことにより、変更後の利用目的の範囲内で個人番号を利用することができる（個人情報保護法第15条第2項、第18条第3項）。
（利用目的の範囲内として利用が認められる場合）
* 〈当年以後の源泉徴収票作成事務に用いる場合〉
　　前年の給与所得の源泉徴収票作成事務のために提供を受けた個人番号については、同一の雇用契約に基づいて発生する当年以後の源泉徴収票作成事務のために利用することができると解される。
* 〈退職者について再雇用契約が締結された場合〉
　　前の雇用契約を締結した際に給与所得の源泉徴収票作成事務のために提供を受けた個人番号については、後の雇用契約に基づく給与所得の源泉徴収票作成事務のために利用することができると解される。
* 〈講師との間で講演契約を再度締結した場合〉
　　前の講演契約を締結した際に講演料の支払に伴う報酬、料金、契約金及び賞金の支払調書作成事務のために提供を受けた個人番号については、後の契約に基づく講演料の支払に伴う報酬、料金、契約金及び賞金の支払調書作成事務のために利用することができると解される。
* 〈不動産の賃貸借契約を追加して締結した場合〉
　　前の賃貸借契約を締結した際に支払調書作成事務のために提供を受けた個人番号については、後の賃貸借契約に基づく賃料に関する支払調書作成事務のために利用することができると解される。
（利用目的の変更が認められる場合）
* 雇用契約に基づく給与所得の源泉徴収票作成事務のために提供を受けた個人番号を、雇用契約に基づく健康保険・厚生年金保険届出事務等に利用しようとする場合は、利用目的を変更して、本人への通知等を行うことにより、健康保険・厚生年金保険届出事務等に個人番号を利用することができる。

事業者は、給与所得の源泉徴収票作成事務のほか健康保険・厚生年金保険届出事務等を行う場合、従業員等から個人番号の提供を受けるに当たって、これらの事務の全てを利用目的として特定して、本人への通知等を行うことにより、利用目的の変更をすることなく個人番号を利用することができる。なお、通知等の方法としては、従来から行っている個人情報の取得の際と同様に、社内LANにおける通知、利用目的を記載した書類の提示、就業規則への明記等の方法が考えられる。

　　　b　合併等の場合（番号法第29条第3項により読み替えて適用される個人情報保護法第16条第2項）

　個人情報取扱事業者は、合併等の理由で事業を承継することに伴って、他の個人情報取扱事業者から当該事業者の従業員等の特定個人情報を取得した場合には、承継前に特定されていた利用目的に従って特定個人情報を利用することができる。ただし、<u>本人の同意があったとしても、承継前に特定されていた利用目的を超えて特定個人情報を利用してはならない</u>。

＊　事業者甲が、事業者乙の事業を承継し、源泉徴収票作成事務のために乙が保有していた乙の従業員等の個人番号を承継した場合、当該従業員等の個人番号を当該従業員等に関する源泉徴収票作成事務の範囲で利用することができる。

2　**例外的な取扱いができる場合**

　番号法では、次に掲げる場合に、例外的に利用目的を超えた個人番号の利用を認めている。

　　　a　金融機関が激甚災害時等に金銭の支払を行う場合（番号法第9条第4項、第29条第3項により読み替えて適用される個人情報保護法第16条第3項第1号、番号法第32条、番号法施行令[注]第10条）

　銀行等の預金取扱金融機関等が、「激甚災害に対処するための特別の財政援助等に関する法律」（昭和37年法律第150号）第2条第1項の激甚災害が発生したとき等に、支払調書の作成等の個人番号関係事務を処理する目的で保有している個人番号を顧客に対する金銭の支払を行うという目的のために、顧客の預金情報等の検索に利用することができる。

　　（注）番号法施行令とは、「行政手続における特定の個人を識別するための番号の利用等に関する法律施行令」（平成26年政令第155号）をいう（以下同じ。）。

　　　b　人の生命、身体又は財産の保護のために必要がある場合であって、本人の同意があり、又は本人の同意を得ることが困難である場合（番号法第29条第3項により読み替えて適用される個人情報保護法第16条

第3項第2号、番号法第32条)

　人の生命、身体又は財産の保護のために必要がある場合であって、本人の同意があり、又は本人の同意を得ることが困難であるときは、支払調書の作成等の個人番号関係事務を処理する目的で保有している個人番号について、人の生命、身体又は財産を保護するために利用することができる。

第4-1-(2)　特定個人情報ファイルの作成の制限

要点
○　個人番号関係事務又は個人番号利用事務を処理するために必要な範囲に限って、特定個人情報ファイルを作成することができる。
(関係条文)
・番号法　第28条

● 特定個人情報ファイルの作成の制限（番号法第28条）

　事業者が、特定個人情報ファイルを作成することができるのは、個人番号関係事務又は個人番号利用事務を処理するために必要な範囲に限られている。法令に基づき行う従業員等の源泉徴収票作成事務、健康保険・厚生年金保険被保険者資格取得届作成事務等に限って、特定個人情報ファイルを作成することができるものであり、これらの場合を除き特定個人情報ファイルを作成してはならない。

＊　事業者は、従業員等の個人番号を利用して営業成績等を管理する特定個人情報ファイルを作成してはならない。

＊　事業者から従業員等の源泉徴収票作成事務について委託を受けた税理士等の受託者についても、「個人番号関係事務実施者」に該当することから、個人番号関係事務を処理するために必要な範囲で特定個人情報ファイルを作成することができる。

第4-2　特定個人情報の安全管理措置等
第4-2-(1)　委託の取扱い

要点
○　個人番号関係事務又は個人番号利用事務の全部又は一部の委託をする者は、委託先において、番号法に基づき委託者自らが果たすべき安全管理措置と同等の措置が講じられるよう必要かつ適切な監督を行わなければならない。→①A、②C

「必要かつ適切な監督」には、①委託先の適切な選定、②安全管理措置に関する委託契約の締結、③委託先における特定個人情報の取扱状況の把握が含まれる。→1B
※ 安全管理措置の具体的な内容については、「第4−2−(2) 安全管理措置」及び「(別添)特定個人情報に関する安全管理措置(事業者編)」を参照のこと。
○ 個人番号関係事務又は個人番号利用事務の全部又は一部の「委託を受けた者」は、委託者の許諾を得た場合に限り、再委託を行うことができる。→2A
　再委託を受けた者は、個人番号関係事務又は個人番号利用事務の「委託を受けた者」とみなされ、最初の委託者の許諾を得た場合に限り、更に再委託することができる。→2B
(関係条文)
・番号法　第10条、第11条
・個人情報保護法　第22条

1　委託先の監督(番号法第11条、個人情報保護法第22条)

A　委託先における安全管理措置

個人番号関係事務又は個人番号利用事務の全部又は一部の委託をする者(以下「委託者」という。)は、委託した個人番号関係事務又は個人番号利用事務で取り扱う特定個人情報の安全管理措置が適切に講じられるよう「委託を受けた者」に対する必要かつ適切な監督を行わなければならない。

このため、委託者は、「委託を受けた者」において、番号法に基づき委託者自らが果たすべき安全管理措置と同等の措置が講じられるよう必要かつ適切な監督を行わなければならない。

なお、「委託を受けた者」を適切に監督するために必要な措置を講じず、又は、必要かつ十分な監督義務を果たすための具体的な対応をとらなかった結果、特定個人情報の漏えい等が発生した場合、番号法違反と判断される可能性がある。

B　必要かつ適切な監督

「必要かつ適切な監督」には、①委託先の適切な選定、②委託先に安全管理措置を遵守させるために必要な契約の締結、③委託先における特定個人情報の取扱状況の把握が含まれる。

委託先の選定については、委託者は、委託先において、番号法に基づき委託者自らが果たすべき安全管理措置と同等の措置が講じられるか否かについて、

あらかじめ確認しなければならない。具体的な確認事項としては、委託先の設備、技術水準、従業者^(注)に対する監督・教育の状況、その他委託先の経営環境等が挙げられる。

委託契約の締結については、契約内容として、秘密保持義務、事業所内からの特定個人情報の持出しの禁止、特定個人情報の目的外利用の禁止、再委託における条件、漏えい事案等が発生した場合の委託先の責任、委託契約終了後の特定個人情報の返却又は廃棄、従業者に対する監督・教育、契約内容の遵守状況について報告を求める規定等を盛り込まなければならない。また、これらの契約内容のほか、特定個人情報を取り扱う従業者の明確化、委託者が委託先に対して実地の調査を行うことができる規定等を盛り込むことが望ましい。

(注)「従業者」とは、事業者の組織内にあって直接間接に事業者の指揮監督を受けて事業者の業務に従事している者をいう。具体的には、従業員のほか、取締役、監査役、理事、監事、派遣社員等を含む。

2　再委託（番号法第10条、第11条）

　A　再委託の要件（第10条第1項）

　個人番号関係事務又は個人番号利用事務の全部又は一部の「委託を受けた者」は、委託者の許諾を得た場合に限り、再委託をすることができる。

＊　事業者甲が従業員等の源泉徴収票作成事務を事業者乙に委託している場合、乙は、委託者である甲の許諾を得た場合に限り、同事務を別の事業者丙に委託することができる。

　B　再委託の効果（第10条第2項）

　再委託を受けた者は、個人番号関係事務又は個人番号利用事務の全部又は一部の「委託を受けた者」とみなされ、再委託を受けた個人番号関係事務又は個人番号利用事務を行うことができるほか、最初の委託者の許諾を得た場合に限り、その事務を更に再委託することができる。

＊　更に再委託をする場合も、その許諾を得る相手は、最初の委託者である。

　したがって、個人番号関係事務又は個人番号利用事務が甲→乙→丙→丁と順次委託される場合、丙は、最初の委託者である甲の許諾を得た場合に限り、別の事業者丁に再委託を行うことができる。更に再委託が繰り返される場合も同様である。

　なお、乙は丙を監督する義務があるため、乙・丙間の委託契約の内容に、丙が再委託する場合の取扱いを定め、再委託を行う場合の条件、再委託した場合の乙に対する通知義務等を盛り込むことが望ましい。

　C　再委託先の監督（第11条）

①Aにおける「委託を受けた者」とは、委託者が直接委託する事業者を指すが、甲→乙→丙→丁と順次委託される場合、乙に対する甲の監督義務の内容には、再委託の適否だけではなく、乙が丙、丁に対して必要かつ適切な監督を行っているかどうかを監督することも含まれる。したがって、<u>甲は乙に対する監督義務だけではなく、再委託先である丙、丁に対しても間接的に監督義務を負うこととなる。</u>

第4-2-(2) 安全管理措置

● **安全管理措置（番号法第12条、第33条、第34条、個人情報保護法第20条、第21条）**

個人番号関係事務実施者又は個人番号利用事務実施者である事業者は、<u>個人番号及び特定個人情報（以下「特定個人情報等」という。）の漏えい、滅失又は毀損の防止等、特定個人情報等の管理のために、必要かつ適切な安全管理措置を講じなければならない。</u>また、従業者^(注)に特定個人情報等を取り扱わせるに当たっては、<u>特定個人情報等の安全管理措置が適切に講じられるよう、当該従業者に対する必要かつ適切な監督を行わなければならない。</u>

（注）「従業者」とは、事業者の組織内にあって直接間接に事業者の指揮監督を受けて事業者の業務に従事している者をいう。具体的には、従業員のほか、取締役、監査役、理事、監事、派遣社員等を含む。

※ 安全管理措置の具体的な内容については、「（別添）特定個人情報に関する安全管理措置（事業者編）」を参照のこと。

第4-3 特定個人情報の提供制限等

第4-3-(1) 個人番号の提供の要求

要点
○ 個人番号関係事務実施者又は個人番号利用事務実施者は、個人番号関係事務又は個人番号利用事務を処理するために必要がある場合に限って、本人又は他の個人番号関係事務実施者若しくは個人番号利用事務実施者に対して個人番号の提供を求めることができる。

（関係条文）
・番号法　第14条

① **提供の要求（番号法第14条第1項）**

事業者は、個人番号関係事務又は個人番号利用事務を行うため、本人又は他の個人番号関係事務実施者若しくは個人番号利用事務実施者から個人番号の提

供を受ける必要がある。番号法第14条第1項は、個人番号関係事務実施者又は個人番号利用事務実施者が個人番号の提供を求めるための根拠となる規定である。

個人番号関係事務実施者又は個人番号利用事務実施者は、本条により、個人番号関係事務又は個人番号利用事務を処理するために必要がある場合、本人又は他の個人番号関係事務実施者若しくは個人番号利用事務実施者に対し個人番号の提供を求めることとなる。

　A　本人に対する個人番号の提供の要求

事業者は、本条を根拠として、従業員等に対し、給与の源泉徴収事務、健康保険・厚生年金保険届出事務等に必要な個人番号の提供を、また、講演料、地代等に係る個人の支払先に対し、支払調書作成事務に必要な個人番号の提供をそれぞれ求めることとなる。

　B　他の個人番号関係事務実施者又は個人番号利用事務実施者に対する個人番号の提供の要求

事業者は、本条を根拠として、従業員等に対し、給与の源泉徴収事務のため、当該従業員等の扶養親族の個人番号を記載した扶養控除等申告書の提出を求めることとなる。この場合、従業員等は扶養親族の個人番号を記載した扶養控除等申告書を提出する法令（所得税法（昭和40年法律第33号）第194条第1項）上の義務を負っていることから「個人番号関係事務実施者」として取り扱われる。

② 提供を求める時期

個人番号関係事務実施者又は個人番号利用事務実施者は、個人番号関係事務又は個人番号利用事務を処理するために必要があるときに個人番号の提供を求めることとなる。

事業者が行う個人番号関係事務においては、個人番号関係事務が発生した時点で個人番号の提供を求めることが原則であるが、本人との法律関係等に基づき、個人番号関係事務の発生が予想される場合には、契約を締結した時点等の当該事務の発生が予想できた時点で個人番号の提供を求めることが可能であると解される。なお、<u>契約内容等から個人番号関係事務が明らかに発生しないと認められる場合には、個人番号の提供を求めてはならない。</u>

＊　従業員等の給与の源泉徴収事務、健康保険・厚生年金保険届出事務等に伴う給与所得の源泉徴収票、健康保険・厚生年金保険被保険者資格取得届等の作成事務の場合は、雇用契約の締結時点で個人番号の提供を求めることも可能であると解される。

＊ 非上場会社の株主に対する配当金の支払に伴う支払調書の作成事務の場合は、所得税法第224条第1項及び同法施行令第336条第1項の規定により支払の確定の都度、個人番号の告知を求めることが原則であるが、当該株主が株主としての地位を得た時点で個人番号の提供を求めることも可能であると解される。

＊ 地代等の支払に伴う支払調書の作成事務の場合は、賃料の金額により契約の締結時点で支払調書の作成が不要であることが明らかである場合を除き、契約の締結時点で個人番号の提供を求めることが可能であると解される。

第4－3－(2) 個人番号の提供の求めの制限、特定個人情報の提供制限

> 要点
> ○ 番号法で限定的に明記された場合を除き、個人番号の提供を求めてはならない。→1
> ○ 番号法で限定的に明記された場合を除き、特定個人情報を提供してはならない。→2
> （関係条文）
> ・番号法　第15条、第19条、第29条第3項
> ・個人情報保護法　第23条

1 提供の求めの制限（番号法第15条）

何人も、番号法第19条各号のいずれかに該当し特定個人情報の提供を受けることができる場合を除き、他人(注)の個人番号の提供を求めてはならない。

事業者が個人番号の提供を求めることとなるのは、従業員等に対し、社会保障、税及び災害対策に関する特定の事務のために個人番号の提供を求める場合等に限られる。

＊ 事業者は、給与の源泉徴収事務を処理する目的で、従業員等に対し、個人番号の提供を求めることとなる（番号法第19条第3号に該当）。一方、従業員等の営業成績等を管理する目的で、個人番号の提供を求めてはならない。

（注）番号法第15条及び第20条において、他人とは「自己と同一の世帯に属する者以外の者」であり、子、配偶者等の自己と同一の世帯に属する者に対しては、同法第19条各号のいずれかに該当しなくても、個人番号の提供を求めることができる。

2 特定個人情報の提供制限（番号法第19条）

何人も、番号法で限定的に明記された場合を除き、特定個人情報を「提供」してはならない。

事業者が特定個人情報を提供できるのは、社会保障、税及び災害対策に関す

る特定の事務のために従業員等の特定個人情報を行政機関等及び健康保険組合等に提供する場合等に限られる。

　　A　「提供」の意義について
　「提供」とは、法的な人格を超える特定個人情報の移動を意味するものであり、同一法人の内部等の法的な人格を超えない特定個人情報の移動は「提供」ではなく「利用」に当たり、利用制限（番号法第9条、第28条、第29条第3項、第32条）に従うこととなる。
　なお、個人情報保護法においては、個人データを特定の者との間で共同して利用する場合には、第三者提供に当たらないとしている（個人情報保護法第23条第4項第3号）が、番号法においては、個人情報保護法第23条第4項第3号の適用を除外している（番号法第29条第3項）ことから、この場合も通常の「提供」に当たり、提供制限（同法第14条から第16条まで、第19条、第20条、第29条第3項）に従うこととなる。

* 「提供」に当たらない場合
　事業者甲の中のＸ部からＹ部へ特定個人情報が移動する場合、Ｘ部、Ｙ部はそれぞれ甲の内部の部署であり、独立した法的人格を持たないから、「提供」には当たらない。例えば、営業部に所属する従業員等の個人番号が、営業部庶務課を通じ、給与所得の源泉徴収票を作成する目的で経理部に提出された場合には、「提供」には当たらず、法令で認められた「利用」となる。

* 「提供」に当たる場合
　事業者甲から事業者乙へ特定個人情報が移動する場合は「提供」に当たる。同じ系列の会社間等での特定個人情報の移動であっても、別の法人である以上、「提供」に当たり、提供制限に従うこととなるため留意が必要である。例えば、ある従業員等が甲から乙に出向又は転籍により異動し、乙が給与支払者（給与所得の源泉徴収票の提出義務者）になった場合には、甲・乙間で従業員等の個人番号を受け渡すことはできず、乙は改めて本人から個人番号の提供を受けなければならない。

* 同じ系列の会社間等で従業員等の個人情報を共有データベースで保管しているような場合、従業員等が現在就業している会社のファイルにのみその個人番号を登録し、他の会社が当該個人番号を参照できないようなシステムを採用していれば、共有データベースに個人番号を記録することが可能であると解される。

* 上記の事例において、従業員等の出向に伴い、本人を介在させることなく、共有データベース内で自動的にアクセス制限を解除する等して出向元の会社

のファイルから出向先の会社のファイルに個人番号を移動させることは、提供制限に違反することになるので、留意する必要がある。
　一方、共有データベースに記録された個人番号を出向者本人の意思に基づく操作により出向先に移動させる方法をとれば、本人が新たに個人番号を出向先に提供したものとみなすことができるため、提供制限には違反しないものと解される。なお、この場合には、本人の意思に基づかない不適切な個人番号の提供が行われないよう、本人のアクセス及び識別について安全管理措置を講ずる必要がある。
　また、本人確認については、「行政手続における特定の個人を識別するための番号の利用等に関する法律施行規則」(平成26年内閣府・総務省令第3号。以下「番号法施行規則」という。)第4条又は代理人が行う場合は同施行規則第10条に従って手続を整備しておけば、本人確認に係る事務を効率的に行うことが可能と解される。

　B　特定個人情報を提供できる場合 (番号法第19条第1号から第14号まで)
　特定個人情報を提供できる場合として、番号法第19条各号が定めているもののうち事業者が関わるものは、次のとおりである。
　　a　個人番号利用事務実施者からの提供 (第1号)
　個人番号利用事務実施者が、個人番号利用事務を処理するために、必要な限度で本人、代理人又は個人番号関係事務実施者に特定個人情報を提供する場合である。
＊　市区町村長 (個人番号利用事務実施者) は、住民税を徴収 (個人番号利用事務) するために、事業者に対し、その従業員等の個人番号と共に特別徴収税額を通知することができる。
　　b　個人番号関係事務実施者からの提供 (第2号)
　個人番号関係事務実施者は、個人番号関係事務を処理するために、法令に基づき、行政機関等、健康保険組合等又はその他の者に特定個人情報を提供することとなる。
＊　事業者 (個人番号関係事務実施者) は、所得税法第226条第1項の規定に従って、給与所得の源泉徴収票の提出という個人番号関係事務を処理するために、従業員等の個人番号が記載された給与所得の源泉徴収票を2通作成し、1通を税務署長に提出し、他の1通を本人に交付することとなる。
＊　事業者の従業員等 (個人番号関係事務実施者) は、所得税法第194条第1項の規定に従って、扶養控除等申告書の提出という個人番号関係事務を処理するために、事業者 (個人番号関係事務実施者) に対し、その扶養親族の

個人番号を記載した扶養控除等申告書を提出することとなる。

　　c　本人又は代理人からの提供（第3号）

　本人又はその代理人は、個人番号関係事務実施者又は個人番号利用事務実施者に対し、本人の個人番号を含む特定個人情報を提供することとなる。

＊　本人は、給与の源泉徴収事務、健康保険・厚生年金保険届出事務等のために、個人番号関係事務実施者である事業者に対し、自己（又はその扶養親族）の個人番号を書類に記載して提出することとなる。

　　d　委託、合併に伴う提供（第5号）

　特定個人情報の取扱いの全部若しくは一部の委託又は合併その他の事由による事業の承継が行われたときは、特定個人情報を提供することが認められている。

＊　事業者が、源泉徴収票作成事務を含む給与事務を子会社に委託する場合、その子会社に対し、従業員等の個人番号を含む給与情報を提供することができる。

＊　甲社が乙社を吸収合併した場合、吸収される乙社は、その従業員等の個人番号を含む給与情報等を存続する甲社に提供することができる。

　　e　情報提供ネットワークシステムを通じた提供（第7号、番号法施行令第21条）

　番号法別表第2に記載されている行政機関等及び健康保険組合等の間で、同表の事務に関し、情報提供ネットワークシステムを使用して特定個人情報の提供を行うものである。したがって、健康保険組合等以外の事業者は、情報提供ネットワークシステムを使用することはない。

　　f　委員会からの提供の求め（第11号）

　委員会が、特定個人情報の取扱いに関し、番号法第52条第1項の規定により、特定個人情報の提出を求めた場合には、この求めに応じ、<u>委員会に対し、特定個人情報を提供しなければならない。</u>

　　g　各議院審査等その他公益上の必要があるときの提供（第12号、番号法施行令第26条、同施行令別表）

　①各議院の審査、調査の手続、②訴訟手続その他の裁判所における手続、③裁判の執行、④刑事事件の捜査、⑤租税に関する法律の規定に基づく犯則事件の調査、⑥会計検査院の検査が行われるとき、⑦公益上の必要があるときには、特定個人情報を提供することができる。⑦の公益上の必要があるときは、番号法施行令第26条で定められており、「私的独占の禁止及び公正取引の確保に関する法律」（昭和22年法律第54号）の規定による犯則事件の調査（番号法施行

令別表第2号)、「金融商品取引法」(昭和23年法律第25号)の規定による犯則事件の調査(同表第4号)、租税調査(同表第8号)、個人情報保護法の規定による報告徴収(同表第19号)、「犯罪による収益の移転防止に関する法律」(平成19年法律第22号)の規定による届出(同表第23号)等がある。

  h 人の生命、身体又は財産の保護のための提供(第13号)

 人の生命、身体又は財産の保護のために必要がある場合において、本人の同意があり、又は本人の同意を得ることが困難であるときは、特定個人情報を提供することができる。

* 客が小売店で個人番号カードを落としていった場合、その小売店は警察に遺失物として当該個人番号カードを届け出ることができる。

  C 個人情報保護法上の第三者提供との違い

 個人情報保護法は、個人情報取扱事業者に対し、個人データについて、本人の同意がある場合、法令の規定に基づく場合等には、第三者に提供することができることとしている。

 番号法においては、全ての事業者を対象に、同法第19条で特定個人情報を提供できる場合を限定的に定めており、特定個人情報の提供については、個人情報保護法第23条は適用されない。

 特定個人情報の提供を求められた場合には、その提供を求める根拠が、番号法第19条各号に該当するものかどうかをよく確認し、<u>同条各号に該当しない場合には、特定個人情報を提供してはならない</u>。

* 個人情報保護法第25条に基づく開示の求め、同法第26条に基づく訂正等の求め又は同法第27条に基づく利用停止等の求めにおいて、本人から個人番号を付して求めが行われた場合や本人に対しその個人番号又は特定個人情報を提供する場合は、番号法第19条各号に定めはないものの、法の解釈上当然に特定個人情報の提供が認められるべき場合であり、特定個人情報を提供することができる。

第4−3−(3) 収集・保管制限

要点
○ 番号法第19条各号のいずれかに該当する場合を除き、特定個人情報を収集又は保管してはならない。
(関係条文)
・番号法 第20条

● 収集・保管の制限(番号法第20条)

何人も、番号法第19条各号のいずれかに該当する場合を除き、他人(注)の個人番号を含む特定個人情報を収集又は保管してはならない。

(注) 番号法第15条及び第20条において、他人とは「自己と同一の世帯に属する者以外の者」であり、子、配偶者等の自己と同一の世帯に属する者の特定個人情報は、同法第19条各号のいずれかに該当しなくても、収集又は保管することができる。

A 収集制限

「収集」とは、集める意思を持って自己の占有に置くことを意味し、例えば、人から個人番号を記載したメモを受け取ること、人から聞き取った個人番号をメモすること等、直接取得する場合のほか、電子計算機等を操作して個人番号を画面上に表示させ、その個人番号を書き取ること、プリントアウトすること等を含む。一方、特定個人情報の提示を受けただけでは、「収集」に当たらない。

* 事業者の給与事務担当者として個人番号関係事務に従事する者が、その個人番号関係事務以外の目的で他の従業員等の特定個人情報をノートに書き写してはならない。

* 事業者の中で、単に個人番号が記載された書類等を受け取り、支払調書作成事務に従事する者に受け渡す立場の者は、独自に個人番号を保管する必要がないため、個人番号の確認等の必要な事務を行った後はできるだけ速やかにその書類を受け渡すこととし、自分の手元に個人番号を残してはならない。

例えば、事業者が講師に対して講演料を支払う場合において、講師から個人番号が記載された書類等を受け取る担当者と支払調書作成事務を行う担当者が異なるときは、書類等を受け取る担当者は、支払調書作成事務を行う担当者にできるだけ速やかにその書類を受け渡すこととし、自分の手元に個人番号を残してはならない。

なお、個人番号が記載された書類等を受け取る担当者も、個人番号関係事務に従事する事業者の一部として当該事務に従事するのであるから、当該個人番号により特定される本人から当該書類等を受け取る際に、当該書類等の不備がないかどうか個人番号を含めて確認することができる。

B 保管制限と廃棄

個人番号は、番号法で限定的に明記された事務を処理するために収集又は保管されるものであるから、それらの事務を行う必要がある場合に限り特定個人情報を保管し続けることができる。また、個人番号が記載された書類等については、所管法令によって一定期間保存が義務付けられているものがあるが、これらの書類等に記載された個人番号については、その期間保管することとなる。

一方、それらの事務を処理する必要がなくなった場合で、所管法令において定められている保存期間を経過した場合には、個人番号をできるだけ速やかに廃棄又は削除しなければならない。なお、その個人番号部分を復元できない程度にマスキング又は削除した上で保管を継続することは可能である。

* 事業者は、給与の源泉徴収事務を処理する目的で、従業員等の個人番号を保管することができる（番号法第19条第3号に該当）。一方、従業員等の営業成績等を管理する目的で、従業員等の個人番号を保管することはできない。
* 雇用契約等の継続的な契約関係にある場合には、従業員等から提供を受けた個人番号を給与の源泉徴収事務、健康保険・厚生年金保険届出事務等のために翌年度以降も継続的に利用する必要が認められることから、特定個人情報を継続的に保管できると解される。なお、従業員等が休職している場合には、復職が未定であっても雇用契約が継続していることから、特定個人情報を継続的に保管できると解される。

　土地の賃貸借契約等の継続的な契約関係にある場合も同様に、支払調書の作成事務のために継続的に個人番号を利用する必要が認められることから、特定個人情報を継続的に保管できると解される。

* 扶養控除等申告書は、所得税法施行規則第76条の3により、当該申告書の提出期限（毎年最初に給与等の支払を受ける日の前日まで）の属する年の翌年1月10日の翌日から7年を経過する日まで保存することとなっていることから、当該期間を経過した場合には、当該申告書に記載された個人番号を保管しておく必要はなく、原則として、個人番号が記載された扶養控除等申告書をできるだけ速やかに廃棄しなければならない。

　そのため、個人番号が記載された扶養控除等申告書等の書類については、保存期間経過後における廃棄を前提とした保管体制をとることが望ましい。

* 給与所得の源泉徴収票、支払調書等の作成事務のために提供を受けた特定個人情報を電磁的記録として保存している場合においても、その事務に用いる必要がなく、所管法令で定められている保存期間を経過した場合には、原則として、個人番号をできるだけ速やかに廃棄又は削除しなければならない。

　そのため、特定個人情報を保存するシステムにおいては、保存期間経過後における廃棄又は削除を前提としたシステムを構築することが望ましい。

※ 廃棄方法等の具体的な内容については、「（別添）特定個人情報に関する安全管理措置（事業者編）」を参照のこと。

第4-3-(4)　本人確認

- **本人確認（番号法第16条）**

　本人確認については、番号法、番号法施行令、番号法施行規則及び個人番号利用事務実施者が認める方法に従うこととなるため、適切に対応する必要がある。

〈参考〉
　番号法、番号法施行令及び番号法施行規則における本人確認の概要は、次のとおりである。この項目において、「法」は番号法、「令」は番号法施行令、「規」は番号法施行規則をいう（番号法施行規則第１条第１項第１号の場合は、「規１①一」と表記する。）。

① 本人から個人番号の提供を受ける場合
　　ⅰ　個人番号カードの提示を受ける場合
　　「個人番号カード」（法16）
　　ⅱ　通知カードの提示を受ける場合
　　「通知カード」＋「本人の身元確認書類」
　　（法16）　　　　　（規１①）

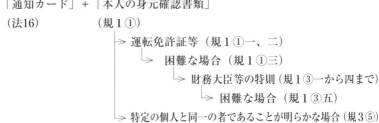

　　ⅲ　ⅰ、ⅱ以外の場合
（ⅰ）書類の提示を受ける場合等
　　「番号確認書類」＋「本人の身元確認書類」
　　（令12①一）　　　　（令12①二）

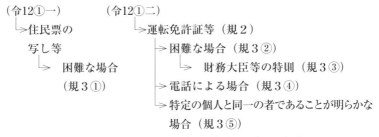

（ⅱ）電子情報処理組織を使用して個人番号の提供を受ける場合
　　個人番号カードのICチップの読み取り、電子署名等の送信、個人番号利用事務実施者による地方公共団体情報システム機構への確認等（規４）
② 本人の代理人から個人番号の提供を受ける場合

ⅰ 書類の提示を受ける場合等
「代理権確認書類」＋「代理人の身元確認書類」＋「本人の番号確認書類」
　（令12②一）　　　　　（令12②二）　　　　　　　（令12②三）
　　↳戸籍謄本、　　　　↳個人番号カード、　　　　↳本人に係る
　　　委任状等　　　　　運転免許証等　　　　　　　個人番号カード等
　　（規6①一、二）　　（規7①）　　　　　　　　（規8）
　　　↳困難な場合　　　↳代理人が法人の場合　　　↳困難な場合
　　　　（規6①三）　　　（規7②）　　　　　　　　（規9⑤）
　　　↳代理人が法人の　↳困難な場合
　　　　場合（規6②）　　（規9①）
　　　　　　　　　　　　　↳財務大臣等の特則
　　　　　　　　　　　　　　（規9②）
　　　↳電話による場合　↳電話による場合
　　　　（規9③）　　　　（規9③）
　　　　　　　　　　　↳特定の個人と同一の者であることが明
　　　　　　　　　　　　らかな場合（規9④）

ⅱ 電子情報処理組織を使用して個人番号の提供を受ける場合
　代理権証明情報及び代理人の電子署名等の送信、個人番号利用事務実施者による地方公共団体情報システム機構への確認等（規10）
※ 書面の送付により個人番号の提供を受ける場合は、上記で提示を受けることとされている書類又はその写しの提出を受けなければならない（規11）。

第4-4　第三者提供の停止に関する取扱い

要点
○ 特定個人情報を提供することができるのは、番号法第19条各号に当てはまる場合に限定されている。したがって、特定個人情報が違法に第三者に提供されていることを知った本人から、その提供の停止が求められた場合であって、その求めに理由があることが判明したときには、第三者への提供を停止しなければならない。
○ なお、特定個人情報を適正に取り扱っていれば、第三者への提供の停止を求められる事態は生じない。
（関係条文）
・番号法　第29条第3項
・個人情報保護法　第27条

● 第三者提供の停止（番号法第29条第３項により読み替えて適用される個人情報保護法第27条第２項）

特定個人情報を提供することができるのは、番号法第19条各号に当てはまる場合に限定されており、それ以外の場合で特定個人情報を提供してはならない。保有個人データである特定個人情報が、同条各号に違反して違法に第三者に提供されているという理由により、本人から第三者への当該特定個人情報の提供の停止を求められた場合であって、その求めに理由があることが判明したときには、遅滞なく、<u>当該特定個人情報の第三者への提供を停止しなければならない</u>。

ただし、第三者への提供を停止することが困難であり、本人の権利利益を保護するために代わりの措置をとるときは、第三者への提供を停止しないことが認められており、この点は従来の個人情報保護法の取扱いと同様である。

第４－５　特定個人情報保護評価

● 特定個人情報保護評価（番号法第26条、第27条）

特定個人情報保護評価とは、情報提供ネットワークシステムを使用して情報連携を行う事業者が、特定個人情報の漏えいその他の事態を発生させるリスクを分析し、そのようなリスクを軽減するための適切な措置を講ずることを宣言するものである。

行政機関等以外の者で、情報提供ネットワークシステムを使用して情報連携を行う事業者としては、健康保険組合等が挙げられる。

特定個人情報保護評価の実施が義務付けられていない事業者が、任意に特定個人情報保護評価の手法を活用することは、特定個人情報の保護の観点から有益である。

※　特定個人情報保護評価の詳細については、「特定個人情報保護評価に関する規則」（平成26年特定個人情報保護委員会規則第１号）及び「特定個人情報保護評価指針」（平成26年特定個人情報保護委員会告示第４号）を参照のこと。

第４－６　個人情報保護法の主な規定

事業者のうち、個人情報取扱事業者は、特定個人情報の適正な取扱いについて、次のとおり個人情報保護法の適用を受けるので留意する必要がある。

　　Ａ　利用目的の特定（個人情報保護法第15条）
　　　　ａ　利用目的の特定（第１項）

個人情報取扱事業者は、個人情報を取り扱うに当たっては、その利用目的をできる限り特定しなければならない。
　　b　利用目的の変更（第2項）
個人情報取扱事業者は、利用目的を変更する場合には、変更前の利用目的と相当の関連性を有すると合理的に認められる範囲を超えて行ってはならない。
　B　利用目的の通知等（個人情報保護法第18条）
　　a　利用目的の通知等（第1項）
個人情報取扱事業者は、個人情報を取得した場合は、あらかじめその利用目的を公表している場合を除き、速やかに、その利用目的を、本人に通知し、又は公表しなければならない。
　　b　利用目的の明示（第2項）
個人情報取扱事業者は、aの規定にかかわらず、本人との間で契約を締結することに伴って契約書その他の書面（電子的方式等で作られる記録を含む。以下bにおいて同じ。）に記載された当該本人の個人情報を取得する場合その他本人から直接書面に記載された当該本人の個人情報を取得する場合は、あらかじめ、本人に対し、その利用目的を明示しなければならない。ただし、人の生命、身体又は財産の保護のために緊急に必要がある場合は、この限りでない。
　　c　変更された利用目的の通知等（第3項）
個人情報取扱事業者は、利用目的を変更した場合は、変更された利用目的について、本人に通知し、又は公表しなければならない。
　　d　適用除外（第4項）
aからcまでの規定は、ⅰ本人等の権利利益を害するおそれがある場合、ⅱ当該個人情報取扱事業者の権利又は正当な利益を害するおそれがある場合、ⅲ国の行政機関又は地方公共団体が法令の定める事務を遂行することに対して協力する必要がある場合であって、当該事務の遂行に支障を及ぼすおそれがあるとき、ⅳ取得の状況からみて利用目的が明らかであると認められる場合には、適用しない。
　C　データ内容の正確性の確保（個人情報保護法第19条）
個人情報取扱事業者は、利用目的の達成に必要な範囲内において、個人データを正確かつ最新の内容に保つよう努めなければならない。
　D　適正取得（個人情報保護法第17条）
個人情報取扱事業者は、偽りその他不正の手段により個人情報を取得してはならない。
　E　保有個人データに関する事項の公表等（個人情報保護法第24条、個人

情報保護法施行令第５条）
　　　ａ　保有個人データに関する事項の公表（第１項）
　個人情報取扱事業者は、保有個人データに関し、ⅰ当該個人情報取扱事業者の氏名又は名称、ⅱ全ての保有個人データの利用目的（Ｂｄⅰからⅲまでに該当する場合を除く。）、ⅲ利用目的の通知、開示、訂正等、利用停止等の求めに応じる手続等、ⅳⅰからⅲまでに掲げるもののほか、保有個人データの適正な取扱いの確保に関し必要な事項として個人情報保護法施行令第５条で定めるものについて、本人の知り得る状態（本人の求めに応じて遅滞なく回答する場合を含む。）に置かなければならない。

　　　ｂ　利用目的の通知の求め（第２項）
　個人情報取扱事業者は、本人から、当該本人が識別される保有個人データの利用目的の通知を求められたときは、本人に対し、遅滞なく、これを通知しなければならない。ただし、ⅰａの規定により当該本人が識別される保有個人データの利用目的が明らかな場合、ⅱＢｄⅰからⅲまでに該当する場合のいずれかに該当する場合は、この限りでない。

　　　ｃ　本人に対する通知（第３項）
　個人情報取扱事業者は、ｂの規定に基づき求められた保有個人データの利用目的を通知しない旨の決定をしたときは、本人に対し、遅滞なく、その旨を通知しなければならない。

　Ｆ　開示（個人情報保護法第25条、個人情報保護法施行令第６条）
　　　ａ　開示（第１項）
　個人情報取扱事業者は、本人から、当該本人が識別される保有個人データの開示（当該本人が識別される保有個人データが存在しないときにその旨を知らせることを含む。以下同じ。）を求められたときは、本人に対し、個人情報保護法施行令第６条で定める方法により、遅滞なく、当該保有個人データを開示しなければならない。ただし、開示することにより、ⅰ本人等の権利利益を害するおそれがある場合、ⅱ当該個人情報取扱事業者の業務の適正な実施に著しい支障を及ぼすおそれがある場合、ⅲ他の法令に違反することとなる場合のいずれかに該当する場合は、その全部又は一部を開示しないことができる。

　　　ｂ　本人に対する通知（第２項）
　個人情報取扱事業者は、ａの規定に基づき求められた保有個人データの全部又は一部について開示しない旨の決定をしたときは、本人に対し、遅滞なく、その旨を通知しなければならない。

　　　ｃ　他の法令による開示（第３項）

他の法令の規定により、本人に対しaの本文に規定する方法に相当する方法により当該本人が識別される保有個人データの全部又は一部を開示することとされている場合には、当該全部又は一部の保有個人データについては、aの規定は、適用しない。

G　訂正等（個人情報保護法第26条）
　　a　訂正等（第1項）
　個人情報取扱事業者は、本人から、当該本人が識別される保有個人データの内容が事実でないという理由によって当該保有個人データの内容の訂正、追加又は削除（以下a及びbにおいて「訂正等」という。）を求められた場合には、その内容の訂正等に関して他の法令の規定により特別の手続が定められている場合を除き、利用目的の達成に必要な範囲内において、遅滞なく必要な調査を行い、その結果に基づき、当該保有個人データの内容の訂正等を行わなければならない。

　　b　本人に対する通知（第2項）
　個人情報取扱事業者は、aの規定に基づき求められた保有個人データの内容の全部若しくは一部について訂正等を行ったとき、又は訂正等を行わない旨の決定をしたときは、本人に対し、遅滞なく、その旨（訂正等を行ったときは、その内容を含む。）を通知しなければならない。

H　利用停止等（個人情報保護法第27条）
　　a　利用停止等（第1項）
　個人情報取扱事業者は、本人から、当該本人が識別される保有個人データが第4-1-(1)①B（利用目的を超えた個人番号の利用禁止）の規定に違反して取り扱われているという理由又はDの規定に違反して取得されたものであるという理由によって、当該保有個人データの利用の停止又は消去（以下a及びbにおいて「利用停止等」という。）を求められた場合であって、その求めに理由があることが判明したときは、違反を是正するために必要な限度で、遅滞なく、当該保有個人データの利用停止等を行わなければならない。ただし、当該保有個人データの利用停止等に多額の費用を要する場合その他の利用停止等を行うことが困難な場合であって、本人の権利利益を保護するため必要なこれに代わるべき措置をとるときは、この限りでない。

　　b　本人に対する通知（第3項）
　個人情報取扱事業者は、aの規定に基づき求められた保有個人データの全部若しくは一部について利用停止等を行ったとき若しくは利用停止等を行わない旨の決定をしたとき、又は個人情報保護法第27条第2項の規定に基づき求めら

れた保有個人データの全部若しくは一部について第三者への提供を停止したとき若しくは第三者への提供を停止しない旨の決定をしたときは、本人に対し、遅滞なく、その旨を通知しなければならない。

 I 理由の説明（個人情報保護法第28条）

 個人情報取扱事業者は、Ｅｃ、Ｆｂ、Ｇｂ又はＨｂの規定により、本人から求められた措置の全部又は一部について、その措置をとらない旨を通知する場合又はその措置と異なる措置をとる旨を通知する場合は、本人に対し、その理由を説明するよう努めなければならない。

 J 開示等の求めに応じる手続（個人情報保護法第29条、個人情報保護法施行令第７条、第８条）

  ａ 開示等の求めの受付方法（第１項）

 個人情報取扱事業者は、Ｅｂ、Ｆａ、Ｇａ又はＨａ若しくは第４－４（第三者提供の停止に関する取扱い）の規定による求め（以下ａからｄまでにおいて「開示等の求め」という。）に関し、個人情報保護法施行令第７条で定めるところにより、その求めを受け付ける方法を定めることができる。この場合において、本人は、当該方法に従って、開示等の求めを行わなければならない。

  ｂ 特定するに足りる事項の提示（第２項）

 個人情報取扱事業者は、本人に対し、開示等の求めに関し、その対象となる保有個人データを特定するに足りる事項の提示を求めることができる。この場合において、個人情報取扱事業者は、本人が容易かつ的確に開示等の求めをすることができるよう、当該保有個人データの特定に資する情報の提供その他本人の利便を考慮した適切な措置をとらなければならない。

  ｃ 代理人（第３項）

 開示等の求めは、個人情報保護法施行令第８条で定めるところにより、代理人によってすることができる。

  ｄ 本人に対する配慮（第４項）

 個人情報取扱事業者は、ａからｃまでの規定に基づき開示等の求めに応じる手続を定めるに当たっては、本人に過重な負担を課するものとならないよう配慮しなければならない。

 K 手数料（個人情報保護法第30条）

  ａ 手数料の徴収（第１項）

 個人情報取扱事業者は、Ｅｂの規定による利用目的の通知又はＦａの規定による開示を求められたときは、当該措置の実施に関し、手数料を徴収することができる。

b　手数料の額の定め（第2項）
　個人情報取扱事業者は、aの規定により手数料を徴収する場合は、実費を勘案して合理的であると認められる範囲内において、その手数料の額を定めなければならない。
　　L　苦情の処理（個人情報保護法第31条）
　　　a　苦情の処理（第1項）
　個人情報取扱事業者は、個人情報の取扱いに関する苦情の適切かつ迅速な処理に努めなければならない。
　　　b　体制の整備（第2項）
　個人情報取扱事業者は、aの目的を達成するために必要な体制の整備に努めなければならない。

第4-7　個人番号利用事務実施者である健康保険組合等における措置等
　個人番号利用事務実施者である健康保険組合等は、第4-1から6までに加えて、次に掲げる措置等について留意する必要がある。
1　地方公共団体情報システム機構に対する機構保存本人確認情報についての提供の要求（番号法第14条第2項、番号法施行令第11条）
　健康保険組合等の個人番号利用事務実施者のうち番号法施行令第11条で定める者（住民基本台帳法（昭和42年法律第81号）別表第1から別表第4までの上欄に掲げる者）は、個人番号利用事務の対象者の個人番号が判明していない場合等、個人番号利用事務を処理するために必要があるときは、地方公共団体情報システム機構に対し、個人番号等の機構保存本人確認情報の提供を求めることができる。
2　情報提供ネットワークシステムによる特定個人情報の情報連携等
　健康保険組合等は「情報提供ネットワークシステム」を通じて特定個人情報に関する情報連携を行うことができる（第4-3-(2)2Be「情報提供ネットワークシステムを通じた提供」）。
　　A　情報提供ネットワークシステムによる特定個人情報の情報連携
　「情報提供ネットワークシステム」とは、番号法第19条第7号の規定に基づき、行政機関等及び健康保険組合等の間で、特定個人情報について安全かつ効率的に情報連携を行うためのシステムである。このシステムを通じて特定個人情報に関する情報連携を行うことができる場合については、同法別表第2に限定的に明記されている。
　※　情報提供ネットワークシステムを通じて特定個人情報の提供を求める者を

「情報照会者」といい、当該特定個人情報を保有し情報提供ネットワークシステムを通じて提供する者を「情報提供者」という（番号法第19条第7号）。また、番号法第19条第7号の規定に基づいて行う情報連携に関する事務を「情報提供等事務」という（同法第24条）。

  a 情報提供ネットワークシステム（番号法第21条）

情報提供ネットワークシステムは、総務大臣が、委員会と協議の上、設置し、管理するものであり、番号法第19条第7号に基づいて、情報照会者から特定個人情報の提供の求めがあった場合、総務大臣は、情報提供ネットワークシステムを通じて、その旨を情報提供者に通知しなければならない。

  b 特定個人情報の提供（番号法第22条）

情報提供者は、総務大臣から通知を受けたときは、<u>情報照会者から求められている特定個人情報を提供しなければならない</u>。

法令の規定により当該特定個人情報と同一の内容の書面の提出が義務付けられている場合、情報提供ネットワークシステムを通じて情報提供者から特定個人情報が提供されたときには、その書面の提出があったものとみなされる。

* 健康保険組合が被保険者の被扶養者の認定を行う場合には、被保険者は、事業主を通じて健康保険組合に対し、被扶養者に係る課税（非課税）証明書、年金額改定通知書等の写しを提出する必要がある（健康保険法施行規則第38条等）が、情報提供ネットワークシステムを通じて、被扶養者の年間収入額、年金受給額の提供が行われた場合には、被保険者は被扶養者に係るこれらの添付書類を提出する必要がなくなる。

 B 情報提供等の記録（番号法第23条、番号法施行令第29条）

総務大臣、情報照会者及び情報提供者は、番号法第19条第7号の規定に基づく特定個人情報の提供の求め又は提供があった場合には、情報提供ネットワークシステムに接続されたその者の使用する電子計算機（総務大臣においては情報提供ネットワークシステム）に、<u>情報照会者及び情報提供者の名称、提供の求め及び提供の日時、特定個人情報の項目等を記録し、7年間保存しなければならない</u>。

 C 秘密の管理等（番号法第24条、第25条）

総務大臣、情報照会者及び情報提供者は、情報提供等事務に関する秘密について、その漏えいの防止その他の適切な管理のために、<u>情報提供ネットワークシステム並びに情報照会者及び情報提供者が情報提供等事務に使用する電子計算機の安全性及び信頼性を確保することその他の必要な措置を講じなければならない</u>。

D　情報提供等の記録の取扱い（番号法第30条第4項）

情報提供等の記録については、番号法第30条第4項によって独立行政法人等個人情報保護法が準用又は読み替えて準用されることから、次のとおり取り扱わなければならない。

この場合、情報提供等の記録については、情報提供ネットワークシステムと接続された中間サーバーにおいて保管、管理されていることから、中間サーバーにおける適正な取扱いが確保されなければならない。

　　　a　利用目的を超えた利用の禁止（番号法第30条第4項により読み替えて準用される独立行政法人等個人情報保護法第9条第1項）

利用目的を超えて情報提供等の記録を利用してはならない。

　　　b　利用目的の特定（番号法第30条第4項により準用される独立行政法人等個人情報保護法第3条第1項及び第3項）

個人情報の保有に当たっては、法令の定める業務を遂行するため必要な場合に限り、かつ、その利用目的をできる限り特定しなければならないとされているが、情報提供等の記録の場合には、本人からの請求に応じること（法令上の義務）等が目的となる。

情報提供等の記録の利用目的を変更する場合には、変更前の利用目的と相当の関連性を有すると合理的に認められる範囲を超えて行ってはならない。

　　　c　正確性の確保（番号法第30条第4項により準用される独立行政法人等個人情報保護法第6条）

利用目的の達成に必要な範囲内で、情報提供等の記録が過去又は現在の事実と合致するよう努めなければならない。

　　　d　保有の制限（番号法第30条第4項により準用される独立行政法人等個人情報保護法第3条第2項）

利用目的の達成に必要な範囲を超えて情報提供等の記録を保有してはならない。

　　　e　適正取得（番号法第30条第4項により準用される独立行政法人等個人情報保護法第5条）

偽りその他不正の手段により情報提供等の記録を取得してはならない。

　　　f　安全確保の措置（番号法第30条第4項により準用される独立行政法人等個人情報保護法第7条）

情報提供等の記録の漏えい、滅失又は毀損の防止等情報提供等の記録の適切な管理のために必要な措置を講じなければならない。この規定は、健康保険組合等から情報提供等の記録の取扱いについて、委託を受けた者が受託した業務

を行う場合にも適用される。
　　　g　従業者の義務（番号法第30条第４項により準用される独立行政法人
　　　　　等個人情報保護法第８条）
　情報提供等の記録の取扱いに従事する健康保険組合等の従業者及び健康保険組合等から受託した業務に従事している者等は、業務に関して知り得た情報提供等の記録の内容をみだりに他人に知らせ、又は不当な目的に利用してはならない。
　　　h　開示
　情報提供等の記録の開示については、独立行政法人等個人情報保護法第12条から第20条まで、第23条、第24条及び第26条が準用される。なお、次に掲げる事項については、番号法第30条第４項によって読み替えて準用されるため留意する必要がある。
　　　　①　開示請求の代理人（番号法第30条第４項により読み替えて準用される独立行政法人等個人情報保護法第12条第２項、第13条第２項、第14条第１号）
　法定代理人だけではなく、任意代理人による開示請求が可能となっていることから、これに適切に対応しなければならない。
　　　　②　第三者に対する意見書提出の機会の付与等（番号法第30条第４項により読み替えて準用される独立行政法人等個人情報保護法第23条第１項、番号法第30条第４項により準用される独立行政法人等個人情報保護法第23条第２項）
　健康保険組合等は、情報提供等の記録の開示請求が行われた場合、その情報提供等の記録の中に国、独立行政法人等、地方公共団体、地方独立行政法人、開示請求者及び開示請求を受けた者以外の者（以下「第三者」という。）に関する情報が含まれている場合には、その「第三者」に対し意見書を提出する機会を与えることができる。また、一定の場合には意見書を提出する機会を与えなければならないが、健康保険組合等自身は、「第三者」に当たらない。
　　　　③　開示の手数料（番号法第30条第４項により読み替えて準用される独立行政法人等個人情報保護法第26条第１項）
　健康保険組合等は、開示の実施に関し、手数料を徴収することができる。
　　　i　訂正等
　情報提供等の記録の訂正等については、独立行政法人等個人情報保護法第27条から第32条まで及び第35条が準用される。なお、次に掲げる事項については、番号法第30条第４項によって読み替えて準用されるため留意する必要がある。

① 訂正請求の代理人（番号法第30条第4項により読み替えて準用される独立行政法人等個人情報保護法第27条第2項、第28条第2項）

開示請求と同様に、法定代理人だけではなく、任意代理人による訂正請求が可能となっていることから、これに適切に対応しなければならない。

② 情報提供等の記録の提供先への通知（番号法第30条第4項により読み替えて準用される独立行政法人等個人情報保護法第35条）

情報提供等の記録の訂正等が行われた場合において、必要があると認めるときは、総務大臣及び情報照会者又は情報提供者に対し、遅滞なく、その旨を書面により通知しなければならない。

j 開示請求等をしようとする者に対する情報の提供等（番号法第30条第4項により準用される独立行政法人等個人情報保護法第46条第1項）

開示請求、訂正請求又は利用停止請求（以下「開示請求等」という。）をしようとする者がそれぞれ容易かつ的確に開示請求等をすることができるよう、情報提供等の記録の特定に資する情報の提供その他開示請求等をしようとする者の利便を考慮した適切な措置を講じなければならない。

（別添）特定個人情報に関する安全管理措置
（事業者編）

【目次】

要点……………………………………………………………… 333

1 安全管理措置の検討手順 ……………………………… 334
 A 個人番号を取り扱う事務の範囲の明確化…………… 334
 B 特定個人情報等の範囲の明確化……………………… 334
 C 事務取扱担当者の明確化……………………………… 335
 D 基本方針の策定………………………………………… 335
 E 取扱規程等の策定……………………………………… 335

2 講ずべき安全管理措置の内容 ………………………… 335
 A 基本方針の策定………………………………………… 336
 B 取扱規程等の策定……………………………………… 336
 C 組織的安全管理措置…………………………………… 337
  a 組織体制の整備……………………………………… 337
  b 取扱規程等に基づく運用…………………………… 337
  c 取扱状況を確認する手段の整備…………………… 338

d　情報漏えい等事案に対応する体制の整備……………………………338
　　　e　取扱状況の把握及び安全管理措置の見直し…………………………338
　　D　人的安全管理措置……………………………………………………………339
　　　a　事務取扱担当者の監督………………………………………………339
　　　b　事務取扱担当者の教育………………………………………………339
　　E　物理的安全管理措置…………………………………………………………339
　　　a　特定個人情報等を取り扱う区域の管理……………………………339
　　　b　機器及び電子媒体等の盗難等の防止………………………………340
　　　c　電子媒体等を持ち出す場合の漏えい等の防止……………………340
　　　d　個人番号の削除、機器及び電子媒体等の廃棄……………………340
　　F　技術的安全管理措置…………………………………………………………341
　　　a　アクセス制御…………………………………………………………341
　　　b　アクセス者の識別と認証……………………………………………342
　　　c　外部からの不正アクセス等の防止…………………………………342
　　　d　情報漏えい等の防止…………………………………………………342

要点
○　番号法における安全管理措置の考え方
　　番号法は、個人番号を利用できる事務の範囲、特定個人情報ファイルを作成できる範囲、特定個人情報を収集・保管・提供できる範囲等を制限している。したがって、事業者は、個人番号及び特定個人情報（以下「特定個人情報等」という。）の漏えい、滅失又は毀損（以下「情報漏えい等」という。）の防止等のための安全管理措置の検討に当たり、次に掲げる事項を明確にすることが重要である。
　　　A　個人番号を取り扱う事務の範囲
　　　B　特定個人情報等の範囲
　　　C　特定個人情報等を取り扱う事務に従事する従業者（注）（以下「事務取扱担当者」という。）
（注）「従業者」とは、事業者の組織内にあって直接間接に事業者の指揮監督を受けて事業者の業務に従事している者をいう。具体的には、従業員のほか、取締役、監査役、理事、監事、派遣社員等を含む。
○　安全管理措置の検討手順
　　事業者は、特定個人情報等の適正な取扱いに関する安全管理措置について、次のような手順で検討を行う必要がある。→１
　　　A　個人番号を取り扱う事務の範囲の明確化

B　特定個人情報等の範囲の明確化
　　C　事務取扱担当者の明確化
　　D　特定個人情報等の安全管理措置に関する基本方針（以下「基本方針」という。）の策定
　　E　取扱規程等の策定
○　講ずべき安全管理措置の内容
　事業者は、安全管理措置の検討に当たり、番号法及び個人情報保護法等関係法令並びに本ガイドライン及び主務大臣のガイドライン等を遵守しなければならない。
　本ガイドラインは、次に掲げる項目に沿って記述している。→2
　　A　基本方針の策定
　　B　取扱規程等の策定
　　C　組織的安全管理措置
　　D　人的安全管理措置
　　E　物理的安全管理措置
　　F　技術的安全管理措置

1　安全管理措置の検討手順

　事業者は、特定個人情報等の取扱いを検討するに当たって、個人番号を取り扱う事務の範囲及び特定個人情報等の範囲を明確にした上で、事務取扱担当者を明確にしておく必要がある。

　これらを踏まえ、特定個人情報等の適正な取扱いの確保について組織として取り組むために、基本方針を策定することが重要である。

　また、取扱規程等を策定し、特定個人情報等を取り扱う体制の整備及び情報システムの改修等を行う必要がある。

　事業者は、特定個人情報等の取扱いに関する安全管理措置について、次のような手順で検討を行う必要がある。

　　A　個人番号を取り扱う事務の範囲の明確化

　　事業者は、個人番号関係事務又は個人番号利用事務の範囲を明確にしておかなければならない。→ガイドライン第4-1-(1)1A参照

　　B　特定個人情報等の範囲の明確化

　　事業者は、Aで明確化した事務において取り扱う特定個人情報等の範囲を明確にしておかなければならない(注)。

（注）特定個人情報等の範囲を明確にするとは、事務において使用される個人番号及び個人番号と関連付けて管理される個人情報（氏名、生年月日等）の範

囲を明確にすることをいう。
　　C　事務取扱担当者の明確化
　事業者は、Aで明確化した事務に従事する事務取扱担当者を明確にしておかなければならない。
　　D　基本方針の策定
　特定個人情報等の適正な取扱いの確保について組織として取り組むために、基本方針を策定することが重要である。→2A参照
　　E　取扱規程等の策定
　事業者は、A～Cで明確化した事務における特定個人情報等の適正な取扱いを確保するために、取扱規程等を策定しなければならない。→2B参照

2　講ずべき安全管理措置の内容
　本セクション2においては、特定個人情報等の保護のために必要な安全管理措置について本文で示し、その具体的な手法の例示及び中小規模事業者における対応方法を記述している。
　それぞれの項目の位置付けを次に掲げる。安全管理措置の検討に当たっては、番号法及び個人情報保護法等関係法令並びに本ガイドライン及び主務大臣のガイドライン等を遵守しなければならない。
・　手法の例示：具体的な手法を例示したものである。本例示は、これに限定する趣旨で記載したものではなく、事業者の規模及び特定個人情報等を取り扱う事務の特性等により、適切な手法を採用することが重要である。
・　中小規模事業者(注)における対応方法：中小規模事業者については、事務で取り扱う個人番号の数量が少なく、また、特定個人情報等を取り扱う従業者が限定的であること等から、特例的な対応方法を示すものである。
　　なお、中小規模事業者が、手法の例示に記載した手法を採用することは、より望ましい対応である。
（注）「中小規模事業者」とは、事業者のうち従業員の数が100人以下の事業者であって、次に掲げる事業者を除く事業者をいう。
　・　個人番号利用事務実施者
　・　委託に基づいて個人番号関係事務又は個人番号利用事務を業務として行う事業者
　・　金融分野（金融庁作成の「金融分野における個人情報保護に関するガイドライン」第1条第1項に定義される金融分野）の事業者
　・　個人情報取扱事業者

A 基本方針の策定

特定個人情報等の適正な取扱いの確保について組織として取り組むために、基本方針を策定することが重要である。

　　　≪手法の例示≫
* 基本方針に定める項目としては、次に掲げるものが挙げられる。
  ・ 事業者の名称
  ・ 関係法令・ガイドライン等の遵守
  ・ 安全管理措置に関する事項
  ・ 質問及び苦情処理の窓口　等

B 取扱規程等の策定

①A～Cで明確化した事務において事務の流れを整理し、<u>特定個人情報等の具体的な取扱いを定める取扱規程等を策定しなければならない。</u>

≪手法の例示≫
* 取扱規程等は、次に掲げる管理段階ごとに、取扱方法、責任者・事務取扱担当者及びその任務等について定めることが考えられる。具体的に定める事項については、C～Fに記述する安全管理措置を織り込むことが重要である。
  ① 取得する段階
  ② 利用を行う段階
  ③ 保存する段階
  ④ 提供を行う段階
  ⑤ 削除・廃棄を行う段階
* 源泉徴収票等を作成する事務の場合、例えば、次のような事務フローに即して、手続を明確にしておくことが重要である。
  ① 従業員等から提出された書類等を取りまとめる方法
  ② 取りまとめた書類等の源泉徴収票等の作成部署への移動方法
  ③ 情報システムへの個人番号を含むデータ入力方法
  ④ 源泉徴収票等の作成方法
  ⑤ 源泉徴収票等の行政機関等への提出方法
  ⑥ 源泉徴収票等の本人への交付方法
  ⑦ 源泉徴収票等の控え、従業員等から提出された書類及び情報システムで取り扱うファイル等の保存方法
  ⑧ 法定保存期間を経過した源泉徴収票等の控え等の廃棄・削除方法　等

【中小規模事業者における対応方法】
　　○ 特定個人情報等の取扱い等を明確化する。

○ 事務取扱担当者が変更となった場合、確実な引継ぎを行い、責任ある立場の者が確認する。

C 組織的安全管理措置

事業者は、特定個人情報等の適正な取扱いのために、次に掲げる<u>組織的安全管理措置</u>を講じなければならない。

a 組織体制の整備

安全管理措置を講ずるための組織体制を整備する。

≪手法の例示≫

* 組織体制として整備する項目は、次に掲げるものが挙げられる。
・ 事務における責任者の設置及び責任の明確化
・ 事務取扱担当者の明確化及びその役割の明確化
・ 事務取扱担当者が取り扱う特定個人情報等の範囲の明確化
・ 事務取扱担当者が取扱規程等に違反している事実又は兆候を把握した場合の責任者への報告連絡体制
・ 情報漏えい等事案の発生又は兆候を把握した場合の従業者から責任者等への報告連絡体制
・ 特定個人情報等を複数の部署で取り扱う場合の各部署の任務分担及び責任の明確化

【中小規模事業者における対応方法】

○ 事務取扱担当者が複数いる場合、責任者と事務取扱担当者を区分することが望ましい。

b 取扱規程等に基づく運用

取扱規程等に基づく運用状況を確認するため、システムログ又は利用実績を記録する。

≪手法の例示≫

* 記録する項目としては、次に掲げるものが挙げられる。
  ・ 特定個人情報ファイルの利用・出力状況の記録
  ・ 書類・媒体等の持出しの記録
  ・ 特定個人情報ファイルの削除・廃棄記録
  ・ 削除・廃棄を委託した場合、これを証明する記録等
  ・ 特定個人情報ファイルを情報システムで取り扱う場合、事務取扱担当者の情報システムの利用状況(ログイン実績、アクセスログ等)の記録

【中小規模事業者における対応方法】

○　特定個人情報等の取扱状況の分かる記録を保存する。
　　　c　取扱状況を確認する手段の整備
　特定個人情報ファイルの取扱状況を確認するための手段を整備する。
　なお、取扱状況を確認するための記録等には、特定個人情報等は記載しない。
　　≪手法の例示≫
＊　取扱状況を確認するための記録等としては、次に掲げるものが挙げられる。
　・　特定個人情報ファイルの種類、名称
　・　責任者、取扱部署
　・　利用目的
　・　削除・廃棄状況
　・　アクセス権を有する者
【中小規模事業者における対応方法】
　　○　特定個人情報等の取扱状況の分かる記録を保存する。
　　　d　情報漏えい等事案に対応する体制の整備
　情報漏えい等の事案の発生又は兆候を把握した場合に、適切かつ迅速に対応するための体制を整備する。
　情報漏えい等の事案が発生した場合、二次被害の防止、類似事案の発生防止等の観点から、事案に応じて、事実関係及び再発防止策等を早急に公表することが重要である。
　　≪手法の例示≫
＊　情報漏えい等の事案の発生時に、次のような対応を行うことを念頭に、体制を整備することが考えられる。
　・　事実関係の調査及び原因の究明
　・　影響を受ける可能性のある本人への連絡
　・　委員会及び主務大臣等への報告
　・　再発防止策の検討及び決定
　・　事実関係及び再発防止策等の公表
【中小規模事業者における対応方法】
　　○　情報漏えい等の事案の発生等に備え、従業者から責任ある立場の者に対する報告連絡体制等をあらかじめ確認しておく。
　　　e　取扱状況の把握及び安全管理措置の見直し
　特定個人情報等の取扱状況を把握し、安全管理措置の評価、見直し及び改善に取り組む。
　　≪手法の例示≫

* 特定個人情報等の取扱状況について、定期的に自ら行う点検又は他部署等による監査を実施する。
* 外部の主体による他の監査活動と合わせて、監査を実施することも考えられる。

【中小規模事業者における対応方法】
　○　責任ある立場の者が、特定個人情報等の取扱状況について、定期的に点検を行う。

　D　人的安全管理措置
　事業者は、特定個人情報等の適正な取扱いのために、次に掲げる人的安全管理措置を講じなければならない。
　　a　事務取扱担当者の監督
　事業者は、特定個人情報等が取扱規程等に基づき適正に取り扱われるよう、事務取扱担当者に対して必要かつ適切な監督を行う。
　　b　事務取扱担当者の教育
　事業者は、事務取扱担当者に、特定個人情報等の適正な取扱いを周知徹底するとともに適切な教育を行う。
　　《手法の例示》
* 特定個人情報等の取扱いに関する留意事項等について、従業者に定期的な研修等を行う。
* 特定個人情報等についての秘密保持に関する事項を就業規則等に盛り込むことが考えられる。

　E　物理的安全管理措置
　事業者は、特定個人情報等の適正な取扱いのために、次に掲げる物理的安全管理措置を講じなければならない。
　　a　特定個人情報等を取り扱う区域の管理
　特定個人情報等の情報漏えい等を防止するために、特定個人情報ファイルを取り扱う情報システムを管理する区域（以下「管理区域」という。）及び特定個人情報等を取り扱う事務を実施する区域（以下「取扱区域」という。）を明確にし、物理的な安全管理措置を講ずる。
　　《手法の例示》
* 管理区域に関する物理的安全管理措置としては、入退室管理及び管理区域へ持ち込む機器等の制限等が考えられる。
* 入退室管理方法としては、ＩＣカード、ナンバーキー等による入退室管理システムの設置等が考えられる。

＊ 取扱区域に関する物理的安全管理措置としては、壁又は間仕切り等の設置及び座席配置の工夫等が考えられる。

  b　機器及び電子媒体等の盗難等の防止

管理区域及び取扱区域における特定個人情報等を取り扱う機器、電子媒体及び書類等の盗難又は紛失等を防止するために、物理的な安全管理措置を講ずる。

  ≪手法の例示≫

＊ 特定個人情報等を取り扱う機器、電子媒体又は書類等を、施錠できるキャビネット・書庫等に保管する。

＊ 特定個人情報ファイルを取り扱う情報システムが機器のみで運用されている場合は、セキュリティワイヤー等により固定すること等が考えられる。

  c　電子媒体等を持ち出す場合の漏えい等の防止

特定個人情報等が記録された電子媒体又は書類等を持ち出す場合、容易に個人番号が判明しない措置の実施、追跡可能な移送手段の利用等、安全な方策を講ずる。

「持出し」とは、特定個人情報等を、管理区域又は取扱区域の外へ移動させることをいい、事業所内での移動等であっても、紛失・盗難等に留意する必要がある。

  ≪手法の例示≫

＊ 特定個人情報等が記録された電子媒体を安全に持ち出す方法としては、持出しデータの暗号化、パスワードによる保護、施錠できる搬送容器の使用等が考えられる。ただし、行政機関等に法定調書等をデータで提出するに当たっては、行政機関等が指定する提出方法に従う。

＊ 特定個人情報等が記載された書類等を安全に持ち出す方法としては、封緘、目隠しシールの貼付を行うこと等が考えられる。

【中小規模事業者における対応方法】

 ○ 特定個人情報等が記録された電子媒体又は書類等を持ち出す場合、パスワードの設定、封筒に封入し鞄に入れて搬送する等、紛失・盗難等を防ぐための安全な方策を講ずる。

  d　個人番号の削除、機器及び電子媒体等の廃棄

個人番号関係事務又は個人番号利用事務を行う必要がなくなった場合で、所管法令等において定められている保存期間等を経過した場合には、個人番号をできるだけ速やかに復元できない手段で削除又は廃棄する。

→ガイドライン第4－3－(3)B「保管制限と廃棄」参照

個人番号若しくは特定個人情報ファイルを削除した場合、又は電子媒体等を

廃棄した場合には、削除又は廃棄した記録を保存する。また、これらの作業を委託する場合には、委託先が確実に削除又は廃棄したことについて、証明書等により確認する。

≪手法の例示≫
* 特定個人情報等が記載された書類等を廃棄する場合、焼却又は溶解等の復元不可能な手段を採用する。
* 特定個人情報等が記録された機器及び電子媒体等を廃棄する場合、専用のデータ削除ソフトウェアの利用又は物理的な破壊等により、復元不可能な手段を採用する。
* 特定個人情報ファイル中の個人番号又は一部の特定個人情報等を削除する場合、容易に復元できない手段を採用する。
* 特定個人情報等を取り扱う情報システムにおいては、保存期間経過後における個人番号の削除を前提とした情報システムを構築する。
* 個人番号が記載された書類等については、保存期間経過後における廃棄を前提とした手続を定める。

【中小規模事業者における対応方法】
　○　特定個人情報等を削除・廃棄したことを、責任ある立場の者が確認する。

F　技術的安全管理措置

事業者は、特定個人情報等の適正な取扱いのために、次に掲げる技術的安全管理措置を講じなければならない。

　　a　アクセス制御

情報システムを使用して個人番号関係事務又は個人番号利用事務を行う場合、事務取扱担当者及び当該事務で取り扱う特定個人情報ファイルの範囲を限定するために、適切なアクセス制御を行う。

≪手法の例示≫
* アクセス制御を行う方法としては、次に掲げるものが挙げられる。
  * 個人番号と紐付けてアクセスできる情報の範囲をアクセス制御により限定する。
  * 特定個人情報ファイルを取り扱う情報システムを、アクセス制御により限定する。
  * ユーザーＩＤに付与するアクセス権により、特定個人情報ファイルを取り扱う情報システムを使用できる者を事務取扱担当者に限定する。

【中小規模事業者における対応方法】
　○　特定個人情報等を取り扱う機器を特定し、その機器を取り扱う事務取扱

担当者を限定することが望ましい。
○　機器に標準装備されているユーザー制御機能（ユーザーアカウント制御）により、情報システムを取り扱う事務取扱担当者を限定することが望ましい。

b　アクセス者の識別と認証

特定個人情報等を取り扱う情報システムは、事務取扱担当者が正当なアクセス権を有する者であることを、識別した結果に基づき認証する。

≪手法の例示≫

*　事務取扱担当者の識別方法としては、ユーザーＩＤ、パスワード、磁気・ＩＣカード等が考えられる。

【中小規模事業者における対応方法】
○　特定個人情報等を取り扱う機器を特定し、その機器を取り扱う事務取扱担当者を限定することが望ましい。
○　機器に標準装備されているユーザー制御機能（ユーザーアカウント制御）により、情報システムを取り扱う事務取扱担当者を限定することが望ましい。

c　外部からの不正アクセス等の防止

情報システムを外部からの不正アクセス又は不正ソフトウェアから保護する仕組みを導入し、適切に運用する。

≪手法の例示≫

*　情報システムと外部ネットワークとの接続箇所に、ファイアウォール等を設置し、不正アクセスを遮断する。
*　情報システム及び機器にセキュリティ対策ソフトウェア等（ウイルス対策ソフトウェア等）を導入する。
*　導入したセキュリティ対策ソフトウェア等により、入出力データにおける不正ソフトウェアの有無を確認する。
*　機器やソフトウェア等に標準装備されている自動更新機能等の活用により、ソフトウェア等を最新状態とする。
*　ログ等の分析を定期的に行い、不正アクセス等を検知する。

d　情報漏えい等の防止

特定個人情報等をインターネット等により外部に送信する場合、通信経路における情報漏えい等を防止するための措置を講ずる。

≪手法の例示≫

*　通信経路における情報漏えい等の防止策としては、通信経路の暗号化等が

考えられる。

＊　情報システム内に保存されている特定個人情報等の情報漏えい等の防止策としては、データの暗号化又はパスワードによる保護等が考えられる。

個人番号の取得から廃棄までのプロセスにおける本ガイドラインの適用（大要）

区分	個人情報保護法	本ガイドライン(番号法該当条文)
取得	・利用目的の特定（第15条） ・適正な取得（第17条） ・利用目的の通知等（第18条）	・第4－3－(1)　個人番号の提供の要求（第14条）…求める根拠 ・第4－3－(2)　個人番号の提供の求めの制限、特定個人情報の提供制限（第15条、第19条、第29条第3項） ・第4－3－(3)　収集・保管制限（第20条） ・第4－3－(4)　本人確認（第16条）
安全管理措置等	・安全管理措置（第20条） ・従業者の監督（第21条） ・委託先の監督（第22条）	・第4－2－(1)　委託の取扱い（第10条、第11条） ・第4－2－(2)　安全管理措置（第12条、第33条、第34条） ・（別添）特定個人情報に関する安全管理措置（事業者編）
保管	・正確性の確保（第19条） ・保有個人データに関する事項の公表等（第24条）	・第4－3－(3)　収集・保管制限（第20条）
利用	・利用目的による制限（第16条） ※番号法による読替及び適用除外あり ・利用目的の通知等（第18条第3項）	・第4－1－(1)　個人番号の利用制限（第9条、第29条第3項、第32条） ・第4－1－(2)　特定個人情報ファイルの作成の制限（第28条）
提供	・第三者提供の制限（第23条） ※番号法では適用除外	・第4－3－(2)　個人番号の提供の求めの制限、特定個人情報の提供制限（第15条、第19条、第29条第3項）

開示 訂正 利用停止	・開示、訂正等、利用停止等（第25条〜第30条） ※利用停止等（第27条）は、番号法による読替あり	・第4－4　第三者提供の停止に関する取扱い（第29条第3項）
廃棄	・該当条文なし	・第4－3－(3)　収集・保管制限（第20条）

注：この表は、各プロセスにおける個人情報保護法の適用条文と本ガイドラインの適用部分のイメージを記載したものです。

　よって、各プロセスに正確に適用される条文とは、若干異なりますので、ご留意願います。

＜参考資料２＞
「特定個人情報の適正な取扱いに関するガイドライン
（事業者編）」及び
「（別冊）金融業務における特定個人情報の適
正な取扱いに関するガイドライン」
に関するＱ＆Ａ（抄）

平成26年12月11日
特定個人情報保護委員会

※　このＱ＆Ａは、必要に応じて更新することを予定しています。

【事業者編】
１：個人番号の利用制限
Ｑ１－１　個人番号の利用目的を特定して、本人への通知等を行うに当た
り、個人番号の提出先を具体的に示す必要がありますか。… 351
Ｑ１－２　利用目的の特定の事例として「源泉徴収票作成事務」が記載さ
れていますが、「源泉徴収票作成事務」には、給与支払報告書
や退職所得の特別徴収票も含まれると考えてよいですか。… 351
Ｑ１－３　複数の個人番号関係事務で個人番号を利用する可能性がある場
合において、個人番号の利用が予想される全ての目的について、
あらかじめ包括的に特定して、本人への通知等を行ってよい
ですか。……………………………………………………… 352
Ｑ１－４　本人から個人番号の提供を受けるに当たり、利用目的について
本人の同意を得る必要がありますか。…………………… 352
Ｑ１－５　個人番号の利用目的の通知等は、どのような方法で行うことが
適切ですか。………………………………………………… 352
Ｑ１－６　従業員等から、その扶養親族の個人番号が記載された扶養控除
等申告書の提出を受ける際、個人番号の利用目的を従業員等に
社内ＬＡＮや就業規則により特定・通知等していれば、扶養親
族に対しても、従業員等（個人番号関係事務実施者）から同様
の内容が特定・通知等されているものと考えてよいですか。… 352
Ｑ１－７　次の①②③の場合は、個人番号関係事務に係る一連の作業範囲
として、利用目的の範囲内での利用と考えてよいですか。… 353
Ｑ１－８　支払調書の中には、支払金額が所管法令の定める一定の金額に
満たない場合、税務署長に提出することを要しないとされてい

　　　　　るものがあります。支払金額がその一定の金額に満たず、提出
　　　　　義務のない支払調書に個人番号を記載して税務署長に提出する
　　　　　ことは、目的外の利用として利用制限に違反しますか。…… 353
　Ｑ１－９　個人情報保護法が適用されない個人番号取扱事業者は、個人番
　　　　　号の利用目的の特定をする必要がありますか。………………… 354
　Ｑ１－10　行政機関等から個人番号利用事務の委託を受けた事業者が、
　　　　　「委託に関する契約の内容に応じて、『特定個人情報の適正な
　　　　　取扱いに関するガイドライン（行政機関等・地方公共団体等
　　　　　編）』が適用されることとなる。」とは、どういうことですか。… 354
　Ｑ１－11　従業員等が個人番号関係事務実施者として扶養親族の個人番号
　　　　　を扶養控除等申告書に記載して、勤務先である事業者に提出す
　　　　　る場合に、事業者は番号法上の監督義務を負いますか。…… 354
　Ｑ１－12　従業員等が、国民年金法の第３号被保険者（第２号被保険者で
　　　　　ある従業員等の配偶者）に関する届出を行うことは個人番号関
　　　　　係事務に該当しますか。………………………………………… 355
２：特定個人情報ファイルの作成の制限
　Ｑ２－１　次の①〜⑤のケースについては、個人番号関係事務を処理する
　　　　　ために必要な範囲内として、特定個人情報ファイルを作成する
　　　　　ことはできますか。……………………………………………… 355
　Ｑ２－２　既存のデータベースに個人番号を追加することはできますか。356
　Ｑ２－３　個人番号をその内容に含むデータベースを複数の事務で用いて
　　　　　いる場合、個人番号関係事務以外の事務で個人番号にアクセス
　　　　　できないよう適切にアクセス制御を行えば、その個人番号関係
　　　　　事務以外の事務においては、当該データベースが特定個人情報
　　　　　ファイルに該当しないと考えてよいですか。………………… 356
　Ｑ２－４　個人番号が記載された書類等を利用して、個人番号関係事務以
　　　　　外の事務で個人情報データベース等を作成したい場合は、どの
　　　　　ように作成することが適切ですか。…………………………… 356
３：委託の取扱い
　Ｑ３－１　「個人番号関係事務又は個人番号利用事務の全部又は一部の委
　　　　　託をする者は、委託先において、番号法に基づき委託者自らが
　　　　　果たすべき安全管理措置と同等の措置が講じられるよう必要か
　　　　　つ適切な監督を行わなければならない。」としていますが、委
　　　　　託先において、番号法が求める水準の安全管理措置が講じられ
　　　　　ていればよく、委託者が実際に講じている安全管理措置と同等
　　　　　の措置まで求められているわけではないと考えてよいですか。356
　Ｑ３－２　特定個人情報に係る委託先の監督について、個人情報保護法に

		加えて求められる監督義務の内容は何ですか。……………… 357
Q3-3		特定個人情報の取扱いを国外の事業者に委託する場合に、委託者としての安全管理措置を担保する上で、国内で実施する場合に加えて考慮するべき追加措置等はありますか。…………… 357
Q3-4		特定個人情報を取り扱う委託契約を締結する場合、個人情報の取扱いと特定個人情報の取扱いの条項を分別した契約とする必要がありますか。………………………………………………… 357
Q3-5		既存の委託契約で、本ガイドラインと同等の個人情報の取扱いの規定がある場合、特定個人情報も包含していると解釈して、委託契約の再締結はしなくてもよいですか。……………… 357
Q3-6		「委託先に安全管理措置を遵守させるために必要な契約の締結」について、実態として安全管理措置に係る委託者と委託先の合意が担保できる方法であれば、契約の締結以外の方法（例えば、誓約書や合意書の作成）も認められますか。………………… 358
Q3-7		委託先・再委託先との業務委託契約を締結するに当たり、業務委託契約書等に、特定個人情報の取扱いを委託する旨の特段の記載が必要になりますか。…………………………………… 358
Q3-8		再委託（再々委託以降を含む。）を行うに当たり、最初の委託者から必ず許諾を得る必要がありますか。……………………… 358
Q3-9		実務負荷の軽減のため、再委託を行う前に、あらかじめ委託者から再委託の許諾を得ることはできますか。…………………… 358
Q3-10		再委託（再々委託以降を含む。）に係る委託者の許諾の取得方法について、書面、電子メール、口頭等方法の制限はありますか。359
Q3-11		委託契約に定めれば、委託先が、委託者の従業員等の特定個人情報を直接収集することはできますか。……………………… 359
Q3-12		特定個人情報を取り扱う情報システムにクラウドサービス契約のように外部の事業者を活用している場合、番号法上の委託に該当しますか。…………………………………………………… 359
Q3-13		クラウドサービスが番号法上の委託に該当しない場合、クラウドサービスを利用する事業者が、クラウドサービスを提供する事業者に対して監督を行う義務は課されないと考えてよいですか。 360
Q3-14		特定個人情報を取り扱う情報システムの保守の全部又は一部に外部の事業者を活用している場合、番号法上の委託に該当しますか。また、外部の事業者が記録媒体等を持ち帰ることは、提供制限に違反しますか。………………………………………… 360
Q3-15		委託の取扱いについて、個人情報保護法と番号法の規定の違いはありますか。…………………………………………………… 360

4：個人番号の提供の要求
Q4－1　事業者は、「内定者」に個人番号の提供を求めることはできますか。……………………………………………………… 361
Q4－2　不動産の使用料等の支払調書の提出範囲は、同一人に対するその年中の支払金額の合計が所得税法の定める一定の金額を超えるものとなっていますが、その一定の金額を超えない場合は個人番号の提供を求めることはできませんか。………………… 361
Q4－3　親会社が、子会社の従業員に対しストックオプションを交付している場合、親会社は、従業員が子会社に入社した時点で個人番号の提供を求めることはできますか。……………………… 361
Q4－4　従業員持株会は、従業員が所属会社に入社した時点で、その従業員に個人番号の提供を求めることはできますか。また、所属会社経由で個人番号の提供を受けることはできますか。 362
Q4－5　人材派遣会社は、派遣登録を行う時点で、登録者の個人番号の提供を求めることはできますか。…………………………… 362

5：個人番号の提供の求めの制限、特定個人情報の提供制限
Q5－1　「他人」の定義における「同一の世帯」とは、住民票上における同じ世帯と解釈してよいですか。……………………………… 362
Q5－2　従業員等本人に給与所得の源泉徴収票を交付する場合において、その従業員等本人や扶養親族の個人番号を表示した状態で交付してよいですか。また、従業員等本人は、個人番号が記載された給与所得の源泉徴収票を使用する場面はありますか。…… 363
Q5－3　住宅の取得に関する借入れ（住宅ローン）等で個人番号が記載された給与所得の源泉徴収票を使用することはできますか。 363
Q5－4　所得税法等により本人に交付することが義務付けられている支払通知書（配当等とみなす金額に関する支払通知書等）にも個人番号を記載することになっていますが、本人に交付することは提供制限に違反しますか。……………………………………… 363
Q5－5　公認会計士又は監査法人が、監査手続を実施するに当たって、監査を受ける事業者から特定個人情報の提供を受けることは、提供制限に違反しますか。………………………………… 364
Q5－6　財産形成住宅貯蓄・財産形成年金貯蓄の非課税に関する申込書は、法令に基づき、勤務先等を経由して金融機関に提出されることとなっています。この場合、勤務先等及び金融機関がそれぞれ個人番号関係事務実施者となり、勤務先等は本人から提供を受けた特定個人情報を、金融機関に対して提供すると考えてよいですか。……………………………………………………… 364

Q5-7	個人情報取扱事業者でない個人番号取扱事業者であっても、本人の開示の求めに応じて、本人に特定個人情報を提供することはできますか。	364
Q5-8	支払調書等の写しを本人に送付することはできますか。	364
Q5-9	番号法第19条各号のいずれにも該当しない特定個人情報の提供の求めがあった場合、どのように対応することが適切ですか。	365

6：収集・保管制限

Q6-1	個人番号が記載された書類等を受け取る担当者が、その特定個人情報を見ることができないようにする措置は必要ですか。	365
Q6-2	番号法上の本人確認の措置を実施する際に提示を受けた本人確認書類（個人番号カード、通知カード、身元確認書類等）をコピーして、それを事業所内に保管することはできますか。	365
Q6-3	収集・提供した個人番号に誤りがあった場合、個人番号関係事務実施者である事業者に責任は及びますか。	365
Q6-4	所管法令によって個人番号が記載された書類を一定期間保存することが義務付けられている場合には、その期間、事業者が支払調書を作成するシステム内で個人番号を保管することができますか。	366
Q6-5	個人番号の廃棄が必要となってから、廃棄作業を行うまでの期間は、どの程度許容されますか。	366
Q6-6	個人番号の利用が想定される複数の目的について、あらかじめ特定して、本人への通知等を行った上で個人番号の提供を受けている場合、個人番号の廃棄が必要となるのは、当該複数の目的の全てについて個人番号を保管する必要がなくなったときですか。	366
Q6-7	支給が数年に渡り繰延される賞与がある場合、退職後も繰延支給が行われなくなることが確認できるまで個人番号を保管することはできますか。	366
Q6-8	個人番号を削除した場合に、削除した記録を残す必要がありますか。	367
Q6-9	個人番号の保存期間の時限管理を回避するために、契約関係が終了した時点で個人番号を削除することはできますか。	367
Q6-10	個人番号を削除せず、取引再開時まで個人番号にアクセスできないようアクセス制御を行うという取扱いは許容されますか。	367
Q6-11	現在業務ソフトウェアを運用している筐体と同一筐体内、かつ同一データベース内で個人番号を管理することはできますか。	367

7：個人情報保護法の主な規定

Ｑ７－１　個人番号は変更されることもありますが、保管している個人番号について、定期的に最新性を確認する必要がありますか。　367
８：個人番号利用事務実施者である健康保険組合等における措置等
Ｑ８－１　行政機関等及び健康保険組合等から個人番号利用事務の全部又は一部の委託を受けた事業者が、情報提供ネットワークシステムに接続された端末を操作して情報照会等を行うことはできますか。……………………………………………………………　368
９：その他
Ｑ９－１　個人番号には、死者の個人番号も含まれますか。……………　368
【（別添）安全管理措置】
10：安全管理措置の検討手順
Ｑ10－１　「事務取扱担当者の明確化」は、役割や所属等による明確化のように個人名による明確化でなくてもよいですか。…………　368
11：講ずべき安全管理措置の内容
Ｑ11－１　②に示す安全管理措置を講じれば十分ですか。……………　368
Ｑ11－２　「中小規模事業者」の定義における従業員には誰を含みますか。また、いつの従業員の数ですか。……………………………　369
Ｑ11－３　中小規模事業者でない事業者が、中小規模事業者に業務を委託する場合、当該中小規模事業者には【中小規模事業者における対応方法】を遵守させることになるのですか。……………　369
12：基本方針の策定
Ｑ12－１　既に個人情報の取扱いに係る基本方針を策定している場合、新たに特定個人情報等に係る基本方針を策定する必要がありますか。それとも、既存の個人情報の取扱いに係る基本方針の一部改正で十分ですか。………………………………………………　369
Ｑ12－２　基本方針を公表する必要がありますか。……………………　369
13：取扱規程等の策定
Ｑ13－１　新たに特定個人情報の保護に係る取扱規程等を作成するのではなく、既存の個人情報の保護に係る取扱規定等を見直し、特定個人情報の取扱いを追記する形でもよいですか。……………　370
14：組織的安全管理措置
Ｑ14－１　「ｂ　取扱規程等に基づく運用」におけるシステムログ又は利用実績の記録の項目及び保存期限は、どのように考えることが適切ですか。………………………………………………………　370
Ｑ14－２　「ｂ　取扱規程等に基づく運用」及び「ｃ　取扱状況を確認する手段の整備」の【中小規模事業者における対応方法】における「取扱状況の分かる記録を保存する」とは、どのように考

　　　　　　　えることが適切ですか。･･････････････････････････････････････ 370
Q14−3　「ｅ　取扱状況の把握及び安全管理措置の見直し」における
　　　　　≪手法の例示≫の２つ目にある、「外部の主体による他の監査
　　　　　活動と合わせて、監査を実施することも考えられる。」とは、
　　　　　具体的にどのようなことですか。････････････････････････････ 370
15：物理的安全管理措置
Q15−1　「ａ　特定個人情報等を取り扱う区域の管理」における「座席
　　　　　配置の工夫」とは、具体的にどのような手段が考えられますか。371
Q15−2　「ｄ　個人番号の削除、機器及び電子媒体等の廃棄」における
　　　　　「容易に復元できない手段」とは、具体的にどのような手段が
　　　　　考えられますか。･･ 371
Q15−3　「ｄ　個人番号の削除、機器及び電子媒体等の廃棄」における
　　　　　書類等の廃棄に係る復元不可能な手段として焼却又は溶解が挙
　　　　　げられていますが、他の手段は認められますか。･･････････････ 371

【（別冊）金融業務】（省略）

【事業者編】
1：個人番号の利用制限

Ｑ１−１　個人番号の利用目的を特定して、本人への通知等を行うに当たり、個人番号の提出先を具体的に示す必要がありますか。

Ａ１−１　個人番号関係事務は、本人から個人番号の提供を受けて、その個人番号を個人番号利用事務実施者に提供する事務であり、通常これらの事務を利用目的として示せば提供先も明らかになっているものと解されますので、必ずしも個々の提出先を具体的に示す必要はありません。

Ｑ１−２　利用目的の特定の事例として「源泉徴収票作成事務」が記載されていますが、「源泉徴収票作成事務」には、給与支払報告書や退職所得の特別徴収票も含まれると考えてよいですか。

Ａ１−２　給与支払報告書、退職所得の特別徴収票は、源泉徴収票と共に統一的な書式で作成することとなることから、「源泉徴収票作成事務」に含まれるものと考えられます。

Q1-3 複数の個人番号関係事務で個人番号を利用する可能性がある場合において、個人番号の利用が予想される全ての目的について、あらかじめ包括的に特定して、本人への通知等を行ってよいですか。

A1-3 事業者と従業員等の間で発生が予想される事務であれば、あらかじめ複数の事務を利用目的として特定して、本人への通知等を行うことができます。

Q1-4 本人から個人番号の提供を受けるに当たり、利用目的について本人の同意を得る必要がありますか。

A1-4 個人番号の利用目的については、本人の同意を得る必要はありません。

Q1-5 個人番号の利用目的の通知等は、どのような方法で行うことが適切ですか。

A1-5 個人番号の利用目的の通知等の方法は、書類の提示のほか社内LANにおける通知が挙げられますが、個人情報保護法第18条及び主務大臣のガイドライン等に従って、従来から行っている個人情報の取得の際と同様の方法で行うことが考えられます。

Q1-6 従業員等から、その扶養親族の個人番号が記載された扶養控除等申告書の提出を受ける際、個人番号の利用目的を従業員等に社内LANや就業規則により特定・通知等していれば、扶養親族に対しても、従業員等（個人番号関係事務実施者）から同様の内容が特定・通知等されているものと考えてよいですか。

A1-6 個人情報保護法第15条（利用目的の特定）、同法第18条（取得に際しての利用目的の通知等）は、個人情報取扱事業者が個人情報を取り扱う際に適用があるものです。当該個人情報の取得は当該本人から直接取得する場合に限られず、他人から取得する場合も含まれます。他人から当該本人の個人情報を取得する場合であっても、利用目的の通知等を行わなければなりません。

通知等の方法としては、個人情報保護法第18条及び主務大臣のガイドライン等に従って、従来から行っている個人情報の取得の際と同様の方法で行うことが考えられます。

Q1-7 次の①②③の場合は、個人番号関係事務に係る一連の作業範囲として、利用目的の範囲内での利用と考えてよいですか。
① 収集した個人番号を特定個人情報ファイルへ登録し、登録結果を確認するために個人番号をその内容に含む情報をプリントアウトする場合
② 個人番号関係事務を処理する目的で、特定個人情報ファイルに登録済の個人番号を照会機能で呼び出しプリントアウトする場合
③ 個人番号関係事務以外の業務を処理する目的（例えば、顧客の住所等を調べる等）で照会した端末の画面に、特定個人情報ファイルに登録済の情報が表示されており、これをプリントアウトする場合

A1-7
① 個人番号関係事務実施者が個人番号関係事務を処理する目的で、収集した個人番号を特定個人情報ファイルへ登録し、登録結果を確認するために個人番号をその内容に含む情報をプリントアウトしますので、個人番号関係事務の範囲内での利用といえます。
② 個人番号関係事務実施者が個人番号関係事務を処理する目的で、特定個人情報ファイルに登録済の個人番号を照会機能で呼び出しプリントアウトしますので、①と同様に個人番号関係事務の範囲内での利用といえます。
③ 個人番号関係事務の範囲外での利用になりますので、個人番号をプリントアウトしないように工夫する必要があります。

Q1-8 支払調書の中には、支払金額が所管法令の定める一定の金額に満たない場合、税務署長に提出することを要しないとされているものがあります。支払金額がその一定の金額に満たず、提出義務のない支払調書に個人番号を記載して税務署長に提出することは、目的外の利用として利用制限に違反しますか。

A1-8 支払金額が所管法令の定める一定の金額に満たず、税務署長に提出することを要しないとされている支払調書についても、提出することまで禁止されておらず、支払調書であることに変わりはないと考えられることから、支払調書作成事務のために個人番号の提供を受けている場合には、それを税務署長に提出する場合であっても利用目的の範囲内として個人番号を利用することができます。

Q1−9　個人情報保護法が適用されない個人番号取扱事業者は、個人番号の利用目的の特定をする必要がありますか。

A1−9　個人情報保護法が適用されない個人番号取扱事業者は、個人情報保護法第15条に従って利用目的の特定を行う義務はありませんが、個人番号を「個人番号関係事務又は個人番号利用事務を処理するために必要な範囲内」で利用しなければならない義務が課されます（番号法第32条）。個人番号を「個人番号関係事務又は個人番号利用事務を処理するために必要な範囲内」で利用するに当たっては、個人番号をどの事務を処理するために利用するのかを決めることとなりますので、事実上、利用目的の特定を行うことになると考えられます。なお、利用目的の本人への通知等を行う必要はありません。

Q1−10　行政機関等から個人番号利用事務の委託を受けた事業者が、「委託に関する契約の内容に応じて、『特定個人情報の適正な取扱いに関するガイドライン（行政機関等・地方公共団体等編）』が適用されることとなる。」とは、どういうことですか。

A1−10　行政機関等から個人番号利用事務の委託を受けた者は、委託を受けた業務において、行政機関等に求められる安全管理措置を講ずる必要があることから、行政機関等・地方公共団体等編ガイドラインの適用を受けることとしています。

　また、委託を受けた業務内容（例えば、申請書の受付業務、業務システムへの入力業務、通知書等の発送業務等）により、講ずべき安全管理措置等も変わってくることから、「委託に関する契約の内容に応じて」と記述しています。

Q1−11　従業員等が個人番号関係事務実施者として扶養親族の個人番号を扶養控除等申告書に記載して、勤務先である事業者に提出する場合に、事業者は番号法上の監督義務を負いますか。

A1−11　従業員等は自ら個人番号関係事務実施者として扶養親族の個人番号の提供を受け、扶養控除等申告書を事業者に提出するものであることから、事業者が番号法上の監督義務を負うものではありません。

Q1-12 従業員等が、国民年金法の第3号被保険者（第2号被保険者である従業員等の配偶者）に関する届出を行うことは個人番号関係事務に該当しますか。

A1-12 国民年金法の第3号被保険者（第2号被保険者である従業員等の配偶者）に関する届出については、国民年金法第12条第5項及び第6項の規定に従って、第3号被保険者本人が事業者に提出することとなっています。したがって、第2号被保険者である従業員等が第3号被保険者の届出を提出する場合には、第3号被保険者本人の代理人として提出することとなり、個人番号関係事務に該当しません。

2：特定個人情報ファイルの作成の制限

Q2-1 次の①～⑤のケースについては、個人番号関係事務を処理するために必要な範囲内として、特定個人情報ファイルを作成することはできますか。
① 社内資料として過去の業務状況を記録するため、特定個人情報ファイルを作成すること
② 個人番号関係事務又は個人番号利用事務の委託先が、委託者に対して業務状況を報告するために特定個人情報ファイルを作成すること
③ 個人番号の安全管理の観点から個人番号を仮名化して保管している場合において、その仮名化した情報と元の情報を照合するための照合表として特定個人情報ファイルを作成すること
④ 提出書類間の整合性を確認するため、専ら合計表との突合に使用する目的で個人番号を記載した明細表を作成すること
⑤ 障害への対応等のために特定個人情報ファイルのバックアップファイルを作成すること

A2-1
① 単に社内資料として過去の業務状況を記録する目的で特定個人情報ファイルを作成することは、個人番号関係事務を処理するために必要な範囲に含まれるとはいえませんので、作成することはできません。
② 委託先への監督の一環として、業務状況を報告させる場合には、特定個人情報ファイルを作成することはできますが、委託された業務に関係なく特定個人情報ファイルを作成することはできません。
③・④ 個人番号関係事務の範囲内で、照合表や明細書を作成することは認

められます。
⑤　バックアップファイルを作成することはできますが、バックアップファイルに対する安全管理措置を講ずる必要があります。

Q2-2　既存のデータベースに個人番号を追加することはできますか。
A2-2　既存のデータベースに個人番号を追加することはできますが、個人番号関係事務以外の事務で個人番号を利用することができないよう適切にアクセス制御等を行う必要があります。

Q2-3　個人番号をその内容に含むデータベースを複数の事務で用いている場合、個人番号関係事務以外の事務で個人番号にアクセスできないよう適切にアクセス制御を行えば、その個人番号関係事務以外の事務においては、当該データベースが特定個人情報ファイルに該当しないと考えてよいですか。
A2-3　個人番号関係事務以外の事務において、個人番号にアクセスできないよう適切にアクセス制御を行えば、特定個人情報ファイルに該当しません。

Q2-4　個人番号が記載された書類等を利用して、個人番号関係事務以外の事務で個人情報データベース等を作成したい場合は、どのように作成することが適切ですか。
A2-4　個人情報保護法においては個人情報データベース等の作成に制限を設けていないことから、個人番号部分を復元できないようにマスキング処理をして個人情報保護法における個人情報とすることにより、個人情報保護法の規定に従って個人情報データベース等を作成することができます。

3：委託の取扱い

Q3-1　「個人番号関係事務又は個人番号利用事務の全部又は一部の委託をする者は、委託先において、番号法に基づき委託者自らが果たすべき安全管理措置と同等の措置が講じられるよう必要かつ適切な監督を行わなければならない。」としていますが、委託先において、番号法が求める水準の安全管理措置が講じられていればよく、委託者が実際に講じている安全管理措置と同等の措置まで求められているわけではないと考えてよいですか。
A3-1　委託先は番号法が求める水準の安全管理措置を講ずるものであり、委託者が高度の措置をとっている場合にまで、それと同等の措置を求めてい

るわけではありません。ただし、安全管理措置の検討に当たっては、番号法だけではなく、個人情報保護法等関係法令並びに本ガイドライン及び主務大臣のガイドライン等を遵守する必要があります。

Q3-2 特定個人情報に係る委託先の監督について、個人情報保護法に加えて求められる監督義務の内容は何ですか。

A3-2 委託者は、委託先において、番号法で求められている安全管理措置が講じられているかを監督する義務があります。本ガイドラインの安全管理措置特有なものとしては、主に、「個人番号を取り扱う事務の範囲の明確化」、「特定個人情報等の範囲の明確化」、「事務取扱担当者の明確化」、「個人番号の削除、機器及び電子媒体等の廃棄」が挙げられます。

Q3-3 特定個人情報の取扱いを国外の事業者に委託する場合に、委託者としての安全管理措置を担保する上で、国内で実施する場合に加えて考慮するべき追加措置等はありますか。

A3-3 国内外を問わず、委託先において、個人番号が漏えい等しないように、必要かつ適切な安全管理措置が講じられる必要があります。なお、必要かつ適切な監督には、本ガイドラインのとおり、①委託先の適切な選定(具体的な確認事項:委託先の設備、技術水準、従業者に対する監督・教育の状況、その他委託先の経営環境等)、②委託先に安全管理措置を遵守させるために必要な契約の締結、③委託先における特定個人情報の取扱状況の把握が含まれます。

Q3-4 特定個人情報を取り扱う委託契約を締結する場合、個人情報の取扱いと特定個人情報の取扱いの条項を分別した契約とする必要がありますか。

A3-4 番号法上の安全管理措置が遵守されるのであれば、個人情報の取扱いと特定個人情報の取扱いの条項を分別する必要はありません。

Q3-5 既存の委託契約で、本ガイドラインと同等の個人情報の取扱いの規定がある場合、特定個人情報も包含していると解釈して、委託契約の再締結はしなくてもよいですか。

A3-5 既存の契約内容で必要な番号法上の安全管理措置が講じられているのであれば、委託契約を再締結する必要はありません。

Q3-6 「委託先に安全管理措置を遵守させるために必要な契約の締結」について、実態として安全管理措置に係る委託者と委託先の合意が担保できる方法であれば、契約の締結以外の方法（例えば、誓約書や合意書の作成）も認められますか。

A3-6 委託者・委託先双方が安全管理措置の内容につき合意をすれば法的効果が発生しますので、当該措置の内容に関する委託者・委託先間の合意内容を客観的に明確化できる手段であれば、書式の類型を問いません。

Q3-7 委託先・再委託先との業務委託契約を締結するに当たり、業務委託契約書等に、特定個人情報の取扱いを委託する旨の特段の記載が必要になりますか。

A3-7 業務委託契約を締結する場合には、通常、委託する業務の範囲を特定することとなります。番号法においては、個人番号の利用範囲が限定的に定められていることから、委託先・再委託先との業務委託契約においても番号法で認められる事務の範囲内で委託する業務の範囲を特定する必要があります。

Q3-8 再委託（再々委託以降を含む。）を行うに当たり、最初の委託者から必ず許諾を得る必要がありますか。

A3-8 再委託につき許諾を要求する規定は、最初の委託者において、再委託先が十分な安全管理措置を講ずることのできる適切な業者かどうかを確認させるため設けられたものであり、番号法第10条第1項により明示されています。したがって、最初の委託者の許諾を得る必要があります。
　なお、委託先や再委託先から個人番号や特定個人情報が漏えい等した場合、最初の委託者は、委託先に対する監督責任を問われる可能性があります。

Q3-9 実務負荷の軽減のため、再委託を行う前に、あらかじめ委託者から再委託の許諾を得ることはできますか。

A3-9 再委託につき許諾を要求する規定は、最初の委託者において、再委託先が十分な安全管理措置を講ずることのできる適切な業者かどうかを確認させるため設けられたものです。したがって、委託者が再委託の許諾をするに当たっては、再委託を行おうとする時点でその許諾を求めるのが原則です。その際、再委託先が特定個人情報を保護するための十分な措置を講じている

かを確認する必要があります。

　しかしながら、委託契約の締結時点において、再委託先となる可能性のある業者が具体的に特定されるとともに、適切な資料等に基づいて当該業者が特定個人情報を保護するための十分な措置を講ずる能力があることが確認され、実際に再委託が行われたときは、必要に応じて、委託者に対してその旨の報告をし、再委託の状況について委託先が委託者に対して定期的に報告するとの合意がなされている場合には、あらかじめ再委託の許諾を得ることもできると解されます。

> Ｑ３−10　再委託（再々委託以降を含む。）に係る委託者の許諾の取得方法について、書面、電子メール、口頭等方法の制限はありますか。

Ａ３−10　委託者の許諾の方法について、制限は特段ありませんが、安全管理措置について確認する必要があることに鑑み、書面等により記録として残る形式をとることが望ましいと考えられます。

> Ｑ３−11　委託契約に定めれば、委託先が、委託者の従業員等の特定個人情報を直接収集することはできますか。

Ａ３−11　個人番号の収集を委託すれば、委託先が収集することができます。

> Ｑ３−12　特定個人情報を取り扱う情報システムにクラウドサービス契約のように外部の事業者を活用している場合、番号法上の委託に該当しますか。

Ａ３−12　当該事業者が当該契約内容を履行するに当たって個人番号をその内容に含む電子データを取り扱うのかどうかが基準となります。当該事業者が個人番号をその内容に含む電子データを取り扱わない場合には、そもそも、個人番号関係事務又は個人番号利用事務の全部又は一部の委託を受けたとみることはできませんので、番号法上の委託には該当しません。

　当該事業者が個人番号をその内容に含む電子データを取り扱わない場合とは、契約条項によって当該事業者が個人番号をその内容に含む電子データを取り扱わない旨が定められており、適切にアクセス制御を行っている場合等が考えられます。

　なお、上記における個人番号をその内容に含む電子データは、仮に暗号化等により秘匿化されていても、その秘匿化されたものについても個人番号を一定の法則に従って変換したものであり、個人番号として取り扱われます。

Q3-13 クラウドサービスが番号法上の委託に該当しない場合、クラウドサービスを利用する事業者が、クラウドサービスを提供する事業者に対して監督を行う義務は課されないと考えてよいですか。

A3-13 クラウドサービスが番号法上の委託に該当しない場合、委託先の監督義務は課されませんが、クラウドサービスを利用する事業者は、自ら果たすべき安全管理措置の一環として、クラウドサービス事業者内にあるデータについて、適切な安全管理措置を講ずる必要があります。

Q3-14 特定個人情報を取り扱う情報システムの保守の全部又は一部に外部の事業者を活用している場合、番号法上の委託に該当しますか。また、外部の事業者が記録媒体等を持ち帰ることは、提供制限に違反しますか。

A3-14 当該保守サービスを提供する事業者がサービス内容の全部又は一部として個人番号をその内容に含む電子データを取り扱う場合には、個人番号関係事務又は個人番号利用事務の一部の委託に該当します。一方、単純なハードウェア・ソフトウェア保守サービスのみを行う場合で、契約条項によって当該事業者が個人番号をその内容に含む電子データを取り扱わない旨が定められており、適切にアクセス制御を行っている場合等には、個人番号関係事務又は個人番号利用事務の委託に該当しません。

保守サービスを提供する事業者が、保守のため記録媒体等を持ち帰ることが想定される場合は、あらかじめ特定個人情報の保管を委託し、安全管理措置を確認する必要があります。

Q3-15 委託の取扱いについて、個人情報保護法と番号法の規定の違いはありますか。

A3-15 委託先の監督義務について、個人情報保護法では、委託者が個人情報取扱事業者に該当する場合に委託先の監督義務を負います（個人情報保護法第22条）。また、委託先が再委託を行う場合において、その委託先が個人情報取扱事業者に該当する場合は再委託先の監督義務を負いますが、個人情報取扱事業者に該当しない場合には再委託先の監督義務は負いません。

これに対して、番号法では、委託者が個人情報取扱事業者に該当するか否かに関係なく、個人番号関係事務又は個人番号利用事務の全部又は一部を委託する者であれば、委託先に対し監督義務を負うこととなります。

また、委託先が再委託を行う場合の要件について、個人情報保護法では特段の規定はありませんが、番号法では、再委託以降の全ての段階の委託について、最初の委託者の許諾を得ることを要件としています。

4：個人番号の提供の要求

> Q4-1　事業者は、「内定者」に個人番号の提供を求めることはできますか。

A4-1　いわゆる「内定者」については、その立場や状況が個々に異なることから一律に取り扱うことはできませんが、例えば、「内定者」が確実に雇用されることが予想される場合（正式な内定通知がなされ、入社に関する誓約書を提出した場合等）には、その時点で個人番号の提供を求めることができると解されます。

> Q4-2　不動産の使用料等の支払調書の提出範囲は、同一人に対するその年中の支払金額の合計が所得税法の定める一定の金額を超えるものとなっていますが、その一定の金額を超えない場合は個人番号の提供を求めることはできませんか。

A4-2　不動産の賃貸借契約については、通常、契約内容で一か月当たりの賃料が定められる等、契約を締結する時点において、既にその年中に支払う額が明確となっている場合が多いと思われます。したがって、契約を締結する時点で、契約内容によってその年中の賃料の合計が所得税法の定める一定の金額を超えないことが明らかな場合には、支払調書の提出は不要と考えられますので、契約時点で個人番号の提供を求めることはできません。
　一方、年の途中に契約を締結したことから、その年は支払調書の提出が不要であっても、翌年は支払調書の提出が必要とされる場合には、翌年の支払調書作成・提出事務のために当該個人番号の提供を求めることができると解されます。

> Q4-3　親会社が、子会社の従業員に対しストックオプションを交付している場合、親会社は、従業員が子会社に入社した時点で個人番号の提供を求めることはできますか。

A4-3　子会社の従業員等となった時点で、子会社との雇用関係に基づいて親会社からストックオプションの交付を受けることが予想されるのであれば、個人番号関係事務を処理する必要性があるものと認められますので、親会社

においてはその時点で個人番号の提供を受けることができると解されます。

> Q4-4　従業員持株会は、従業員が所属会社に入社した時点で、その従業員に個人番号の提供を求めることはできますか。また、所属会社経由で個人番号の提供を受けることはできますか。

A4-4　従業員等がまだ株主となっていない時点では、個人番号関係事務の処理のために必要がある場合とはいえませんので、持株会が従業員等に個人番号の提供を求めることはできません。従業員等が株主となり持株会に入会した時点で、当該従業員等に対し、個人番号の提供を求めることとなります。

　　また、持株会が個人番号の収集・本人確認事務を所属会社に委託している場合は、持株会が所属会社経由で従業員等の個人番号の提供を受けることができます。

> Q4-5　人材派遣会社は、派遣登録を行う時点で、登録者の個人番号の提供を求めることはできますか。

A4-5　人材派遣会社に登録したのみでは、雇用されるかどうかは未定で個人番号関係事務の発生が予想されず、いまだ給与の源泉徴収事務等の個人番号関係事務を処理する必要性が認められるとはいえないため、原則として登録者の個人番号の提供を求めることはできません。

　　ただし、登録時にしか本人確認をした上で個人番号の提供を求める機会がなく、実際に雇用する際の給与支給条件等を決める等、近い将来雇用契約が成立する蓋然性が高いと認められる場合には、雇用契約が成立した場合に準じて、個人番号の提供を求めることができると解されます。

5：個人番号の提供の求めの制限、特定個人情報の提供制限

> Q5-1　「他人」の定義における「同一の世帯」とは、住民票上における同じ世帯と解釈してよいですか。

A5-1　「世帯」とは、住居及び生計を共にする者の集まり又は独立して住居を維持する単身者と定義されています（国勢調査令第2条第2項参照）。番号法においては前者を指すものと解されます。

> Q5-2 従業員等本人に給与所得の源泉徴収票を交付する場合において、その従業員等本人や扶養親族の個人番号を表示した状態で交付してよいですか。また、従業員等本人は、個人番号が記載された給与所得の源泉徴収票を使用する場面はありますか。

A5-2 本人交付用の給与所得の源泉徴収票については、所得税法施行規則第93条に基づいて、その本人及び扶養親族の個人番号を記載することになります。したがって、その本人及び扶養親族の個人番号を表示した状態で本人に交付することとなります。

　個人番号が記載された給与所得の源泉徴収票を使用する場面としては、所得税の確定申告で使用することが考えられます。また、その際の本人確認に関する資料として、その源泉徴収票が利用される予定です(本人確認に関する手続は、内閣官房「社会保障・税番号制度」ホームページ「よくある質問(FAQ)」(Q4-3-1、2)参照)。

> Q5-3 住宅の取得に関する借入れ(住宅ローン)等で個人番号が記載された給与所得の源泉徴収票を使用することはできますか。

A5-3 給与所得の源泉徴収票は、住宅の取得に関する借入れ(住宅ローン)等で使用することが想定されますが、そのような場合は、番号法第19条各号において認められている特定個人情報の提供に該当しません。

　したがって、そのような場合に、給与所得の源泉徴収票を使用する場合には、個人番号部分を復元できない程度にマスキングする等の工夫が必要となります。

> Q5-4 所得税法等により本人に交付することが義務付けられている支払通知書(配当等とみなす金額に関する支払通知書等)にも個人番号を記載することになっていますが、本人に交付することは提供制限に違反しますか。

A5-4 支払通知書は、所得税法等によって個人番号を記載して本人に交付することが義務付けられており、その法律の規定に従って本人に交付することも個人番号関係事務に該当します。したがって、番号法第19条第2号の規定により、個人番号が記載された支払通知書を本人に交付することとなります。

Q5-5 　公認会計士又は監査法人が、監査手続を実施するに当たって、監査を受ける事業者から特定個人情報の提供を受けることは、提供制限に違反しますか。

A5-5 　会社法第436条第2項第1号等に基づき、会計監査人として法定監査を行う場合には、法令等の規定に基づき特定個人情報を取り扱うことが可能と解されます。
　一方、金融商品取引法第193条の2に基づく法定監査等及び任意の監査の場合には、個人番号関係事務の一部の委託を受けた者として番号法第19条第5号により、特定個人情報の提供を受けることが可能と解されます。

Q5-6 　財産形成住宅貯蓄・財産形成年金貯蓄の非課税に関する申込書は、法令に基づき、勤務先等を経由して金融機関に提出されることとなっています。この場合、勤務先等及び金融機関がそれぞれ個人番号関係事務実施者となり、勤務先等は本人から提供を受けた特定個人情報を、金融機関に対して提供すると考えてよいですか。

A5-6 　個人番号が記載された申込書が、法令に基づき、勤務先等を経由して金融機関に提出される場合、勤務先等及び金融機関がそれぞれ個人番号関係事務実施者となり、勤務先等は本人から提供を受けた特定個人情報を、金融機関に対して提供することとなります。なお、本人確認の措置は、勤務先等が本人から個人番号の提供を受ける際に実施することとなります。

Q5-7 　個人情報取扱事業者でない個人番号取扱事業者であっても、本人の開示の求めに応じて、本人に特定個人情報を提供することはできますか。

A5-7 　個人情報取扱事業者でない個人番号取扱事業者が、本人からの求めに応じて任意に特定個人情報の開示を行う場合には、特定個人情報の提供が認められるものと考えられます。

Q5-8 　支払調書等の写しを本人に送付することはできますか。

A5-8 　個人情報保護法第25条に基づいて開示の求めを行った本人に開示を行う場合は、支払調書等の写しを本人に送付することができます。その際の開示の求めを受け付ける方法として、書面による方法のほか、口頭による方法等を定めることも考えられます。なお、当該支払調書等の写しに本人以外の個人番号が含まれている場合には、本人以外の個人番号を記載しない措置

や復元できない程度にマスキングする等の工夫が必要となります。

> Q5-9　番号法第19条各号のいずれにも該当しない特定個人情報の提供の求めがあった場合、どのように対応することが適切ですか。

A5-9　特定個人情報の提供の求めが第19条各号に該当しない場合には、その特定個人情報を提供することはできません。なお、その特定個人情報のうち個人番号部分を復元できない程度にマスキング又は削除すれば個人情報保護法における個人情報となりますので、個人情報保護法第23条に従うこととなります。

6：収集・保管制限

> Q6-1　個人番号が記載された書類等を受け取る担当者が、その特定個人情報を見ることができないようにする措置は必要ですか。

A6-1　個人番号が記載された書類等を受け取る担当者に、個人番号の確認作業を行わせるかは事業者の判断によりますが、個人番号の確認作業をその担当者に行わせる場合は、特定個人情報を見ることができないようにする措置は必要ありません。個人番号の確認作業をその担当者に行わせない場合、特定個人情報を見ることができないようにすることは、安全管理上有効な措置と考えられます。

> Q6-2　番号法上の本人確認の措置を実施する際に提示を受けた本人確認書類（個人番号カード、通知カード、身元確認書類等）をコピーして、それを事業所内に保管することはできますか。

A6-2　番号法上の本人確認の措置を実施するに当たり、個人番号カード等の本人確認書類のコピーを保管する法令上の義務はありませんが、本人確認の記録を残すためにコピーを保管することはできます。
　なお、コピーを保管する場合には、安全管理措置を適切に講ずる必要があります。

> Q6-3　収集・提供した個人番号に誤りがあった場合、個人番号関係事務実施者である事業者に責任は及びますか。

A6-3　個人番号に誤りがあった場合の罰則規定はありませんが、番号法第16条により、本人から個人番号の提供を受けるときは、本人確認（番号確認

と身元確認）が義務付けられており、また、個人情報保護法第19条により、正確性の確保の努力義務が課されています。

Q6-4　所管法令によって個人番号が記載された書類を一定期間保存することが義務付けられている場合には、その期間、事業者が支払調書を作成するシステム内で個人番号を保管することができますか。

A6-4　所管法令で定められた個人番号を記載する書類等の保存期間を経過するまでの間は、支払調書の再作成等の個人番号関係事務を行うために必要があると認められるため、当該書類だけでなく、支払調書を作成するシステム内においても保管することができると解されます。

Q6-5　個人番号の廃棄が必要となってから、廃棄作業を行うまでの期間は、どの程度許容されますか。

A6-5　廃棄が必要となってから廃棄作業を行うまでの期間については、毎年度末に廃棄を行う等、個人番号及び特定個人情報の保有に係る安全性及び事務の効率性等を勘案し、事業者において判断してください。

Q6-6　個人番号の利用が想定される複数の目的について、あらかじめ特定して、本人への通知等を行った上で個人番号の提供を受けている場合、個人番号の廃棄が必要となるのは、当該複数の目的の全てについて個人番号を保管する必要がなくなったときですか。

A6-6　複数の利用目的を特定して個人番号の提供を受けている場合、事務ごとに別個のファイルで個人番号を保管しているのであれば、それぞれの利用目的で個人番号を利用する必要がなくなった時点で、その利用目的に係る個人番号を個別に廃棄又は削除することとなります。
　一方、個人番号をまとめて一つのファイルに保管しているのであれば、全ての利用目的で個人番号関係事務に必要がなくなった時点で廃棄又は削除することとなります。

Q6-7　支給が数年に渡り繰延される賞与がある場合、退職後も繰延支給が行われなくなることが確認できるまで個人番号を保管することはできますか。

A6-7　退職後に繰延支給される賞与が給与所得に該当し、支払調書の提出

が必要な場合には、繰延支給が行われなくなることが確認できるまで個人番号を保管することができると解されます。

Q6-8　個人番号を削除した場合に、削除した記録を残す必要がありますか。

A6-8　事業者ガイドラインの別添「特定個人情報に関する安全管理措置」において、個人番号を削除した場合は、削除した記録を保存することとしています。なお、その削除の記録の内容としては、特定個人情報ファイルの種類・名称、責任者・取扱部署、削除・廃棄状況等を記録することが考えられ、個人番号自体は含めないものとしています。

Q6-9　個人番号の保存期間の時限管理を回避するために、契約関係が終了した時点で個人番号を削除することはできますか。

A6-9　所管法令により一定期間保存が義務付けられているものについては、契約関係が終了した時点で削除することはできないと考えられます。

Q6-10　個人番号を削除せず、取引再開時まで個人番号にアクセスできないようアクセス制御を行うという取扱いは許容されますか。

A6-10　アクセス制御を行った場合でも、個人番号関係事務で個人番号を利用する必要がなくなり、個人番号を保管する必要性がなくなった場合には、個人番号をできるだけ速やかに削除しなければなりません。不確定な取引再開時に備えて、個人番号を保管し続けることはできません。

Q6-11　現在業務ソフトウェアを運用している筐体と同一筐体内、かつ同一データベース内で個人番号を管理することはできますか。

A6-11　個人番号を同一筐体内、かつ、同一データベース内で管理することはできますが、個人番号関係事務と関係のない事務で利用することのないように、アクセス制御等を行う必要があります。

7：個人情報保護法の主な規定

Q7-1　個人番号は変更されることもありますが、保管している個人番号について、定期的に最新性を確認する必要がありますか。

A7-1　個人情報取扱事業者は、個人情報保護法第19条に基づいて、データ内容の正確性の確保に努めることが求められていますし、個人情報取扱事業

者でない個人番号取扱事業者についても正確性の確保に努めることが望ましいと考えられます。したがって、個人番号が変更されたときは本人から事業者に申告するよう周知しておくとともに、一定の期間ごとに個人番号の変更がないか確認することが考えられます。

8：個人番号利用事務実施者である健康保険組合等における措置等

Q8-1　行政機関等及び健康保険組合等から個人番号利用事務の全部又は一部の委託を受けた事業者が、情報提供ネットワークシステムに接続された端末を操作して情報照会等を行うことはできますか。

A8-1　行政機関等及び健康保険組合等から個人番号利用事務の全部又は一部の委託を受けた事業者が、情報提供ネットワークシステムに接続された端末を操作して情報照会等を行うことはできません。

9：その他

Q9-1　個人番号には、死者の個人番号も含まれますか。

A9-1　個人番号には、生存する個人のものだけでなく、死者のものも含まれます。番号法の規定のうち、個人番号を対象としている規定（利用制限、安全管理措置等）については、死者の個人番号についても適用されます。

【（別添）安全管理措置】

10：安全管理措置の検討手順

Q10-1　「事務取扱担当者の明確化」は、役割や所属等による明確化のように個人名による明確化でなくてもよいですか。

A10-1　部署名（○○課、○○係等）、事務名（○○事務担当者）等により、担当者が明確になれば十分であると考えられます。ただし、部署名等により事務取扱担当者の範囲が明確化できない場合には、事務取扱担当者を指名する等を行う必要があると考えられます。

11：講ずべき安全管理措置の内容

Q11-1　2に示す安全管理措置を講じれば十分ですか。

A11-1　保有する特定個人情報等の性質、情報漏えい・滅失・毀損等による影響等の検討に基づき、事案発生の抑止、未然防止及び検知並びに事案発生時の拡大防止等の観点から、適切に判断してください。

Q11-2　「中小規模事業者」の定義における従業員には誰を含みますか。また、いつの従業員の数ですか。

A11-2　従業員とは、中小企業基本法における従業員をいい、労働基準法第20条の規定により解雇の予告を必要とする労働者と解されます。なお、同法第21条の規定により第20条の適用が除外されている者は従業員から除かれます。具体的には、日々雇い入れられる者、2か月以内の期間を定めて使用される者等が除かれます。

　　中小規模事業者の判定における従業員の数は、事業年度末（事業年度が無い場合には年末等）の従業員の数で判定し、毎年同時期に見直しを行う必要があります。

Q11-3　中小規模事業者でない事業者が、中小規模事業者に業務を委託する場合、当該中小規模事業者には【中小規模事業者における対応方法】を遵守させることになるのですか。

A11-3　委託に基づいて個人番号関係事務又は個人番号利用事務を業務として行う事業者は、中小規模事業者に該当しません。委託先における安全管理措置については、委託する事務の内容等に応じて、番号法に基づき委託者自らが果たすべき安全管理措置と同等の措置が講じられるよう必要かつ適切な監督を行う必要があります。

12：基本方針の策定

Q12-1　既に個人情報の取扱いに係る基本方針を策定している場合、新たに特定個人情報等に係る基本方針を策定する必要がありますか。それとも、既存の個人情報の取扱いに係る基本方針の一部改正で十分ですか。

A12-1　特定個人情報等の取扱いに係る基本方針は、既存の個人情報の取扱いに関する基本方針（個人情報保護方針等）を改正する方法又は別に策定する方法いずれでも差し支えありません。

Q12-2　基本方針を公表する必要がありますか。

A12-2　基本方針の公表を義務付けるものではありません。

13：取扱規程等の策定

> Q13－1　新たに特定個人情報の保護に係る取扱規程等を作成するのではなく、既存の個人情報の保護に係る取扱規定等を見直し、特定個人情報の取扱いを追記する形でもよいですか。

A13－1　既存の個人情報の保護に係る取扱規程等がある場合には、特定個人情報の取扱いを追記することも可能と考えられます。

14：組織的安全管理措置

> Q14－1　「ｂ　取扱規程等に基づく運用」におけるシステムログ又は利用実績の記録の項目及び保存期限は、どのように考えることが適切ですか。

A14－1　記録を保存することは、取扱規程等に基づく確実な事務の実施、情報漏えい等の事案発生の抑止、点検・監査及び情報漏えい等の事案に対処するための有効な手段です。記録として保存する内容及び保存期間は、システムで取り扱う情報の種類、量、システムを取り扱う職員の数、点検・監査の頻度等を総合的に勘案し、適切に定めることが重要であると考えます。

> Q14－2　「ｂ　取扱規程等に基づく運用」及び「ｃ　取扱状況を確認する手段の整備」の【中小規模事業者における対応方法】における「取扱状況の分かる記録を保存する」とは、どのように考えることが適切ですか。

A14－2　「取扱状況の分かる記録を保存する」とは、例えば、以下の方法が考えられます。
- 業務日誌等において、例えば、特定個人情報等の入手・廃棄、源泉徴収票の作成日、本人への交付日、税務署への提出日等の、特定個人情報等の取扱い状況を記録する。
- 取扱規程、事務リスト等に基づくチェックリストを利用して事務を行い、その記入済みのチェックリストを保存する。

> Q14－3　「ｅ　取扱状況の把握及び安全管理措置の見直し」における≪手法の例示≫の２つ目にある、「外部の主体による他の監査活動と合わせて、監査を実施することも考えられる。」とは、具体的にどのようなことですか。

A14－3　例えば、個人情報保護又は情報セキュリティに関する外部監査等を行う際に、特定個人情報等の保護に関する監査を合わせて行うこと等が考えられます。

15：物理的安全管理措置

Q15-1　「a　特定個人情報等を取り扱う区域の管理」における「座席配置の工夫」とは、具体的にどのような手段が考えられますか。

A15-1　例えば、事務取扱担当者以外の者の往来が少ない場所への座席配置や、後ろから覗き見される可能性が低い場所への座席配置等が考えられます。

Q15-2　「d　個人番号の削除、機器及び電子媒体等の廃棄」における「容易に復元できない手段」とは、具体的にどのような手段が考えられますか。

A15-2　データ復元用の専用ソフトウェア、プログラム、装置等を用いなければ復元できない場合には、容易に復元できない方法と考えられます。

Q15-3　「d　個人番号の削除、機器及び電子媒体等の廃棄」における書類等の廃棄に係る復元不可能な手段として焼却又は溶解が挙げられていますが、他の手段は認められますか。

A15-3　例えば、復元不可能な程度に細断可能なシュレッダーの利用又は個人番号部分を復元できない程度にマスキングすること等が考えられます。

【（別冊）金融業務】（省略）

【執筆者略歴】

鈴木　涼介（すずき　りょうすけ）

特定個人情報保護委員会事務局総務課上席政策調査員
税理士
日本税法学会会員

平成16年　税理士法人右山事務所　入所
平成18年　税理士登録
平成20年　税理士法人右山事務所 役員（社員税理士）就任
平成22年　日税研究賞受賞
　　　　　（日本税理士会連合会・公益財団法人日本税務研究センター共催）
平成26年　鈴木涼介税理士事務所　開設
　同年　　特定個人情報保護委員会事務局総務課上席政策調査員

［著書・論文］
『和解をめぐる法務と税務の接点』（共著・一般財団法人大蔵財務協会）
『事例にみる税務上の形式基準の判断』（共著・新日本法規出版株式会社）
『新税理士実務質疑応答集（法人税務編・個人税務編）』（共著・株式会社ぎょうせい）
「租税行政におけるQ&Aの法的性格とその存在意義」（日税研究賞「入選論文集」33号、公益財団法人日本税務研究センター）
「小規模宅地等の特例の厳格化とその課題―同居親族通達の存置がもたらす不合理な解釈―」（「税研」163号、公益財団法人日本税務研究センター）
　　ほか多数

中小企業とマイナンバーQ&A これだけは知っておきたい実務対応

2015年3月20日　初 版 発 行
2015年8月12日　第6刷発行

著　者　　鈴木　涼介 ⓒ

発行者　　小泉　定裕

発行所　　株式会社 清文社

東京都千代田区内神田1－6－6（MIFビル）
〒101-0047　電話03(6273)7946　FAX03(3518)0299
大阪市北区天神橋2丁目北2－6（大和南森町ビル）
〒530-0041　電話06(6135)4050　FAX06(6135)4059
URL http://www.skattsei.co.jp/

印刷：大村印刷㈱

■著作権法により無断複写複製は禁止されています。落丁本・乱丁本はお取り替えします。
■本書の内容に関するお問い合わせは編集部までFAX（03-3518-8864）でお願いします。

ISBN978-4-433-54204-7